Süddeutsche Zeitung Bibliothek – München erlesen | **Herbert Achternbusch** – Die Olympiasiegerin • **Alfred Andersch** – Der Vater eines Mörders • **Friedrich Ani** – Süden und der Straßenbahntrinker • **Ernst Augustin** – Die Schule der Nackten • **Max Bronski** – München Blues • **Lena Christ** – Die Rumplhanni • **Lion Feuchtwanger** – Erfolg • **Oskar Maria Graf** – Wir sind Gefangene. Ein Bekenntnis • **Ödön von Horváth** – Der ewige Spießer • **Wolfgang Koeppen** – Tauben im Gras • **Annette Kolb** – Die Schaukel • **Walter Kolbenhoff** – Schellingstr. 48. Erfahrungen mit Deutschland • **Thomas Mann** – München leuchtete • **Andreas Neumeister** – Salz im Blut • **Gräfin Franziska zu Reventlow** – Herrn Dames Aufzeichnungen • **Josef Ruederer** – Das Erwachen • **Andrea Maria Schenkel** – Kalteis* • **Siegfried Sommer** – Und keiner weint mir nach • **Ludwig Thoma** – Münchnerinnen • **Uwe Timm** – Heißer Sommer • **Karl Valentin** – Die Jugendstreiche des Knaben Karl

Ausgewählt von der Feuilletonredaktion der Süddeutschen Zeitung | 2008

W0380529

Süddeutsche Zeitung Bibliothek
München erlesen

* exklusiv für Bezieher der Gesamtedition, in dieser Ausgabe nicht als Einzelband erhältlich

Andreas Neumeister

Salz im Blut

Andreas Neumeister

Salz im Blut

Süddeutsche Zeitung Bibliothek

Bibliografische Information der Deutschen Nationalbibliothek
Die Deutsche Nationalbibliothek verzeichnet diese Publikation in der Deutschen Nationalbibliografie.
Detaillierte bibliografische Daten sind im Internet über http://dnb.d-nb.de abrufbar.

Der vorliegenden Ausgabe liegt die Textfassung der im Suhrkamp Verlag erschienenen Originalausgabe zugrunde.
Lizenzausgabe der Süddeutschen Zeitung GmbH, München für die Süddeutsche Zeitung Bibliothek 2008, München erlesen

Titelfoto: Catherina Hess/SV-Bilderdienst
Autorenfoto: Thomas Dashuber/VISUM
Klappentext: Dr. Harald Eggebrecht
Gestaltung: Eberhard Wolf
Grafik: Dennis Schmidt
Projektleitung: Dirk Rumberg
Produktmanagement: Sabine Sternagel
Satz: vmi, Jürgen Echter
Herstellung: Hermann Weixler, Herbert Schiffers
Druck und Bindearbeiten: CPI – Ebner & Spiegel, Ulm
Printed in Germany
ISBN 978-3-86615-632-6

1.

Wenn ich mit drei Frauen zwei Stunden lang an einem Tisch sitze, dann frage ich mich schon, ob wir jetzt etwas anderes geredet hätten, wenn ich nicht dabeigewesen wäre.
Das war das letzte, was mir im alten Jahr eingefallen ist. Die meiste Zeit hatte ich mehr mit Frauen als mit Männern zu tun.
Nach dem Essen sind wir schließlich aufgebrochen, haben den Abend angebrochen, sind in die Nacht hineingebrochen. Einige Männer kamen noch dazu, eine anständige Ausgewogenheit trat ein. An Sylvester daheim zu bleiben erfordert noch mehr Disziplin als das Daheimbleiben an anderen Tagen. Die Dachauer Straße bildet die Grenze von Neuhausen, und an der Grenze des Jahres sollte man auch räumlich die Grenze suchen. Vor einer Tür haben wir warten müssen. Sortiersoldaten, einer links und einer rechts. Zollkontrolle. Einzelne wollten sie herauspicken, dann erst haben sie uns alle eingelassen, dann erst durfte ein jeder seine zwanzig Mark bezahlen, was uns dankbar stimmen sollte. Drinnen durfte man Getränke kaufen und sich freuen. Schöne Tänzerinnen traten noch schöneren Tänzern mit scharfen Absätzen auf weiche Schuhspitzen, ein hartes Licht griff schlichtend ein. Natürlich hätte ich bessere Musik aufgelegt, natürlich war, was hier geboten war, nicht gut genug. Das Bier war aus, kein neues kam, wer trinkt schon Bier? Um zwölf war auch hier das gute alte Jahr zu Ende, so fing ein neues an. Feuerrädchen arbeiteten fleißig hinter einer Wolkenkratzer-Silhouette ganz aus Sperrholz. Von Brooklyn nach Manhattan sollten wir hinüberblicken dürfen, von wo gerade Stefan kam. Zur Feier des Tages, zur Feier der Nacht. In Wahrheit war in Manhattan sicher gar nichts los, wer wohnt schon da? Von einer Zeit-

verschiebung ganz zu schweigen. Drinnen Kracher, draußen Kracher, der Schuttberg steht in Flammen. So schön sollte der Weltuntergang doch auch mal sein, Brot statt Böller, das einzig amüsante fixe Fest des Jahres. Mit netten Freunden ist es nett. In schlechter Gesellschaft schlechte Laune zu verbreiten ist ein alter Hut. Schnee von gestern und vom alten Jahr. Zwischen Aufstehen am Nachmittag und Dämmerung des ersten, neuen Tages kann, wer will, schnell noch mal an den Tatort zurück. Rollsplitt, der freitaut aus vereistem Schnee. Vollgesogene Wiesen, wie gehabt. Es ist nicht verboten, auf den Olympiaberg hinaufzusteigen. Von oben kann herunterschauen, wer da will. Die Endkippe Oberwiesenfeld ist umbenannt. Es ist nicht verboten, die Kippe bei ihrem alten Namen zu nennen. Der Schutt des Zweiten Weltkriegs ist begrünt und weiträumig mit Spazierwegen erschlossen. Das riesige Gelände ist öffentlich. Die Spazierwege sind zum Gebrauch bestimmt. Das Friedensdenkmal ist eine Kriegserklärung und zum Fürchten. Es steht jedem frei, keinen Gefallen daran zu finden. Von hier oben sieht, wer will, hinüber in die oberen Etagen des BMW-Hochhauses. Daneben der Olympiaturm, noch höher, da dreht sich was. Wer wollte, der hat dort oben Sylvester verbracht. Wer Pech hatte, der verbrachte Sylvester dort oben im Nebel. Unten liegt ein Schlachtfeld brach. Fetzen explodierter Knallköper als kunterbunte Blumen weit verstreut. Gelbe Stecken, Plastikhülsen. Entkorkte Sektflaschen, den Raketen haben sie als Startrampen gedient. Konfetti in den Dreck getreten. Schlangen im Matsch, nicht in der Luft. Und hinten, die Alpen schwimmen träg im Föhn. Graue Rentner passen nicht so recht ins bunte Bild. Das bunte Bild paßt nicht so recht in das große Schwarz-Weiß-Bild von Säuberung und Nutzbarmachung des Verkehrsstraßennetzes. Es ist nicht verboten, sich freigegebene Informationen zugänglich zu machen. Ab März soll der ersten Säuberung die systematische Gebäudeschutträumung folgen, dabei wird die Arbeit an den weiten Ruinenfeldern der Altstadt, Westschwabings und des Hauptbahnhofviertels vordringlich sein. Über mehrere Zwischenkippen muß der angefallene Schutt mittels eines zu installierenden Kleinbahnsystems zu den Endkippen Luitpoldpark, Neuhofen und Oberwiesenfeld dirigiert werden. Für die Allgemeinheit geeignete Informationen stehen der Allgemeinheit uneingeschränkt zu Verfügung. Sich nach seinen Kräften an der Schutträumung zu beteiligen steht jedem frei. Der Ausblick von den ständig wachsenden Kippen erweitert sich mit jedem neuen Höhenmeter. Über den östlichen Dächern wird es langsam dunkel, Richtung Westen blendet letztes Licht. Im Osten glänzt der Müllberg, und im Süden winken seine Freunde lustig mit den weißen Mützen. In den Häusern, auf den Straßen erstes Licht. Eltern führen ihre Kinder dort hinunter. In der Ebene die Stadt. Zerrissene Wolken fechten durch die Dämmerung. Als Schlachtschiffe ziehen sie in einen neuen Kampf. Aber was soll man von Sinneseindrücken halten? Versuchsweise schiebt eine kleine Lok Kipploren auf einem schmalen Gleis herauf, versuchsweise rollt wieder Schutt übers Gras. Gedämpftes Gepolter, gedämpftes Geräusch. Was aber soll man von akustischen Signalen halten? Lichterketten fangen sich zu schlängeln an. Hinten, Mitte – aus der großen Tasse dampft der Tee. Zwei gewaltige Zündhölzer werden gegen Wolken gehalten, die sich daran reiben sollen. Pickelhelm vor Planquadrat. Und ganz weit hinten dann die breitgespannte Fieberkurve. Ja, so ist es – und ja, so soll es heute sein. Meine Sicht der Welt ist nicht eigentlich eine Weltsicht, sondern, nicht anders als bei Captain Cook, immer nur eine Sicht derjenigen Teile der Welt, die ich selbst gesehen habe. Ja, die Stadt gefällt mir heute gut. Wenn ich etwas wahrnehme, dann nehme ich es versuchsweise für wahr. Wenn ich mein Maul aufreiße, dann spreche ich versuchsweise von wichtigen Dingen. Auch wir Münchner können und müssen uns an ein Werk machen, bei dem wir die uns noch verbliebenen Kräfte sammeln können. Als lebender Mensch braucht man ein kühnes Unternehmen zur Aufgabe. Unsere Wirtschaft vermag wegen der Kriegsverwüstungen und Demontagen nicht genügend zu produzieren. Jedem Wiederingangkommen der Wirtschaftsproduktion scheint zunächst ein langfristiges, kostspieliges und praktisch unproduktives Programm der Ruinenbeseitigung vorangehen zu müssen. Als lebender Mensch sollte man aber vor

radikaleren Lösungen nicht zurückschrecken. Der Vorschlag, die Stadt an anderem Ort neu zu gründen, mag im ersten Moment utopisch klingen, aber genau dieser Schritt dürfte sich als die schnellste und produktivste Belebung von Wirtschaft und Arbeitsmarkt erweisen, indem er auf den ansonsten unumgänglichen Abriß von Ruinen und deren Beseitigung ganz verzichtet. Bei dem wenigen Baumaterial, das zum Neuaufbau der Trümmerstadt an gleichem Ort zur Verfügung stünde, würde der Bedarf an Nägeln zum Beispiel erst in 195 Jahren gedeckt sein. Kein einziger jetzt lebender Mensch würde den Abschluß des Wiederaufbaus der Stadt miterleben. Nicht so bei einem völligen Neubau der Stadt als Zentrum landes- oder zonenwichtiger Verwaltungs- und Produktionsstätten, welche selbst näher an die natürlichen Ressourcen rückt. Möglich ist, was möglich ist. Man soll nie *nie* sagen. Man soll aber auch nicht *vielleicht* sagen, man sollte immer *sicher* sagen. Es muß nicht immer Fleisch sein, es kann auch mal was anderes sein. Auf jeden Fall muß es etwas sein, es kann nicht immer nichts sein. Wer keine Vergangenheit hat, der braucht auch keine zu verleugnen.
Menschliche Leistungskraft steht uns jetzt mehr denn je gut zu Gesicht. Zwischen neuem und altem Tatendrang besteht kein grundsätzlicher Unterschied. Am Ende einer Arbeit liegt ein Ergebnis vor. Arbeitskräfte: kein Problem. Die Verherrlichung menschlicher Leistungskraft steht nicht im Vordergrund, aber wer an gar nichts glaubt, der lebt umsonst. Die Schönheit der Arbeit ist eine unvergängliche Schönheit. Die Schönheit ewiger Schönheit ist immer am schönsten. Manchmal sieht man jemanden in einen Keller steigen, der irgendwann mit einer Banane wieder heraufkommt. Nur selten sieht man jemanden, der an optischen Eindrücken sofort stirbt. Wenn jemand Aasgeruch absondert, so heißt das noch lange nicht, er ist tot. Ein Toter versucht gar nicht erst, mit der Außenwelt Kontakt aufzunehmen.

Auf Umwegen in die Städte gezogen. Auf dem Umweg über die Vorstädte eines Tages richtig in die Stadt hineingezogen. Immer wieder die Namen gewechselt. Auf dem Umweg über das Reptil zum aufrechten Gang gefunden. Immer wieder die Kontinente gewechselt. Auf dem Umweg über die Alpen und Kleinasien Mitteleuropa besiedelt. Gesellschaftsvertrag. Über alle Sprachgrenzen hinweg Kannibalen geblieben. Durch zahllose Kriege hindurch immer angriffslustiger geworden. Jahrhundertelang die Zeche geprellt. Dazwischen immer wieder auf den Hund gekommen. Entdeckungen gemacht und Hürden übersprungen. Dabei immer wieder in den Regen geraten. Vom Regen in die Traufe gekommen. Von der Traufe in die Kloake gestürzt. Auf dem Umweg über die Geschichte immer wieder in die Geschichtslosigkeit zurückgefallen. Immer wieder die Kleider gewechselt und dazu ein Bad genommen. Auf dem Umweg über das Radio zum Satellitenfernsehen gefunden. Wieder mal die Zeche geprellt. Auf dem Umweg über den Abgrund wieder festen Boden unter die Füße bekommen. Immer größere Ansiedlungen gebaut. Staaten gegründet. Kriege geführt. Meere überwunden und Kartoffeln mitgebracht. Sklaven verschifft und weiterverkauft. Städte befestigt und Burgen geschleift. Neue Waffen erfunden und Kirchen erbaut. Schulen errichtet und immer wieder fortgepflanzt. Auf dem Umweg über Schwangerschaften neues Volk dazugezeugt. Körner gesät und Getreide geerntet. Mit Kindergärten angefangen. Kriegsdienst. Nach dem Fressen das Sprechen gelernt. Mit Salz gehandelt, Blut vergossen. Neue Berufe dazuerfunden. Einübung von Regeln. Einübung von Regelübertretungen. Beutezüge. Siege gefeiert. Fabriken gebaut. Münzen geprägt und Geld entwertet. Auf dem Umweg über den Herbst in den Winter geraten. Revolutionen mit Symphonien gefeiert. Nach der Erfindung des Autos das Fliegen gelernt. Die Kriegsführung revolutioniert. Tunnels gegraben und Brücken gespannt. Türme gebaut und Antennen errichtet. Gelegenheiten verschlafen, Gras drüber gesät. Berge bestiegen. Auf dem Umweg über die Kindheit irgendwann erwachsen geworden. Auf dem Umweg über das Alter wieder kindisch geworden. Vom Land geflüchtet. Auf dem Umweg über die Städte in die Vorstädte hinausgezogen. Vorstädte in Innenstädte miteinbezogen. Aus Trauben auf dem Umweg über Gärvorgänge Wein gemacht. Aus Milch auf dem Umweg über Quark dann Käse hergestellt. Aus Uran auf dem Umweg über Brennstäbe Energie gewonnen. Es gibt keine Wiederholungen. Alles, was sich wiederholt, sieht nur aus, als wär's nicht neu. Aus der Traufe immer wieder in den Regen gestiegen und zurück.

Wo waren wir stehengeblieben?
Dicke Luft dringt durch das Neuhauser Fenster. Draußen liegt alles in Trümmern, nur ein großes Ä ist übriggeblieben. Die Sonne lächelt durch das Neuhauser Fenster, ein Lichtblick wagt sich über die ausgebrannte Fassade gegenüber. Wortfetzen, Sprachruinen und Gestammel. Das Neuhauser Fenster ist ein Loch in der Wand des Neuhauser Zimmers. Zehnmal schon sagte Susanne, dieses Leben sei ein Trauerspiel, sagte auch, wenn wir mal ein Ei haben, dann lädt sie Babette ein. Zwölf Monate ohne Eier sind der Tod. Wer nach dem elften Monat noch keins hat, der kann immer noch probieren, ob er bei den Vorstadtbauern was abkriegt. Vergeblich. Und wer krank ist, der kriegt Lebertran. Wer stirbt, der reiht sich in den Trauerzug. Wer sonst noch bewegungsfähig ist, der kommt in die flachgelegten Straßenzüge und sieht sich das ewig kostenlose Schauspiel an: angeblich wird die Sonne, indem sie sich dem Horizont nähert, immer breiter. Aber gerade demjenigen, der in diesem Anblick nach einem letzten Halt suchen mag, sei gesagt, ein Sonnenuntergang ist immer nur relativ. Auf den Standpunkt kommt es an. Nach dem Westen Versprengte haben noch etwas länger Zeit. Einer, den es nach Osten verschlagen hat, der kann etwas früher schlafen, muß aber auch früher wieder raus. Auf den Standpunkt kommt es an. Nein, die Schwächen der Deutschen waren nicht politischer Art. Es gibt kaum ein V.o.l.k., das ähnlich unpolitisch wäre, sagte Roman und meinte es ernst. Die Deutschen sind nur allem Fremden feind. Am ärgsten trifft es sie, wenn das Fremde in ihnen selber steckt. Drunten im schrägen Licht ein liegengebliebener Volkswagen einer Fahrschule als ausgeschlachtetes Insekt. Die Erfindung des Volkswagens war ein Geniestreich. Die Deutschen waren von schier unerschöpflichem Erfindergeist beseelt. Selbst die Sonne ist eine deutsche Erfindung.

Der Horizont ist eine deutsche Erfindung, genauso, wie auch das Ei eine deutsche Erfindung ist. Das Ei ist eine statische Meisterleistung. Das Atomei hält selbst dem schwersten Löffel stand. Manche Augenblicke erinnern mich an Zeiten, die ich nie erlebte. Als Sieger wollen die Sieger eine neue Staatsform einführen. Mal schaun, wer gewinnt. Mich hat das Schöne immer mehr interessiert als das Wahre und das Gute. Manche Stellen erinnern mich an Orte, wo ich noch nie war. Schon vor dem Krieg, ich erinnere mich, schwärmten Michi, Roman und ich von einem fernen Osten, von geheimnisvollen Landschaften weit hinter der Donau. Für Stalin können die Bewohner der Bewegungshauptstadt nicht zur Verantwortung gezogen werden. Von Stalin gibt es bis heute nichts als unscharfe Fotos. Stalin soll den Kreml schon seit Monaten nicht mehr verlassen haben.
Der Blick an die Wand beweist nichts. Der Blick in den Rasierspiegel auf dem ansonsten leeren Tisch beweist dem, der sich rasiert, seine Anwesenheit. Heute erklärt uns der Weihbischof den Lebenssinn auch schriftlich. Der letzte Aufruf, die aktiven Parteigenossen sollten Wohnungen freimachen, indem sie näher zusammenrücken, ist im Ergebnis unbefriedigend geblieben. Es schlägt, als wenn wer klopft, die Tür. Der Blick auf die Tür in der Wand beweist dem, der sich rasiert, seine Abwesenheit. Das Ausbleiben des Gases in der Wohnung beweist die Beschädigung des städtischen Leitungsnetzes. Im Norden der Stadt werden als erstes wieder Kasernen gebaut. Alabama in Milbertshofen. Indiana in Neuhausen. Alles ist im Wandel begriffen, nur die Begriffe bleiben stehen. Wer schrieb den Duden? Ich nicht. Es klopft noch mal, es klopft. Aline bekommt ein Kind. Auf dem regulären Markt gibt es nur Tollkirschen, sonst nichts. Alines Kind kann noch nicht mal Hochdeutsch, und schon muß es Anweisungen in zwei verschiedenen Sprachen lesen. Schnell die Büchsen in den Schrank, man muß nicht alle Leute alles wissen lassen. Noch immer sitzt ein Krebs als Angst im Nacken. Nach tausend Jahren, sagt Aline, wäre sowieso alles aus gewesen. – Tausend Reichsjahre und was dann? Das Warten auf etwas Fernstliegendes kann das Warten auf etwas Näherliegendes nicht ersetzen.

Auch während einer Stunde gemeinsamen Wartens verwandelt sich das Loch in der Wand nicht zu dem Fenster, das es einmal war. Niemand braucht jetzt mehr Ämter anzuzünden oder aus Unmut Türen einzutreten, Bürokratie funktioniert auch aus der hohlen Hand. Schon die Stimmen der Tonangeber waren Strafe genug. Wer jetzt eine Sirene hört, denkt immer noch an das Heulen von Sirenen. Nichts darf sich ändern. Die gleichen braven Männer sitzen weiter hinterm Schreibtisch und bedrohen jeden von uns. Die Schreibtischtäter mögen es nicht, wenn sie dem, den sie um seine Existenz bringen, bei der alles entscheidenden Unterschrift auch noch ins Gesicht sehen müssen. In Deutschland wurde der Schreibtisch erfunden, und auch das Erfinden selbst wurde dort erfunden. Vieles ist nur eine Frage der Organisation. Noch vor der Organisation kommt die Rohstoffversorgung. Wenn das zur Instandsetzung der beschädigten Häuser dringend benötigte Material weiterhin so spärlich zugeteilt wird, braucht man Jahrzehnte, bis endlich alles beisammen ist. Um einerseits von den Trümmern wegzukommen und andererseits näher an die Rohstoffe zu rücken, fordert der Architekt und Stadtplaner Bodo Ohly Planung und Gründung einer neuen Stadt und damit die Aufgabe der Trümmerstadt. Für Verlegung und Neuaufbau besonders geeignet halten die Anhänger dieser Lösung die Gegend um den Starnberger See. Ein entsprechend konkreter Plan des Architekten Abel hierzu liegt der Stadt vor.

Menschlich ist es zum Beispiel, nach einem erfolgreichen Hamstergang an seine Freunde zu denken. Noch menschlicher aber ist es, all das Erstandene selbst aufzubrauchen. In der Stadt sind die Geschickten geschickter als die, die ungeschickt sind, und die Unehrlichen ehrlicher als die, die ehrlich sind. Der Stärkere gibt nicht nach, denn er will am Ende nicht als der Dümmere dastehen. Der gute Deutsche führt jetzt gute deutsche Selbstgespräche. Ich sei doch noch so jung, sagte mein Wohltäter. Auf dem Heimweg drückte er mir eine Schachtel Zigaretten in die Hand und blieb am Steheck stehen.

Jetzt die Ärmel zu einer völlig neuen Großtat hochzukrempeln, hieße nicht, die alten kulturellen Werte aufzugeben, ganz im Gegenteil, meint mein Wohltäter, all die Jahre wußte der Führer von nichts, Bormann war sein böser Geist, jetzt gilt es, so viel wie möglich zu bewahren und an die Jugend weiterzugeben, die Morgenthauboys, sagt er, wollen aus Deutschland einen Kartoffelacker machen, aber der deutsche Arbeiter widersetzt sich der Sabotage, der deutsche Arbeiter will keine Kolchose, er will seinen Blumentopf, es ist sinnlos, sagt er, ein ganzes Volk in Intellektuelle zu verwandeln, Stehkragenproletarier, unser Volk braucht ruhende Gehirne, schon nach dem gräßlichen Kindermord 1285 haben wir die Juden gewarnt, sagt mein Wohltäter, während der Weimarer Schmach haben sie mit ihrer Jauche alles überschüttet, was deutsch ist, diese Herren stammen alle aus Galizien, auf der deutschen Eichel hatte sich ein Schmarotzer, eine Mistel eingenistet, die wir loswerden wollten, trotzdem, fast alle Juden haben überlebt, auch die Emigranten sind alle wieder da, auch Ausländer haben gesagt, sagt er, wir hätten alle Juden und Kommunisten umbringen müssen, 1933, auf einen Schlag, jetzt sitzen die in Paris und New York und wettern gegen alles Deutsche, man hatte dem Führer gesagt, wir müssen bessere Leute in die Ämter schicken, der Führer hat gesagt, die Leute in der Partei sind nicht besser, der Führer hat England immer wieder die Hand zum Bündnis hingestreckt, um die weiße Rasse vor dem Untergang zu bewahren, jetzt stehen die asiatischen Horden an der Werra, Albert Einstein fordert die totale Rassenvermischung, ein weltweites Panama, sagt mein Wohltäter, letztendlich hat Herr Churchill Europa verraten, obwohl 1945 General Alexander die deutschen Truppen in Schleswig-Holstein nicht entwaffnen ließ, weil er zusammen mit ihnen gegen den Bolschewismus kämpfen wollte, hier denkt er immer an die Flucht der deutschen Gefangenen im Sanitätsauto, auf der Pritsche angeschnallt ein Mann, dem man das Gebiß herausgenommen hatte und den man, wenn er sich Mühe gab, für einen Sterbenden halten konnte, so passierte man alle Posten, aber es hat nichts genützt, die Amerikaner mit dem Juden Roosevelt an der Spitze haben sich in Jalta und Potsdam auf Kosten Deutschlands geeinigt, und schließlich haben die Bolschewisten die deutschen Frauen vergewaltigt, sagt er, die Lehrerin seiner Schwester Ilse, jetzt stehen wir da, außer den 9155 Wohnhäusern mit insgesamt 71792 Wohnungen, die dem bestialischen Luftkrieg allein in unserer Stadt zum Opfer gefallen sind, haben 26319 Wohnungen schwere bis mittlere Schäden erlitten. Um die Häuser und Wohnungen vor dem endgültigen Verfall zu retten, müßten sie spätestens in fünf Jahren repariert sein, dazu wären nötig 333 400 Tonnen Zement (davon bis Ende 1946 2,4 % zugeteilt), 190 000 Tonnen Kalk (davon bis Ende 1946 7,3 % zugeteilt), 76 000 Tonnen Eisen (davon bis Ende 1946 0,5 % zugeteilt), 730 Tonnen Nägel (davon bis Ende 1946 0,2 % zugeteilt), 483,2 Millionen Stück Steine (davon bis Ende 1946 1,9 % zugeteilt), 107,8 Millionen Dachziegel (davon bis Ende 1946 5,2 % zugeteilt), 710 000 Quadratmeter Fensterglas (davon bis Ende 1946 4,4 % zugeteilt), 447 000 Kubikmeter Holz (davon bis Ende 1946 3,7 % zugeteilt), alles Sabotage, sagt mein Informant. Ich geh weiter, und er bleibt als Wohltäter allein am Steheck zurück.

Im weiteren Umkreis ist tatsächlich nur diese Nummer 8 stehengeblieben. Die Stuckfassade ist heruntergebröckelt, aber alle Räume sind bewohnbar. Trümmerfelder sind die neue Umgebung, aber der Blick zum Sonnenuntergang ist endlich frei. Bis hinter zum Schienenstrang nur vereinzelte Hütten, bunte Verschläge, mit Blech abgedeckt. Im Hirschgarten wird von Gestalten Brennholz gesägt. Verteilungskämpfe um Holz. Kampf ist Kampf, und Kampf ist Krieg. In spätestens fünf Millionen Jahren wäre hier sowieso alles aus gewesen, dann ist auch die Sonne ausgebrannt. Mit dem Kampf kommt der Nahkampf. Nach dem Krieg kommt der Nachkrieg. Der Nachkrieg ist ein Bürgerkrieg. Jeder Krieg ist Bürgerkrieg. Grabenkämpfe in überfüllten Straßenbahnen. Nur wer stärker ist, der ist wirklich stark. Haltestellen als Stehkneipen, wo es nichts gibt. Tauben prügeln sich um Brot im Gras. Russisches Roulette für Siegerbräute. Taube laufen Blinden hinterher. Hunger schützt uns vor Erfahrungsarmut. Death is so permanent. Vergilbte Plakate an den Wänden, das Parteisymbol ist rausgekratzt. Zeitungen sind aus Papier. Fischen im Stadtbach, Fischen verboten. Als wäre nichts undenkbar, stehen mitten in der Trümmerstadt ganz vereinzelt noch Gebäude. Warnungen sind oft in einer anderen Sprache angebracht. Wer nicht hören will, führt Selbstgespräche. Wer reden will, macht manchmal keinen Punkt: Jetzt ist alles einerlei. Alles ist offen, alles scheint offen. Wie könnte man noch hassen, jetzt, da man alle Gründe für menschliches Verhalten kennt? Die Nation hat sich höchst angezogen ausgezogen, und am Ende steht sie ganz nackt da. Die obszönste Nacktheit der Geschichte. Nicht arg verschüchtert zieht sich, wer kann, die alten Kleider wieder an. Not macht nur erfinderisch. Neue Regeln erleichtern die Regelübertretung. Sich nach allem zu richten wäre falsch. Susanne hat auf dem Schwarzmarkt fünfzig Gramm Salz und vier Pfund Schwarzbrot erstanden. Der letzte Schatz ist eingelöst. Letzte Seifenvorräte, letzte Mehlbestände. Unsere Tage sind gezählt, und die Tage des Wartens sind gezählt. Die Tage des Ruinenholzes sind gezählt, und die Tage der Kohlenvorräte sind gezählt. Die Tage des Hoffens sind genauso gezählt wie die Tage der Hoffnungslosigkeit. Die Haltbarkeit von Lebensmitteln ist genausowenig eine Frage mehr wie die Pflege von Haustieren. Sonntage aber sind Sonntage geblieben, das feine Christentum hat prima überlebt. In spätestens fünf Millionen Jahren wäre hier sowieso alles aus gewesen. Death is so penetrant. Ja, es regnet, nein, es schneit. Stell dir vor, du bist der ausgehungertste Mensch der Stadt, nimmst drei Kilo ab und bist dann immer noch nicht tot. Das Salz war teurer als das Schwarzbrot, aber am teuersten kam Susanne die Seife, die sie im Mauerversteck vergaß. Es mag utopisch klingen, aber es dürfte sich als die schnellste und produktivste Belebung von Wirtschaft und Arbeit erweisen, die Stadt an einem anderen Ort neu zu gründen.

2.

Diesmal wollte ich eine Banane haben. Aber meinst du, in der feinen Leopoldstraße würdest du eine Banane kriegen? Von der U-Bahn-Station bis zur Ainmillerstraße: keine Banane. In der Ainmillerstraße statt Bananen Bücher. Eigentlich könnte ich auch Vor- und Frühgeschichte studieren, ich dachte, warum nicht? In einem Treppenhaus wurde fleißig flink kopiert, seitenweise Wörterreihen. Auf dem Rückweg war der Hunger angewachsen. Schon hatte ich einen Granatsplitter im Sinn. Nichts füllt so gut, nichts wirkt so schnell. Und ich hatte ein Glück, denn Konditoreien gibt es in dieser Gegend genug. Mit der Süßigkeit in der Hand muß ich mich fragen, ob ich hinunter soll in diese U-Bahn. Oder soll ich oben bleiben, bei Dackeln und Pudeln auf der breiten Promenade? Wer satt ist, denkt nicht gleich ans nächste Essen. Oben, beim Überqueren der Straße, droht mir der Tod durch Überfahren, unten droht das schnelle Ende, ausgelöst durch Platzangst. Wieder hat man ganz die Wahl. Plötzlich steht man da und pfeift. Fußgänger haben immer Vorfahrt, denn schließlich waren sie vorher da. Drive carefully – death is so permanent. Den amerikanischen Militärfahrzeugen war die alleinige Benutzung der Ost-West-Achse vorbehalten. Große, weiße Tafeln an den Altstadttoren. Einmal wollte auch ich dabei sein. Mit dem April 1945 war der Krieg vorbei, und gut fünfzehn Jahre später sollte ich mit dem ersten Dreirad in die große Familie der Verkehrsteilnehmer aufgenommen werden. Kraftfahrzeuge bleiben unter sich. Menschenkraft bewegt sich fort. Wie um alles in der Stadt soll ich als lebender Mensch über eine so breite Straße wie die Leopoldstraße hinüberkommen, ohne dabei nicht mindestens ein Auto zu übersehen, das sich im Recht glaubt? Diese Straße ist noch für ein paar Kutschen so breit gebaut worden, was für eine Großzügigkeit in der damals noch so kleinen Stadt! Auf der Suche nach dem richtigen Studienfach sollte man sich erst mal die Mensa ansehen, wirklich ein sehr guter Rat. Für einen, der schon satt ist, sind in der Mensa die Schlangen der Anstehenden zu lang. Werner hatte mich auf die Idee gebracht, Völkerkunde zu studieren. Bury my heart auf halber Höhe der Schellingstraße. Ausgerechnet der Andechser Werner, dessen Geschichte vom Zufall seiner Fächerwahl man kennt! Als ob an Schwabing etwas Besonderes wäre! Diese ganzen Schwabing-Legenden aus dem ersten Jahrhundert-Drittel interessieren mich einen Dreck! Vermutlich sind sie alle bloß erstunken und sogar erlogen. Unter einer Pappel-Allee stelle ich mir eine Straße vor, die in Richtung Süden führt, nicht eine, die eindeutig den Norden anstrebt. Wegen der unzumutbaren Außentemperaturen kann ich mir einen kleinen italienischen Sportwagen von einem Parkplatz weg entleihen. Auf dem hinteren Notsitz liegen bunte Hefte. Holzverkleidung. Handschuhfach. Was soll ich sagen, Supertramp-Kassetten und sonst nix. Mir graust es wohl vor gar nichts mehr, sowas beruhigt gleich mein Gewissen. Aber will ich überhaupt so sein? Fehlt nur noch so eine hübsch-blöde Schwabingerin auf dem lederbezogenen Sozius. Wollt ich gerne, oder was? Endlich will ich wissen, wozu ich den Führerschein gemacht habe, werd endlich mal die Fronten wechseln. Die Geisterfahrer sind immer die anderen, vielspurig lacht der Boulevard. Endlich will ich wissen, was ich kann. Der Gasfuß bin ich selbst, und ich staune selbst, wie sanft ich über offene Gullideckel fliege. Armeemuseen, Baubehörden, man muß nur wollen. – Death is so ignorant, so sprach's das Isartor und wurde wieder stumm. Fußgänger werden freundlich weggehupt, man tut doch wirklich, was man kann. Niemand will ein Blutbad anrichten, wenn's nicht unbedingt sein muß. Konnte ich denn ahnen, daß es mit der immer wieder verschobenen Brandstiftung bei Rieger-Pelze so eilig gewesen wäre? Schon ist uns jemand zuvorgekommen. Jemand anderes stellte seine Intoleranz unter Beweis. Das mag ein Anblick gewesen sein, diese Rauchsäule am Rand der Altstadt! Bis hinter zum Sendlinger-Tor-Platz kein einziger Stadtbach, kein Wasser zum Löschen! Wegen der U-Bahn wurden die Stadtbäche aufgelassen, jetzt geht es den Rauchwaren an den Kragen. – Drive carefully, sprach das Sendlinger Tor und riß dazu sein Maul weit auf. Die Pappelallee dann links und rechts der Lindwurmstraße wirkt arg gerupft. Immerhin zielt sie schon eher nach Süden, immerhin Südwesten, knapp daneben! Zukunftsweisend war der frühe U-Bahnbau, der hier schon vor dem Krieg entlang der Lindwurmstraße ganz zukunftsweisend früh begonnen wurde. Der Führer selbst hat 1938 den Befehl für den ersten Rammstoß gegeben. Eine der schönsten Städte der Welt soll München werden. 1941 Baueinstellung, der Lindwurm hört zu graben auf. Luftschutzräume werden eingerichtet, in offene Gruben kommt Gebäudeschutt. Nach dem Krieg werden in den verbliebenen Schächten Champignons gezüchtet, offene Wunden laufen mit Grundwasser voll. Nach dem Krieg sind die Bananen knapp. Amerikanische Soldaten, mit Orangen gut gerüstet, werden kistenweise eingeflogen. Wie war vor Entdeckung der Organe wohl die Farbe zwischen Gelb und Rot benannt? Muß man mal den alten Goethe fragen. Schwarz-braune Soldaten jonglieren mit rot-gelben Früchten. Sowas hatte man bis dahin nie gesehen. Vorsichtig sollte man fahren, weil der Tod so permanent ist. Vorerst sind sowieso nur die Amerikaner gefahren, vorerst reichte eine Warnung auf Englisch völlig aus. Als verschnürtes Paket kommt die Währungsreform auf den Tisch, und schon können die Münchner selber wieder Auto fahren. In den fünfziger Jahren erregte mein italienischer Sportwagen noch größtes Aufsehen, das in den sechziger und siebziger Jahren immer mehr abnahm, um in den achtziger Jahren wieder ins Unermeßliche zu steigen. Wir haben den Altstadtring gebaut, wir haben die Kirchen wieder hergerichtet, haben Vereine gegründet, wir haben die Isar aufgestaut, wir haben Hunde gezüchtet, wir haben uns eine neue Zukunft zusammengezimmert und die alte U-Bahn wieder ausgegraben. Und am meisten haben wir darüber selbst gestaunt. Die Deutschen haben das Staunen erfunden. Als Deutscher hab ich selbst an allem Deutschen teil. Vor gar nicht langer Zeit erst haben wir durch die Erfindung des Autos die Kutschen abgeschafft, und schon werden die Straßen zu eng. Der Luftkrieg hat noch etwas Luft geschaffen. Vor dem Krieg sind die Züge aus München in Berlin am Anhalter Bahnhof angekommen. Dort wo jetzt ein Parkplatz ist, fährt nichts mehr ab. Auf der Suche nach dem richtigen

Studienfach muß man erst noch einen Parkplatz finden. Am Hauptbahnhof find ich keinen. Wo das Auto abstellen, jetzt, da der Tank leer ist? Auf keinen Fall will ich ein Bußgeld riskieren. Auf jeden Fall will ich mich ganz an die unabdingbaren Regeln zivilisierten Zusammenlebens halten. Im Schilderwald habe ich die Orientierung verloren. Am Ende bin ich selbst einer der beiden jungen Indianer, die am 10. Dezember 1820, von Augsburg kommend, mit einer Kutsche in München eintrafen. Die von Belgisch-Amazonien über Lissabon direkt in die mitteleuropäische Zivilisation geschickt worden waren. Rote Ampeln, Einbahnstraßen. Auch an einem Stachus freilich dann kein Parkplatz. Alles steht mit Kutschen voll. Also doch hinein ins schöne Parkverbot! Was ist selbst das schönste Auto wert ohne den Fortbewegung erst ermöglichenden Treibstoff? Zu Fuß zurück zum Hauptbahnhof. Wo wollt ich hin? Zu Fuß zurück zum Hauptbahnhof? Bei einem, der am hellichten Tag Indianer sieht, steht längst schon fest, was er studieren muß. Der Verkehr ist öffentlich. Ein Foto, das zwei Wochen vor Einstellung der Linien 17, 21 und 4 von einem der Züge dieser Linien entstanden ist, hat längst keinen so hohen Dokumentationswert wie eines, das unmittelbar bei der letzten Fahrt entstanden ist. Dem Foto selbst sieht man die letzte Gelegenheit nicht an. Nicht mal Spezialisten wie Peter Schricker würden einen Schwindel sofort erkennen. Nicht mal, wer in München lebt, muß auch dort geboren sein. Nach zwanzig Jahren sieht man einem Maibaum nicht mehr an, ob er nicht vielleicht einen Tag zu spät aufgerichtet worden ist. Was einem Ethnologen egal ist, darf einem Volkskundler noch lange nicht einerlei sein. Was den Nahverkehrsforscher brennend interessiert, läßt manchen Eisenbahnfan doch völlig kalt.

Nach langem Suchen endlich eine Wohnung gefunden. Margot, Stefan und auch ich. Ein allgemeines Gefühl der Erleichterung macht sich in Neuhausen, wo wir wohnen, breit. Die Trambahnlinien 21, 4 und 17 gehen heute wirklich auf allerletzte Letzte Fahrt. Jetzt kann man sich endlich das teure Geld für die Monatskarte sparen. Ich bin doch nicht blöd und fahr von jetzt an mit der blinden U-Bahn, von der aus ich nicht

seh, was zu sehen ist, auch wenn es nichts sein sollte. Ein allgemeines Gefühl der Erleichterung macht sich breit. Lose werden verkauft, Würsteln werden gebraten und Freibiere ausgeschenkt. Ein Salzfuhrwerk wird vorgeführt und soll Geschichte schmackhaft machen. Der Verkehr ist öffentlich, offiziell in U-Bahn-Schächte umgeleitet. Jede Rolltreppeneinweihung ist Wahlkampf. Die offizielle Rede hält ein Stadtvertreter. Der Wahlkampf ist ein Straßenkampf. Was soll ich in der Wohnung, wenn draußen gekämpft wird? Was soll ich in der Straßen, wenn dort nur Sprechblasen und bedrucktes Papier durch die Luft fliegen? Noch sind die Steinfiguren im Nymphenburger Schloßpark durch Bretterverschläge gegen Witterungseinflüsse geschützt. Angesichts der schützenden Bretterverschläge im Nymphenburger Schloßpark fragt sich der Wähler, was ihm in den nächsten Monaten bevorsteht. Monat für Monat wird sich aus der Erstarrung schälen, um dreißig Tage später mit der großen Frage wieder abzutreten: Münchner, wollt ihr lieber einen, der es nötig hat, damit anzugeben, daß er als Zehnjähriger einmal heimlich am Meßwein genippt hat, oder einen, der bis auf den heutigen Tag aus dem Vollen zu schöpfen versteht? Es geht um die nächste Runde der K.- oder K.-Monarchie, die längst eingeläutet ist. Kronawitter oder Kiesl, das ist hier die Frage, Münchner, wollt ihr ewig leben? Nieselregen oder Dürre, aus zwei Strichen ist ganz leicht ein Kreuz gemacht.
Die stolze Stadt hat's weit gebracht. Der Wähler weiß schon, was er wählt. Samt dem Standortvorschlag, zu dem den Architekten Abel auch landschaftsästhetische Überlegungen bewogen haben mögen, wurde der Neugründungsantrag vom Stadtrat abgelehnt. Dabei hätte man die ganzen Trümmer liegen lassen können, wo sie lagen. Die alte Stadt zur Geisterstadt erstarrt, ganz München nur ein Gleisdreieck. Einen Vorschlag ignorierend, entschloß sich der Magistrat, ein paar der historischen Bauwerke genau an ihrer alten Stelle wiederaufzubauen und, um sie gruppiert, die neue Stadt entstehen zu lassen. Gedanken, wie jener an das weitgehend unzerstörte Kanalisationssystem, wie auch an das im Prinzip erhaltene Straßennetz, mögen diesen Entschluß beeinflußt haben. Die

Mandatsträger entschieden sich gegen den See, mit dem hatten sie ganz anderes vor. Der Wähler weiß schon, was er wählt. Erste Stimmen werden laut: Holt endlich eine Olympiade in die Stadt! Laute Stimmen werden leiser: Kann man das bei so viel Schutt? Nein, also weg mit den Trümmern, und zwar schnell! Der Wimmer Thomas holt seine Schaufel aus dem Schuppen, und zusammen mit 27 Trümmerfrauen beseitigt er den ganzen Saustall. Wie gut, daß kaum einer mehr weiß, daß die Münchner genausogut alle am Starnberger See wohnen und sich so die wochenendliche Raus- und Reinfahrerei sparen könnten. Wenn beim Trümmerräumen eine schwach geworden ist, dann hat sie vom Bürgermeister Wimmer schnell eine Knoblauchzehe bekommen, und weiter ging's mit neuer Kraft. Knoblauch brennt die Schwäche aus dem Leib, und süßer Schweiß tritt durch die Oberfläche deiner Haut und verdunstet dort.
Feierabends steigen nun die Münchner auf den großen Schuttberg am Olympiasee, und wer ein Herz hat, der gedenkt der Frauen und des guten, alten Mannes.

Wenn ich je von Brandstiftung sprach, dann nur aus dem einen Grund, weil München seine Entstehung einer solchen zu verdanken hat. Die ganze Stadt ist voll von unsichtbaren Denkmälern, die an unbekannte Brandstifter erinnern. Wenn ich kurz von den ersten Münchner Indianern sprach, dann nur, um später noch einmal auf sie zurückzukommen. Hätte Heinrich der Löwe nicht die Föhringer Brücke niederbrennen lassen, stünde München heute in Föhring und hieße gar nicht München sondern Föhring, und in München hätte man vor Föhring seine Ruhe, zumindest in dem Maß, wie man derzeit in Föhring seine Ruhe vor München hat. Es ging um Machtansprüche. Es ging um Salz, es ging um Geld. Es hat der Löwe den Bischof von Freising ausgetrickst, wofür er später doch bezahlen mußte. Möglicherweise aber wäre Föhring mit seiner Föhringer Brücke nie so groß geworden wie München dann mit seiner Brücke, und für den Föhringer Vorort München wäre so mehr Ruhe abgefallen als für die Münchner Vororte Ober- und Unterföhring. Aber was ist schon Ruhe, und wer mag das schon? Hier soll nur ein kurzer Abriß der Stadtgeschichte gegeben werden, wie er sich jemandem darstellt, der erst später zugezogen ist. Ich war nicht von Anfang an dabei.

Ohne Ruinen fehlen die Ruinen. Das einzig Surreale an der wiederaufgebauten Stadt sind die vielen, mit Ringschlössern an Fahrradständer und Verkehrszeichen angeschlossenen Fahrradeinzelteile. Trotzdem sind nicht viele Räder auf den Straßen unterwegs, denen die entsprechenden Teile abgehen. Manchmal fehlt die Lampe, hie und da mal eine Vorderbremse, aber nie der ganze Rahmen; nie das Vorderrad oder der Sattel, nur selten der Gepäckträger. Autodiebe werden hier sofort erschossen, wahrscheinlich ist es deshalb bei uns nicht üblich, auch die Autos anzuschließen. Eine solche Gewohnheit aber käme dem Aussehen der Stadt sehr zugute. An Fußgängerampeln baumelnde Autotüren und Stoßstangen würden sich gut machen. Man könnte sie bemalen oder ganz einfach dem Rost überlassen. Schwere Ketten um die Hinterachse. So hätte ich in Verbindung mit meinem Eigentumsdelikt in der Leopoldstraße der Stadt ganz unentgeltlich ein Kunstwerk vermacht. Mitten in der Kälte eine Kunst im Freien, die einzige Kunst im Stadtteil Schwabing. Aber wehe, mir stiehlt jemand das Fahrrad! Ich bin gegen Fahrraddiebstahl, auch wenn er schön ausschaut. Ich habe nichts einzuwenden gegen Kaufhausdiebstahl, auch wenn er ästhetisch nichts bringt. Bei Mundraub droht Erschießung. Der Sterbende sieht nur noch ein Gesicht. Letztlich ist die Auflage des Innenministeriums, jeder Polizist müsse unbedingt einen Schnauzer tragen, völlig lächerlich. Aber so weiß der Sterbende ganz genau, ob er vom aufgebrachten Personal hingerichtet wurde oder von der Polizei. Zur Aufrechterhaltung der öffentlichen Ordnung muß die öffentliche Ordnung aufrechterhalten werden.
Alles sollte schöner werden. Seinen vorläufigen Höhepunkt erreichte dieses Streben nach Schönheit während der Vorbereitungen zur Olympiade 1972. Eine schöne Hysterie war ausgebrochen. Vater mußte in der Firma Überstunden machen wie

noch nie. Eine Stadt als Stadt will Ewigkeit. Folglich muß sie sich immer wieder neue Maßstäbe setzen. Alle Rattenlöcher werden verstopft, der Taubendreck wird von den Dachsimsen gekratzt. Ganz schön sauber empfingen wir die Welt. Kleiner Zwischenfall in FFB. Kleine Mietpreiserhöhung jeden Monat. Folkloristische Fassadenkulte. Wenn ein urbanes Gemeinwesen etwas Besonderes herauskehren will, dann muß es wohl irgendwas mit Gemütlichkeit zu tun haben. Danach die Fußballweltmeisterschaft. Danach die IGA. Jetzt ist der Wurm von der Internationalen Modewoche weggestorben. Zuvor sollte er noch die Filmwochen übernehmen. Jetzt wollen sie den Marx von der IGA für die Modewoche holen. Das heißt also, wenn der Wurm nicht tot wäre, könnte er durchaus was mit Theater machen. Dann endlich würde der H. G. Berger frei und könnte für BMW das Oktoberfest ausrichten. Wo doch gerade der Süßmeier zwangsbeurlaubt und der Schottenhammel weggestorben ist. Soll sich der Süßmeier doch in seiner Goldgrube (früher Kiesgrube) auf der IGA erholen, dann kommt er sich nicht mit dem Haberl in die Quere. Und endlich bräuchte niemand mehr dem Haberl den Chinesischen Turm und die Gastronomie in der Olympiahalle streitig zu machen. Who ist who und wer is wer?

Aline ist die Freundin meiner Freundin, zugleich aber auch meine Freundin. Sus ist die Schwester von Babette. Gemeinsam haben sie die gleichen Eltern. Babettes Freund heißt genauso wie ich, als ich noch Andreas hieß. Aline wohnt über mir. Nicht immer ist klar, wen Sus eigentlich besucht. Aline geht in die Lehre und Babette auf die Kunstakademie. Als ich Sus in Lochhausen kennenlernte, paßte sie viermal die Woche auf kleine Kinder auf und führte sie bei jedem Wetter hinter zur Lehmgrube, jetzt macht sie an der Volkshochschule ihr Abitur nach. Als ich Roman kennenlernte, hatten er und seine Schwester noch in Starnberg gewohnt, von wo aus die ganze Familie Mohr nach Perchting zog. Der ganze Haushalt Moor! Bei denen war Prahlhans Küchenmeister. Roman war schon im gleichen Kindergarten wie ich, später dann eine Weile in der gleichen Volksschule und kam schließlich auch an die gleiche Oberschule. Micha dagegen lernte ich erst dort, in der Rheinlandstraße, kennen. Von Gabi war noch nicht die Rede. Sehr wohl aber war von Stefan die Rede, den ich bei Moesens jedoch nie zu Gesicht bekam, den ich tatsächlich erst in der S-Bahn nach Tutzing kennenlernte, beziehungsweise in Tutzing selbst, weil dort auf einem Fest nur Tutzinger waren. Zwar sind Micha und Stefan beide aus Söcking, aber in der Fremde sind sie keine Fremden. Während meiner ersten Besuche bei Stefan in Söcking sahen wir Dias an, die er im Nahen Osten von Ausgrabungen mit seinem Bruder gemacht hatte. Mit Micha sprach ich von Anfang an viel über Musik. Raoul kannte einen, der auf Bestellung Platten klaute, man brauchte dem nur die Titel zu nennen, und schon am nächsten Tag hatte er sie einem für ein Entgelt von zehn Mark besorgt. Ja, Raoul und Jürgen Nase tauchten damals im Filmklub auf, das heißt, es war ich, der plötzlich auftauchte, und sie waren schon vorher da. Afra und Rebekka wurden von ihren Eltern aus der Starnberger Oberschule weggeholt und nach München ins Bert Brecht gesteckt, in eine reine Mädchenschule! Micha zog nach Bochum, und Raoul zog über Farchach nach München. Michi zog nach Berlin, nein, vorher nach Neapel. Und Stefan ging nach Stuttgart. Starnberg wurde immer leerer. Als Dagmar durchflog, kam sie endlich in Romans Klasse, der schon zweimal durchgeflogen war. Dagmar ist ein Jahr jünger als Roman. So wie Sus drei Jahre jünger als Babette ist. Raoul war ein Jahr früher als Schenz mit seiner Lehre fertig. Wenn die Väter von zwei deiner besten Freunde beim Bundesnachrichtendienst arbeiten, dann solltest du dich fragen, mit was für gefährlichen Nummern im Adreßbuch du schon das bundesdeutsche Hoheitsgebiet verlassen hast. Schließlich gab mir Stefan Französisch-Nachhilfe, so schlecht war mein Französisch, daß ich Nachhilfe brauchte. Daß ich einmal Stefans Nachhilfeschüler war, wird unser Verhältnis sicher immer belasten. Erst als Stefan von Stuttgart zurückkam und ich dabei war, mein Übergangszimmer in Pasing wieder an Babette und Andi zurückzugeben, entschlossen wir uns, in München nach einer Wohnung zu suchen; mit Margot, die plötzlich samt Freundin in Südtirol erschienen war. Wir waren dort auf dem Hof von Stefans anderem Bruder, und die beiden hatten kein Dach über dem Kopf. Margot wohnte damals noch in der Au. Zuerst gab sie ihre Wohnung auf, ihr Atelier in der Oefelestraße erst später, als Stefan und sie in der Nymphenburger Straße etwas Besseres gefunden hatten. Die zwei-dreimal, als Dagmar Stefan traf, nahm sie kaum Notiz von ihm, und Roman mochte Herbert nicht. Herbert war der erste Münchner, der nach Starnberg gekommen war. Als Schiffsbauer arbeitete er neben dem Rambeck, bis es ihm zu blöd wurde. Afra und Karo hatten ihn als netten Kerl entdeckt und eines Freitagabends nach Machtlfing mitgebracht. Über seinen Bruder und Embryo hatte Herbert irgendwie Kontakt zum Blatt, und an einem Wochenende mußten die Starnberger auf dem FT-Platz gegen eine Auswahlmannschaft von Blatt, Cooltour und Embryo antreten. Wir hatten Heimspielvorteil, ich nutzte diesen Vorteil und schoß prompt ein Tor. Die Blatt-Redakteure waren überwiegend Sechzger-Fans, ihr Verein hatte erst in der Woche davor wieder verloren, auch das wird sie geschwächt haben, obwohl ich nicht mal mehr genau weiß, ob sie schließlich nicht doch gewonnen haben.

3.

Sie sind verhaftet! Autodiebstahl in der Leopoldstraße! Immatrikulationsbetrug! Mißbrauch des Führerscheins! Sie haben bei der Einschreibung von Ihrem Vordermann das Fach abgeschrieben!
Drei Dinge muß man machen in seinem einen Leben, so sprach das Er zum Ich: Erich lebt ein Leben in der Möglichkeitsform. Dünne Luft dringt durch das undichte Fenster.
Soll mich ja keiner fragen, wo ich mich im Moment befinde. Falls die Polizei kommt, ein Alibi für die Tatzeit kann Erich nicht vorweisen. Vielmehr, er kann kein einzelnes Alibi vorweisen. So viele unterschiedliche Alibis hat er vorzuweisen, daß es noch viel schlimmer ist, als hätte er gar keines vorzuweisen. Die verschiedenen Alibis stehen sich gegenseitig im Weg. Nicht mal für die Sekunde seiner Verhaftung hat er ein stichhaltiges Alibi, selbst wenn die Beamten später jeden Eid schwören sollten. Selbst das juristisch einwandfreie Alibi für die Sekunde seiner Verhaftung, welches sie so dringend benötigen, um den Erfolg ihrer Festnahmetätigkeit unter Beweis zu stellen, ist nur der dritte Teil des viel komplexeren Gesamtalibis. Bitte, dieses eine Drittel seines Alibis für die Sekunde seiner Verhaftung, das könnt ihr haben, aber den Rest behält Erich ganz entschieden ganz für sich. Es geht euch nämlich einen Dreck an, daß er sich seit Tagen schon unter anderem grundlegende Gedanken zum ersten Stadium des Wiederaufbaus Münchens macht und sich zu diesem Zweck auf Standortsuche befindet: Auswahl und Beschaffung eines geeigneten, verkehrsmäßig günstigen Geländes mit ausreichender agrarischer und forstmäßiger Versorgungsmöglichkeit; anschließend Anlage eines Verkehrsanschlusses und eines Stausees beziehungsweise Höherstauen eines vorhandenen Sees für die spätere Elektrizitätsselbstversorgung; erste Gerätebeschaffung (Sägen, Hämmer, Schaufeln, Nägel, Werkbänke und dergleichen für örtliche Arbeiten); Anlage erster Werkstätten zur weiteren Geräteherstellung. Wann diese Vorarbeiten abgeschlossen sein werden, das weiß kein Mensch. Erich als

Mensch tut sein Bestes, er tut wirklich sein Bestes. Außerdem ist Erich dabei, eine Platte aufzunehmen. Perkussion soll die Grundlage sein, weil ich nichts anderes kann. Vielleicht hilft mir die Rhythmusmaschine. Der Rainer muß Gitarre spielen. Ein Baß muß dazukommen, ein Baß, der etwas bewegt. Aus dem Stadtarchiv habe ich mir längst Aufnahmen alter Instrumentalsoli von Karl Fey besorgt, die werden dazugeschnitten. Wenn unbedingt etwas gesungen werden soll, dann werde ich es schon übers Herz bringen. Ansonsten muß die Stratocaster singen. Posaunen und Trompeten. Doch, natürlich wird gesungen, vielleicht nur sprechgesungen, für was gibt es längst schon Texte auf Papier? Wer spendet ein paar Tausend Mark für mittellose Nicht-Musiker ohne Übungsraum? Das muß eine Zukunftsmusik werden, wo es mir jetzt schon als Zukunftsmusik in den Ohren klingt. Allein die Tatsache, daß ich diese verstunkenen Übungsräume nicht ausstehen kann, verhindert, daß dieses Alibi mein Lieblingsalibi ist. Draußen scheint vielleicht die Sonne, und drinnen ringst du mit der Dunkelheit um Luft. Schon die letzte Band war eine gute Band gewesen. In der Zeit, als sich all die Neue-Deutsche-Welle-Bands mit möglichst widerlichen Namen zu übertrumpfen suchten, hatten wir uns den widerlichsten Namen von allen ausgesucht: V.E.B.-Eurosound. Der Beni war gut. Der Achim war gut. Der Rainer sowieso. Eines meiner Alibis für die fragliche Zeit ist die Behauptung, ich hätte gerade Zukunftsmusik gemacht. Eine Melodie geht um die Welt.

Ganz abgesehen davon fordern zahllose, zu Zetteln materialisierte Filmideen ihren Platz. Die Ordnung dieser Zettel ist nur das eine Problem. Das andere ist vielmehr finanzieller Art. Ideen sind immer nur das eine, ihre Ausführung das andere, hat schon die kluge Siemens-Werbung gesagt. In jeder zweiten Grünwalder Wohnung steht eine komplette Filmausrüstung herum, die bestenfalls einmal im Sommerurlaub zum Einsatz kommt. Her damit, so was brauchen wir ganz dringend! Gegen einen kleinen Aufpreis würden wir Sie selbstverständlich gerne auch bei Ihren Weihnachtsfeierlichkeiten filmen, während der Ferien auf dem befreiten Grenada, oder auch mit Freunden privat am Swimming-Pool. Für das

Dossier über Ihre Firma heißt es jetzt schon Dokumentationsmaterial sammeln. Wenn nicht das lästige Auswendiglernen wäre, würde ich selbst die Delinquenten mimen. Vor der Kamera, nicht aber auf der Bühne, wo Langzeitgedächtnis zählt und Ausdauer gefragt ist.
Naheliegender aber wäre Schreibarbeit, naheliegender wäre die rigorose Vernichtung schönen, weißen Papiers. Zerstörungsarbeit muß ich leisten, bis alles vollgeschrieben, bis alles leergeschrieben ist, bis endlich alles aufgeschrieben wäre, was ich eh schon immer sagen wollte. Und endlich wäre das erledigt, nur Erkenntnis bleibt gescheit zurück. Der gleiche Vorgang einer Erleichterung mittels Textaufzeichnung auf Tonband hatte damals nicht funktioniert. Mag mir doch nicht dauernd selbst zuhören müssen, hab doch meine eigene Stimme auf Tonband noch nie leiden mögen. Ein Vorteil des Schreibens ist, daß man es theoretisch überall ausüben kann. Zum Loslegen muß nicht erst ein Berg logistischer Voraussetzungen erfüllt werden. Mühsame Schuljahre nicht gerechnet. Jetzt, da ich mir manche Grundregel angeeignet habe, sollte ich diese Fähigkeit nicht brachliegen lassen. Was sonst hat Erich denn gelernt? Etwas anzubauen hat Erich nicht gelernt. Eine Heizung zu installieren hat Erich nicht gelernt. Sich einen Schrank zu bauen hat Erich nicht gelernt. Autos richten kann er nicht.

Nun aber, werte Staatsanwaltschaft, zum plumpesten Teil meines komplexen Alibis, der gemeinhin als einzig stichhaltiger akzeptiert wird: zur damaligen und ewig sich fortpflanzenden und immer wieder jeweils objektiv anwesenden Gegenwart. Zum fraglichen Zeitpunkt war sie trist, hellbraun und zähflüssig. Zum fraglichen Zeitpunkt lag ich ohne Zeugen ganz allein im ganzen Bett. Woher soll Klein-Erich denn wissen, was er machen soll, wenn ihm ständig eingetrichtert wird, was er nach Schule und Staatspflichtjahr machen muß. Es darf aber auch nicht verbindlich sein, das Gegenteil des Vorgebeteten zu tun. Trotz ist nicht der beste Impuls für eigenes Handeln. Trotzdem: Warum soll ich einen Beruf lernen, keine Arbeit find ich auch ohne. Warum sollte ich für ein Alter vorsorgen, das nur versorgt werden muß, weil ich in meiner Jugend zu viel geschuftet habe? Wozu für den Urlaub arbeiten, wenn ich ohne Schuften gar keinen Urlaub nötig hätte? Und so weiter, und so also immer weiter. Das System funktioniert ohne Frage ohne Fragen. Wenn es überhaupt einen vergleichbar schlechten Zirkus gäbe, ich würde das Ganze einen geschmacklos schlechten Zirkus nennen. Es darf sich niemand ein anderes als das Zahnraddasein auch nur vorstellen können. Der beste Trick dieses Gesellschafts- und Staatszirkus' ist es, einem die Gegenwart durch eine Zukunft zu vermiesen (jidd.), die unausweichlich sein soll, die aber nur aus dem einzigen Grund unausweichlich ist, weil sie mit langanhaltendem Erfolg als unausweichlich verkauft wurde. Das System dieser Bewußtseinskontrolle selbst als Opfer zu betrachten, wäre zynisch.

Es gibt nichts mehr zu lachen, alles ist lächerlich. Falls ich nicht irgend etwas anderes mache, sicher gehe ich eines Tages zur Bundesbahn, Post oder Bundesbahn, eher Bahn. Seit der Eiszeit war nichts mehr derart bahnbrechend wie die Bahn. Das Berufsbild der Bahn ist äußerst vielseitig. Wäre es überhaupt nicht erst zu einer Eiszeit gekommen, die ganze Gegend hier läge erheblich niedriger, der gesamte Schotter der Schotterebene lastete noch unverteilt auf den Alpen, es gäbe überhaupt keine Eisenbahn, ohne Schotter keine Schienenstränge. In Zeiten des Schottermangels wäre die Landshuter Strecke nicht nach Westen hin verlegt worden und ich wäre noch schneller bei den Gleisen, der jetzigen Landshuter Allee. Wäre die Eisenbahn nie erfunden worden, hätte man den bereits geplanten Kanal vom kohlehaltigen Peißenberg in den Starnberger See verwirklicht, auf dem man über die Würm und die Würmkanäle die Kohle vom Peißenberg nach München hätte verschiffen können. Wäre also Kohle vom Peißenberg nach München verschifft worden, wäre die Würm gleich von ihrem See-Ausfluß an zum Kanal ausgebaut worden. Hätten die Faschisten etwas mehr Zeit gehabt, hätten sie, wie bereits in Planung, den Hauptbahnhof nach Laim hinaus verlegt und den Gleiskörper von dort bis zum jetzigen Hauptbahnhof in eine Prachtstraße ihres Zuschnitts verwandelt. Ohne die

Bahn wären die beiden Weltkriege anders verlaufen, der Truppentransport liefert Menschenmaterial in Viehwaggons zur Schlacht an; ohne die beiden Weltkriege wäre die Geschichte der Bahn anders verlaufen; ohne die Bahn wären die beiden Weltkriege schwieriger abzuwickeln gewesen. Wenn Dachau nicht schon an der Bahn gelegen wäre, hätte man es spätestens in den dreißiger Jahren an das Schienennetz anschließen müssen. Bei abzweigenden Nebengleisen frage ich mich immer, wo führen die denn hin? Wäre der neue Rangierbahnhof nicht schon so lange in Planung, wäre das für den Rangierbahnhof verplante Gelände schon längst ganz anders verplant. Wenn abends die roten Weichenlichter nicht wären, ich wäre gewiß nicht so leicht auf die Idee gekommen, zur Bahn zu gehn. Wäre Europa nicht so groß, so wäre der riesige Fahrtrichtungsanzeiger im Hauptbahnhof kleiner ausgefallen. Wäre München nicht so gewachsen, hätte man die Landshuter Allee nach dem Krieg nicht in den Ring umgewandelt, und die neuerrichtete Donnersberger Brücke würde, genauso wie ihre Vorgängerin, direkt in die Donnersberger Straße münden, wie es sich für eine Brücke solchen Namens auch gehört. Würden nicht ausgerechnet neben der Station Donnersberger Brücke so viele Rangierloks ihre Arbeit verrichten, ein längerer Warteaufenthalt dort wäre unerträglich. Wenn also die Kohle-Verschiffung vom Peißenberg nach München zustande gekommen wäre, dann wäre Starnberg im 19. Jahrhundert ein Umschlaghafen für Kohle geworden und nicht ein beschaulicher Platz für Kaffeegäste. Und wären sich Elisabeth und Walter nicht zufällig im Zug von München nach Starnberg begegnet, hätte ich nie die Wahl gehabt, zur Bundesbahn zu gehn oder nicht. Wären diese beiden nicht meine Eltern, dann wäre dieser letzte Satz mysteriös. So aber läßt sich zusammenfassend sagen: Wenn Einzelheiten anders verlaufen wären, wäre so manches andere erst recht anders verlaufen, hinge das eine nicht am andern, wäre heute sicher manches anders. Aber wozu denkt man eigentlich? Wozu konstruiert man komplizierte Gedankengebäude, reiht Überlegung an Überlegung, wenn zuletzt nur die Einsicht zurückbleibt, der Aufenthalt auf der Donnersberger Brücke wäre

ohne den Anblick von Gleisen und Weichenlichtern unerträglich? Die Elektrifizierung der Eisenbahn war zweifellos eine deutsche Erfindung von großem allgemeinem Nutzen.
Nutzen und Himmel sind männlich. Erde und Geruchssinn sind weiblich. Kohle und Wacholder bedeuten Fruchtbarkeit. Beide vermitteln zwischen Himmel und Erde. Die Menschen stammen vom Hund ab, bis auf eine Minderheit in China. Die Stammeltern der Hunde haben sich aus Kaulquappen, die Stammeltern dieser einen chinesischen Minderheit aus einem Kürbis entwickelt. Kopfjagden zur Steigerung der Fruchtbarkeit. Das Opfer wird nach Hänsel-und-Gretel-Manier festgehalten, bewirtet und gemästet. Ist die Haut des Opfers endlich völlig weiß, wird es auf den Dorfplatz geführt und dort von jungen Mädchen sexuell versorgt. Wenn es dabei lächelt, werden ihm die Augen verbunden. Hört das Opfer dann immer noch nicht zu lächeln auf, wird ihm der Kopf abgeschlagen. Die Kraft des Opfers soll so der eigenen Fruchtbarkeit nutzbar gemacht werden.
Geht man nicht zur Bahn, muß man in seinem einen Leben drei Dinge machen: eine Platte, einen Film, ein Buch. Dann erst darf man in Ruhe aufs Land ziehen und dort dann erste Kinder zeugen. Erst dann, wenn alles wirklich gut gelungen ist, darf man sich in der Sonne an einen Apfelbaum lehnen. Mißglückte Versuche zählen nicht. Dann erst gebührt einem Muße für das Studium des Insektenfluges. Ein feines Haus im Grünen, die Hütte im Roten, ein Turm im Blauen. Warum sollte ausgerechnet ich nicht haben wollen, was genaugenommen jedem zusteht? Als ich Edda und Gernot kennenlernte, hatten meine Eltern tatsächlich eine Zeitlang Angst, ich wolle Bauer werden. Damals haben sie meine Faulheit unterschätzt. Gemüse für den Eigenbedarf scheint mir das Äußerste. Ein Atomtestgelände soll nicht in der Nähe sein. Auf Konzerte und Kino könnte ich nur vorübergehend verzichten, die entsprechenden Einrichtungen meiner Wahl müßten sich in meiner Nähe einrichten. Am privaten Glück werde ich mich schon nicht verschlucken. Genügend gute Freunde sollten in der Nähe wohnen. Möglicherweise wäre das Ganze langweilig.

4.

Miese Stimmung auf dem Bahnsteig. Gute Stimmung oben vor dem Bahnhofskiosk. Nachgemachte Fässer dienen dort als Tische, und die Tische dienen Männern, die als Fässer sonst gleich stürzen würden, jahrein jahraus als Stütze. Brükke am Berg des Donners. Carlo fand den Namen Donnersberger Brücke so romantisch. Jeder Neuankömmling wird gefeiert. Überhaupt findet er die Deutschen so romantisch. Unten auf den Bänken stricken Mädchen bei Minusgraden um die Wette. Was haben wir überhaupt für eine Jahreszeit? Andere Bahnsteige sind seit Minuten leer. Auf dem Nebengleis ein Güterzug mit kompletten Lastwagen voll bestückt. Bei Neuhausen, wo wir endlich eine Wohnung fanden, werden Waren umgeschlagen. Bewegte Nähe des Containerbahnhofs. Ölverschmierte Männer, selbst schon ganz Rangierloks, Dieselantrieb. Gleisgewirr und Weichenstellung, drüber schwirren Walky-Talky-Kreischkommandos. Metallisches Schlagen als Beweis von Arbeit. Sichtbare Tätigkeit mit sichtbaren Folgen. Güterzüge werden lang gemacht und länger. Richtung Osten folgt die gute, alte Hackerbrükke, dann schon geht's hinein in einen Schlund, aus dem ich vorhin kam. Doch Hacker ist längst Pschorr, ist alles längst schon ganz Paulaner. Unterm Hauptbahnhof dann durch und bis zum Ostbahnhof dann drunten. Sobald alles in den Untergrund verlegt ist, kann sich niemand mehr beschweren, was oberirdisch in der Stadt geschieht. Unterirdisch ist der Baugrund nicht so teuer, und oberirdisch bleibt die Staatsverwaltung unter sich. Im neuen Stachus stehen der Bevölkerung mehrere Kommunikationsebenen zur Verfügung. Schon im Rohbauzustand hatte ich das Ingenieurskunststück besichtigt, bestaunt und schließlich grünes Licht gegeben. Aufstieg in die oberirdischen Kaufhäuser ist möglich und erwünscht. Um die Stellflächen zu vermehren, sind sie fensterlos, aber auf dem Dach ist ein Café. In geschlossener Baugrube, beim Umbau des Stachus, ist ein mittelalterlicher Fluchttunnel entdeckt worden. Nach der Entdeckung des Tunnels hat mir

Vater das Relikt gleich gezeigt, schön gemauert, direkt unter der geschleiften Stadtmauer, ganz schön alt. Vater ein Bauleiter, ich als Sohn, beide, wie es sich gehört, mit Helm. Schon zu Salzstraßenzeiten hatte es mehrere Bewegungsebenen gegeben. Immer hat es mehrere Handlungsebenen gegeben, und immer wird es mehr als eine Verständnisebene geben. Der neue Stachus ist ein Segen für die Münchner Menschheit, alles ist so gut gemeint: Oben wird man nicht so leicht mehr überfahren. Der neue Stachus ist ein Segen, weil dort so praktisch alles ganz beisammen liegt. Er ist ein Segen, weil sich dort die geparkten Autos mit den öffentlichen Verkehrsmitteln brav vertragen. Die Pünktlichkeit der eintreffenden Züge kann an den sichtbar angebrachten Uhren überprüft werden. Echte Pünktlichkeit kommt nie zu spät. Gesegnet sei der neue Stachus! Unterm Stachus kann man ganz schnell essen. Denn wer hat schon Zeit und wenn, warum: wozu? Vorhin wollt ich eine Pizza haben. Heute sieht die Stadt so blau aus. Heute riecht die Stadt nach Stadt. Gestern sah ich für München gelb. Gestern roch München nach Glasgow. Morgen sieht die Stadt ganz anders aus. Heute seh ich für die Rangers schwarz. Vom FCB kein Eigentor. In Glasgow bricht die Welt zusammen. Ja, ich freue mich auf die Rückkehr in mein kaltes Zimmer, das ich sehr schnell warm machen werde. Eine Heizung aufzudrehen ist kein Vergnügen, nur wer selber richtig zündeln darf, wird dabei richtig glücklich. Mein Name ist Nachleger, weil ich wieder und wieder nachlege, um das Flammenspiel zu nähren. Jeden Montag kommt es zur Stunde der Wahrheit. Freu mich auf den neuen Wochenspiegel. Nach abgeschlossener Auswertung wird auch er gerecht verheizt. Bedrucktes Papier auf gerasterten Fotos, fein verziert mit Unterschriften. Zwei Mädchen haben ausgestrickt und steigen in die S-Bahn Richtung Petershausen. Warum warten auf den Bus?

Kurze Chronik letztvergangener Tage als adressierter Aderlaß. Tatsächlich war ich stets beschäftigt, nur frag ich mich nicht, mit was. Mal ein Artikel über eine gute Musik, mal ein Artikel über einen schlechten Witz. Hier kriegt man eher einen Prozeß an den Hals, als daß man sich eine goldene Nase verdient. Die letzte Redaktionssitzung hat es wieder an den Tag gebracht. Zu den liegengebliebenen Dingen gehört jetzt auch der Artikel über neuen Ami-Jazz. Hatte immer auf einen aktuellen Anstoß gewartet, aber der Empfänger weiß ja selbst, was in letzter Zeit so an braven Neuigkeiten kam. Die Ausarbeitung schiebt sich immer weiter hin, wir hätten den Artikel auf der Stelle fertig machen sollen. Frühes Platten-München: erst der Govi, dann Montanus, auch der Internationale, Disco-Center selten, später eher Disco-One. Angefangene Tonbandschleifenspielchen kommen nur sehr langsam mehr voran. Mal da ein Quietschen, mal dort fünf Schläge und die Stimme eigner Eltern, draußen auf dem freien Feld. Immerhin entdeckte ich den Münchner Osten, hab neulich schon die Isar überquert. Tage, die man draußen verbringen kann, die kann ich nicht drinnen verbringen. Dann der letzte Umtrunk, draußen an dem altbewährten Ort, später erst der rüde Ausklang tief drinnen ganz im Zentrum einer Stadt. Das alles liegt jetzt frisch geschehen hinter uns. Abgetrocknet, ausgetrocknet. Vorher, nachher und dazwischen immer wieder in den Copy-Shop. Dort das Bannen schwarzer Zeichen aus eingemerkten Büchern auf das weiße Blatt Papier. Heute riecht die Stadt nach Stadt. Heute riecht München wieder so, wie es oft gerochen hatte, wenn ich bei Greiners gewesen war. Heute riecht die Stadt wieder so, wie ich es damals nur von München her kannte und wie ich es auch tatsächlich woanders noch nie genauso gerochen habe. Artur hat den Blatt-Vertrieb für Starnberg übernommen. Der letzte Kämpfer an der Heimatfront steht jetzt ganz alleine tief im Schlamm. Achim spielt wieder mit den Saiten. Aline hat ein Kind bekommen, und dafür hat irgendein Gerechtigkeitsfanatiker den Friedl sterben lassen. Trau mich kaum mehr in die Kreisstadt zurück. So oft könnte ich dort überhaupt nicht vorbeischaun, als daß ich nicht wenigstens einmal keine neue Ungeheuerlichkeit anträfe. Das Schauen tut den Ohren weh, vom Hören kriegt man Magenschmerzen. Sind die Fotos schon entwickelt? Bestandsaufnahmen weggeschobener War-Zustände. Die Enteignung der Pere-Ubu-Platte hat der Empfänger sehr geschickt eingefädelt. Obwohl ich mich nicht erblöden werde, einen Anwalt einzuschalten, ist das letzte Wort noch nicht gesprochen. Der Entsender droht mit Störfrequenzen. Der Empfänger wird des weiteren gefragt, ob er sich die neue Bauhaus-Maxi als limitierte Sammler-Pressung kaufen will oder ob er das Erscheinen der LP als Volksausgabe abwarten kann und will. Auf Anfrage merke ich, wie leicht es mir fällt, etwas nicht fertig zu machen. In Zukunft sollte man versuchen, alles positiv auszudrücken. Es fällt mir leicht, den wieder abgeblätterten Deckenanstrich im Flur nicht zu erneuern. Heute ist erst der neunte und der Brief schon fast auf der Post. Ankündigung einer fünftägigen Reise nach Berlin. Ein Umweg über Bochum ist einerseits möglich, aber andererseits nicht naheliegend. Ich muß endlich damit aufhören, den ganzen Norden Deutschlands in einen Topf zu werfen und mir einzubilden, dort gäbe es keine wesentlichen Entfernungen. Immerhin habe ich endlich die Negative des legendären Frankreich-Films weggebracht. Sechs Jahre hatte der Film im alten Apparat überlebt, aber beim Zurückspulen ist er gerissen, Stefan und ich konnten nur diejenigen Fotos retten, die ich erst kurz zuvor geschossen hatte, um den Film vollzukriegen. Unsere Frankreich-Reise bleibt weiterhin optisch nicht belegbar, das Reisetagebuch könnte frei erfunden sein. Keine Aufnahme mit der Côte Sauvage als Kulisse beweist die frühe Fremderfahrung. Die Welt vor der Erfindung der Fotografie und des Zelluloids existiert nur in schriftlicher und gemalter Form, in ausgegrabenen Realien und in Abdrükken längst verflüchtigter Materie. Gestern im Filmmuseum ein zeitgenössischer Dokumentarfilm über Hitlers architektonische Pläne für seine allerschönste Stadt. Das Stadtbild des 19. und des frühen 20. Jahrhunderts war auch ohne Luftkrieg verloren, nach dem geplanten Ablauf der Geschichte war der Abbruch längst besiegelt. Der darauf folgende Film über den Wiederaufbau der Stadt belegte den tatsächlichen Gang der Geschichte. Draußen vor dem Kino dann das tatsächliche Straßenbild der aktuellsten Gegenwart. Hin und wieder trifft man draußen auf der Straße dann Bekannte als Gesichter, trifft sie an irgendeiner Straßenecke, läßt sich angesichts altbekannter Gesichter auf was ein. In anderen Straßen finden sich immer neue Attraktionen. Auf Anhieb fand sich der Plattenverramscher in der Gabelsberger Straße, es fand sich das Gesamtkunstwerk English-Bookshop-Anglia, es fand sich der Müllberg, es fand sich der Cowboy-Klub an der Floßlände. Das Höchste aber ist es, in das erstbeste öffentliche Verkehrsmittel zu steigen und damit bis an die Endstation zu fahren. Kontinente tun sich auf als neue Welten. Siedlungen, die vor mir noch niemand sah. Hasenberge, Panzerwiesen, Schuppengegend, Grenzgefilde. Noch hat die erste IGA nicht begonnen, schon überlegt sich die Stadt als Stadt den Standort für die zweite IGA. Vorgeschlagen ist die Panzerwiese zwischen der Siedlung Hasenbergl und dem Autostrich. Der Strich müßte verlegt werden. Ich ziehe einen Strich von Bochum bis zur Panzerwiese. Die SS-Kaserne könnte bleiben. Eine Gartenbauausstellung braucht eine sozialverträgliche Nachbarschaft. Der Strich gehört durchgestrichen, auch das Hasenbergl könnte stören. Auf der Suche nach dem Herz von München fand ich im Norden nur den Darm. Auf der Suche nach einem Ofen fand sich der Speicher unterm Dach. Seit letzter Woche ist mein Holzundkohleofen installiert. In jeder Hinsicht rechne ich mit kalten Wintern. In jeder Hinsicht ist das Neue neu. Kaum war der Ofen angeschlossen, schon fand ich mich vor Anschlagtafeln wieder, in langen Gängen von Instituten, deren Namen länger waren. Als Mensch stand ich ratlos vor Vorlesungslisten. Als Säugetier hielt sich meine Vorfreude in Grenzen. Als Lebender wollte ich nicht gleich zu den Toten überlaufen. Ob wohl studieren Freude macht? Mehrere Wege gibt es jetzt, einerseits und andererseits. Entweder auf einer Hauptstrecke möglichst schnell an ein Ziel kommen oder auf Nebenstrecken weiterfahren, sich lediglich sagen, jetzt sei ein neues Gleis dazugekommen. Wahre Rangierbahnhöfe der Möglichkeiten tun sich auf. Ich habe nie nichts getan, sondern immer alles, das heißt auch: nie zu viel, aber immer zu wenig.

5.

Der Sonnenuntergang ist heute in Tüten verpackt und sein Anblick allein den zahlreichen Wahlberechtigten vorbehalten. Draußen, vor dem Burgfrieden, sind die Plätze ausgebucht. Um diese Menge unseres unablässig in geschäftiges Treiben verstrickten, aus oft sehr undurchschaubarem Anlaß hin- und herrasenden Volkes um sich zu scharen, braucht das Zentralgestirn nichts anderes zu tun, als sich dem Horizont zu nähern. Je rarer die noch ungeteerten Quadratzentimeter Landschaft werden, um so mehr Jeeps fahren dort draußen zwischen den Leuten auf und ab. Chrom blitzt auf im letzten Licht. Jeder will schnell noch auf seine Kosten kommen. Alle sind vom Affen gebissen. Im letzten Abendlicht suchen wir das Kleine Glück. Das Leben ist ein Kastenspiel im Sand. Dieses Dasein ist von ständig wechselnden Nachrichten begleitet: Schwedens Regierung hat nach eigener Darstellung endlich eine zufriedenstellende Erklärung für das seltsame Verhalten jenes jugoslawischen Botschafters erhalten, der, in eine Decke gehüllt und im Sandkasten liegend, Passanten mit einer Pistole erschreckt hatte. Alle sind mit Love-guns in irgendeiner Wüstenei unterwegs. Denn gerade in der Dämmerung suchen wir das Kleine Glück. Das Wir-Gefühl steht allerorts in Tüten bereit. Wenn hier, in diesem Gestrüpp neben mir, schon einmal jemand ermordet worden wäre, ich wüßte nicht, warum. Mißverstandene Worte der Liebe zwischen in den Morast geprägten Reifenspuren. Ich wüßte nichts davon. Auch die Geländewagenfahrer sind sehr mit sich beschäftigt. Denn es drängt die Zeit. Ich bewundere die Geländewagenfahrer für ihre sportliche Zuneigung zueinander. Ort der Handlung ist das Gelände des geplanten Rangierbahnhofes, wo ich den heutigen Abend zwischen Birken und Trokkenrasen verbringe. Kiesaufschüttungen aus der Nazi-Zeit. Gras wächst drüber, zwischen Büschen und Gestrüpp. Wegen des Krieges war der Bau der Nordumgehung eingestellt worden. Um über den Krieg berichten zu können, ging ich davon aus, ich hätte den Krieg überlebt. Die Abende sind die jeweils

letzten Stunden des mit Hunger und anderen Begierden verbundenen Tages. Riesiges Brachland, von der Bundesbahn für bessere Zeiten freigehalten.
Nach Erledigung der ersten Vorfinanzierung (Inlandsanleihe vor der Währungsreform, Lotterie, Sammlung) hätte das erste Stadium der erwähnten Stadtneugründung folgende grobe Umrisse: Anlage erster Behelfswerkstätten zur Geräteherstellung. Bereitstellung von Wohnbaracken, Anlage eines Hospitals, einer Kirche sowie von Verpflegungsstätten (Behelfsbauten). Auch wir werden es schaffen. Auch wir werden eines Tages wieder unsere derzeitige Not überwinden. Man sollte nicht erst viele Worte verlieren und erst recht keine Zeit, gleich an die Arbeit sollte man sich machen. Überhaupt nichts sollte man sagen. Dann sagt man nie was Falsches. Aber nicht mal das sollte man sagen. Jahrelang hatte ich vorne mit hinten verwechselt und lebte nicht mal schlecht damit.
2. Stadium: Anwerbung der ersten Siedler und Arbeitskräfte unter besonderer Berücksichtigung von Flüchtlingen, sowie Anwerbung erster Gewerbebetriebe. Da die ganze Stadtplanung von vornherein auf einem weiträumigen Schachbrettmuster beruht, das dem einzelnen Siedler Kleinparzellen zur teilweisen Selbstversorgung gewährt, müssen die erforderlichen sozialen und wirtschaftlichen Siedlungsstatuten bei Baubeginn festliegen. Für die gesamte spätere Stadtgemeinde grundsätzlich vorgesehen ist das System des Mehrschichtbetriebes in sämtlichen Verwaltungs- und Produktionszweigen, so daß der einzelne Siedler ausreichend Zeit zur Betätigung auf seinem landwirtschaftlichen Anwesen findet. Auch wir werden es schaffen. Auch wir werden eines Tages wieder unsere derzeitige Not überwinden. Auch wir Deutschen können und müssen uns eines Tages an ein Werk machen, bei dem wir die uns verbliebenen Kräfte sammeln können. Cowboys bei der Floßlände, Cowboys auf der Kittenalm, Cowboys an der Nürnberger Autobahn. Meine Tante Hilde sagte, der Feuersturm habe die Vorhänge aus den brennenden Häusern im Lehel bis in den Englischen Garten hinübergeweht, bis zum entscheidenden Angriff hat sie in dem gleichen Wohnheim in der Bruderstraße wie meine Mutter gewohnt, dann wurde sie

zum Arbeitsdienst in ein Lazarett bei Wien abkommandiert.
3. Stadium: Errichtung der ersten Wohnungs- und Gewerbebauten im Siedlungsgebiet vornehmlich aus dort geschlagenem Holz. Die Bauweise ist die des Sechsfamilienhauses mit stabilem, genormtem, zusammensetzbarem Stahl- oder Betongerippe. Die Wände werden zwecks schneller Bauausführung am Ort aus Holz hergestellt und eingefügt. Es kommt darauf an, möglichst rasch bezugsfertige Wohn- und Fabrikationsstätten zu errichten, die, wenn es sich nach etlichen Jahren als notwendig erweist, stabil ausgebaut werden können, ohne daß deshalb von Grund auf neue Bauten aufgeführt werden müssen. Zur Beschleunigung der Aufbautätigkeit ist die Vermeidung aller nicht unbedingt erforderlichen Tiefbauten wichtig. Aus diesem Grund sind sämtliche Häuser gewissermaßen als Pfahlbauten aufzuführen, so daß zwischen ihrem Erdgeschoß und dem Erdboden die erforderlichen Rohr- und Installationssysteme verlegt werden können. Auf Straßenpflasterung kann in diesem Stadium verzichtet werden. Auch wir werden es schaffen. Auch wir werden eines Tages wieder unsere derzeitige Not überwinden. Es müßte ein großer Versuch und zugleich ein Werk des Friedens, eine Verwirklichung der inneren Einkehr sein, wie sie nur im Dienst an einer über dem individuellen Egoismus stehenden Idee möglich ist. Überdies könnte es sich dabei nur um ein gleichermaßen ideell wie realistisch kühnes Unternehmen handeln. Es muß nicht immer Spucke sein. Nein, es war umgekehrt, ich habe hinten mit vorne verwechselt. Manchmal habe ich oben mit unten verwechselt und manchmal heiß mit kalt. Von oben kam nur die Meldung: Alarm!, aber im ersten Moment wußte ich nicht so recht, ob viel zu heiß oder ob viel zu kalt.
4. Stadium: Anlage von Fabriken für hochwertige Exporterzeugnisse (Optik, Feinmechanik, Werkzeugbau). Gleichzeitig Beginn der Hauptfinanzierung durch zweckgebundene Auslandsanleihen, welche später durch die Exportfertigungen zu verzinsen und zu amortisieren sind. Verhandlungen über ausländische Warenkredite (Textilien, Zigaretten, Haushaltswaren), die als Anreiz für verstärkte Ansiedlung und Produktion

der Siedler dienen. Anlage von Schulen und Fortbildungsstätten für hochwertige Nachwuchskräfte der Exportfabriken. Sicher werden auch wir es schaffen. Auch wir werden eines Tages wieder unsere derzeitige Not überwinden. Wir werden in die Hände spucken, und wir werden auf die Füße spukken, und wir werden auf jede Entbehrung pfeifen. Mit dem Schlauchboot in die Innenstadt. Interessant sind nicht zuletzt auch solche Gebrauchsgegenstände wie Topflappen mit aufgedruckten Rezepten. Es kommt also vor, daß Hausfrauen jahrzehntelang den Rindsbraten mit einem Topflappen aus dem Rohr ziehen, auf dem zum Beispiel das Rezept für einen Apfelstreuselkuchen drauf ist. Und nie hat man davon gehört, daß einer von ihnen dabei die Hand abgefallen wäre.

5. Stadium: Weiterer Auf- und Ausbau der Gründung unter gleichzeitiger Ansiedlung nicht nur exportwichtiger Industrie- und Heimfabrikationen (Fabriken für Schuhe, Motoren, landwirtschaftliche Geräte). Beginn der großen, überbezirklichen Verwaltungstätigkeit. Umlegung der Kanalisations- und Installationssysteme in die Straßen durch eventuelle Aufschüttung des Niveaus bei gleichzeitiger Unterkellerung der Häuser und Straßenpflasterung. Keine Frage, wir werden es schaffen. Auch wir werden eines Tages wieder unsere derzeitige Not überwinden. Nach dem Ersten Weltkrieg, der die meisten Völker bis ins Mark traf, rief Großbritannien auf seiner ersten großen industriellen Nachkriegsausstellung der Welt sein unbeirrbares *England can make* it zu. Als Frankreich 1871 zusammengebrochen war, machten sich die Franzosen in ernster Kräftesammlung und geistiger Besinnung ans Werk, um die wundersame Kirche Sacre Cœur im Nordteil von Paris zu bauen. Auch wir Deutschen können und müssen uns eines Tages an ein Werk machen, bei dem wir die uns noch verbliebenen Kräfte wieder sammeln können. Irgendwann fand es jemand pädagogisch, mir einen Elektronikbaukasten zu schenken. Doch ich gab mich schon mit dem ersten selbstgebauten Radio zufrieden. Es funktionierte auf Anhieb, und was gäbe es schon Erstrebenswerteres als ein Radio? Dann kam ein Elektrobaukasten, und auch mit ihm habe ich gleich irgendein primitives Gerät zusammen-

gesteckt, das ich anschließend nicht mehr zerlegen wollte. Schon bastelte der Westenrieder an so etwas wie einem Computervorläufer, einer Schmalspurausführung für technisch begabte Jugendliche. Das zusammenklappbare Chemielabor stand schon bereit. Es wurde alles getan, uns nahtlos in die vielversprechende Zukunft zu überführen. Als dann gegenüber das Haus vom Zigarrenhändler in die Luft flog, dachte ich erst, es sei die Ballettschule, von der es schon lange hieß, sie solle endlich Platz machen für etwas Größeres, was Neueres und schließlich auch Moderneres.

6. Stadium: Zusammenschluß der wichtigsten Firmen zum Zweck der Steigerung der Wettbewerbsfähigkeit mit den anderen Nationen. Schaffung hochspezialisierter Fertigungsstätten, die imstande sind, Monopoltechnologien aufzubauen. Ausweitung des Siedlungsgebietes in die Peripherie und Gliederung derselben in verschiedene Abschnitte. Schaffung spezifischer Nutzungszonen mit jeweils eigenem Profil und gesonderter Sozialstruktur. Einrichtung industriefinanzierter Privatuniversitäten. Das Angebot regelt die Nachfrage. Das Angebot regelt die Arbeitsdisziplin, und das disziplinierte V.o.l.k. wird zur Belohnung für bewiesene Disziplin aus der Leibeigenschaft entlassen. Zur Aufrechterhaltung der herrschenden Zustände ist die Aufrechterhaltung dieser Freiheit unbedingt notwendig. In Vierfarb-Tiefdruck hergestellt, dienen unsere schönsten Gesetzbücher dem allgemeinsten Allgemeinwohl. Die herrschenden Zustände sind die bestmöglichen aller Zustände, sie gereichen letztlich zum Wohle aller. Daß trotzdem noch manches im argen liegt, wird niemand leugnen. Neulich, in der Fußgängerzone, haben wir ein junges Paar gesehen, welches sich umarmte, aber die Augen der beiden strahlten dabei kein Glück aus. Manche Jugendlichen sind so unzufrieden mit sich selbst, daß sie im Bundestag mit Farbbeuteln um sich werfen. Wer in unserer wunderbaren Welt immer noch *no future* an die Häuserwände pinselt, könnte schon zu jenen gehören, die resignieren, statt sich wieder aktiv ins Leben einzureihen. Freilich gibt es da auch noch die andere Jugend, die sich dem Leben stellt und sich an *Jugend forscht* beteiligt. Das ist die Jugend, auf die wir stolz

sind, das sind die Jungs und Mädchen, die in wenigen Jahren dafür sorgen werden, daß wir im internationalen Wettbewerb ganz vorne bleiben. Diese jungen Leute sind natürlich noch keine Nobelpreisträger. Aber sie gehören zu jenem Reservoir, aus dem einmal die Intelligenz unseres Landes hervorgehen wird. Wer in diese unerschrockenen Gesichter blickt, darf Hoffnung schöpfen. Leute wie Stefanie von Monaco und ihr Freund Jean-Paul-Belmondo wissen nämlich, daß die Reise zu sich selbst die aufregendste ist. Es erfüllt uns mit Sympathie, wenn wir uns die herrlichen Fotos von ihnen betrachten. Es sind Leute wie du und ich, erfrischende Neugier spricht aus ihren Gesichtern. Das ist die Jugend, auf die wir setzen, bei der nicht jedes zweite Wort *Null Bock* heißt. Statt an Protest und Revolution denken die Jugendlichen jetzt auffallend oft an Partnerschaft und vor allem an die intakte Familie. Das sogenannte Kleine Glück, vor wenigen Jahren oftmals noch belächelt, ist in unserer Zeit wieder salonfähig geworden. Der Verzicht auf Kampf und Protest aber heißt nicht, daß man kritiklos alles hinnehmen müßte. Was im Grund jeder braucht, sind ein gefestigter Glaube, Freude am Hobby, Erfolg im Beruf. Durch die Forderung nach der 35-Stunden-Woche wird all das in Frage gestellt. Was sollen wir denn machen mit der vielen Freizeit? Es ist ganz erstaunlich, daß sich unter den klugen Leuten kaum einer findet, der einmal diese Seite unseres Glücks betrachten würde. Wer wird eines Tages das Defizit an Beschäftigung, das uns bedroht, ausgleichen? Was nützt uns mehr Freiheit, wenn dann die Depressionen kommen? Freuen wir uns doch schon jetzt über jeden Tag, den wir erleben dürfen! Die kleinen Sorgen werden uns immer bleiben. Besonders bei schlechtem Wetter muß man sich auf einiges gefaßt machen. Aber wir sind ja nicht allein, und dann ist alles halb so schlimm. Gerade jetzt, wenn wir auf den gefährlichen Straßen unterwegs sein müssen, möchten wir das Gefühl haben, einer großen Gemeinschaft anzugehören. Jeden Montag kommt es zur Stunde der Wahrheit. Montags wird auch bei uns der Wochenspiegel ins Treppenhaus gelegt.

6.

Vereint, entzweit, serviert, versiebt und verachtet! – So sprach's das Ich zum Ich. Neunmalklug. Und du selbst bist der Arsch der Welt, und du selbst bist der Nabel der Welt, was aufs gleiche hinausläuft. Und nichts kommt je aus dir hervor, was du nicht vorher aufgenommen hättest. Dicke Luft dringt durch das Neuhauser Fenster. Kein Sonnenstrahl fällt durch das Neuhauser Fenster, kein Lichtblick wagt sich über das Dach gegenüber. Das Neuhauser Fenster ist ein Loch in der Wand des Neuhauser Zimmers. Zehnmal schon sagte Sus, dieses Leben sei ein Trauerspiel, sagte auch, wer mehr als elf Eier in der Woche ißt, den ruft die Babette an. Zwölf Eier sind der Tod. Wer nach dem elften Ei noch nicht satt ist, der sollte besser an den Stadtrand fahren und sich den breitgetretenen Sonnenuntergang ansehn. Schon das zehnte Ei schmeckt stark nach Lebertran. Das süße Leben ist ein Trauerzug. Und so zieht, wer überhaupt noch bewegungsfähig ist, Richtung Stadtrand und bestaunt das kostenlose Schauspiel: angeblich nimmt das Zentralgestirn am Horizont eine ovale Form an. Aber auch demjenigen, der in diesem Anblick nach irgendeinem Halt suchen mag, sage ich, ein Sonnenuntergang ist immer nur relativ. Auf den Standpunkt kommt es an. Einer, der jetzt in Lit-et-Mix am Atlantik steht, der hat noch zehn Minuten länger Zeit. Einer, der vom östlichen Stadtrand in Richtung Horizont sieht, der hat den entscheidenden Augenblick um eine Sekunde verpaßt. Auf den Standpunkt kommt es an. Nein, meine Schwächen waren nicht politischer Art, vielmehr verlief ich mich zunehmend im Labyrinth der eigenen Gedanken. So verlor meine Rede schnell ihre Spannung, die Wut meiner Anklagen lief ins Leere. Als hätte ich das alles selbst bemerkt, versuchte ich, mich aus der verpönten Gegenwart in die guten alten Zeiten des Dreißigjährigen Krieges, des Faschismus und des Kalten Krieges zu retten.

Vor Jahren, ich erinnere mich, als ich noch lesen konnte, dachte ich bei dem Namen Türkenfeind stets an Rußland. Ich beschäftigte mich mit einem Buch, das ein gewisser Herr

Türkenfeind über die Türken geschrieben hatte. Es war eine Landesbeschreibung, so ganz aus christlicher Sicht, die dem Namen ihres Verfassers alle Ehre macht. Als ich noch lesen konnte, dachte ich auch, ach hieße doch auch jeder Russenfeind ganz einfach Russenfeind, ein jeder Kunstbanause Kunstbanause, ein jeder Bauernfeind auch Bauernfeind. Als ich noch in Pasing wohnte, ich erinnere mich, hieß die nächste Fahrschule Bauernfeind. Heute ist der Besitzer längst der ansässigen Bauern Freund und weist den noch nicht ganz achtzehnjährigen Nachwuchs in die hehre Kunst des Geländefahrens ein, was durchaus demokratisch ist. Auch manche Stellen draußen im Dachauer Moos erinnern mich an Rußland, wo ich selbst noch nie war. Manche Augenblicke erinnern mich an Zeiten, die ich nie erlebte. Manche Stellen, die ich kenne, erinnern mich an andere Stellen, wo ich früher war. Schon in grauer Starnberger Vorzeit, ich erinnere mich, schwärmte mein Freund Michi an langen Nachmittagen von Rußland. Russische Landschaft, russische Musik, russische Malerei, russische Literatur. Auch mein Bruder war bereits Ende der sechziger Jahre in Rußland, kam aber bald wieder von dort zurück. Chruschtschow hat mit dem Schuh auf das Rednerpult der UNO eingedroschen, und das hat auch meinem Vater imponiert. Für Stalin können mein Freund Michi und ich nicht mehr zur Verantwortung gezogen werden.
Dumm wie ich bin, lasse ich mir heute den Sonnenuntergang entgehn. Statt dessen fixiere ich meinen Blick auf die Hauswand gegenüber, die heute ein etwas anderes Grün reflektiert als sonst. In spätestens fünf Millionen Jahren ist hier sowieso alles aus, dann ist die Sonne ausgebrannt. Warum dann nicht das Leben wenigstens jetzt noch in vollen Zügen genießen? Warum nicht das Ende in vollen Stehkneipen abwarten? Ein Leben als Festbankett! Russische Eier, russische Rühreier, russische Fischeier, russisches Roulette, russisches Monopoly und russische Schokoladeneier. Babette ruft an. Der Sonnenuntergang ist auf eine Leinwand projiziert, und bulgarische Chormusik erinnert uns ans Mittelalter. Meine Schwäche liegt in meiner Erfahrungsarmut. Fast fühle ich mich schuldig dafür, daß ich offenbar nur milde bedroht aufgewachsen bin

und mich an nichts wirklich Bedrohlichem (Hunger, Krieg, Trinkereltern) abarbeiten mußte. Schon spreche ich, um abzulenken, in platonischem Haß von mir selbst in der Mehrzahl: We don't want *this* world and we don't want it now. Selbst in meinem Zimmer ist nichts so, wie es sein könnte. We want yesterday's papers. Vergilbte Zettel über eine ganze Wand verteilt. We are all dynamite-fishing for compliments. Als wäre nichts mehr unvereinbar, verehre ich Barry White und Mark E. Smith gleichzeitig. We are all fist-fucking for peace. Hin und wieder feiert das Wir-Gefühl seine bei mir seltenen Triumphe, aber auch jetzt ist es mir nur auf Englisch erträglich. Generationsgeseier. Hin und wieder brauche ich solche Selbstgespräche. Manchmal mach ich einen Punkt.

Du selbst also bist der Arsch der Welt, wer sonst. Du selbst bist der Nabel der Welt, bei dem alle Schuldzuweisungen endlich einen dankbaren Empfänger finden. Das Ich intrigiert hauptsächlich gegen sich selbst. Na und? fragt das Ich und macht sich interessant damit. Nehmen wir also an, meine Haltung sei die eines Fatalisten. Auch egal, das heißt gerade recht. Mit an Wahrscheinlichkeit grenzender Sicherheit, das heißt mit an Unwahrscheinlichkeit grenzender Sicherheit, vielmehr mit an Wahrscheinlichkeit grenzender Unsicherheit, nein, mit an Unwahrscheinlichkeit grenzender Unsicherheit, was eben doch wieder so viel heißt, wie mit an Wahrscheinlichkeit grenzender Sicherheit, mit an Wahrscheinlichkeit grenzender Sicherheit also, kann ich behaupten, alles sei einerlei. Ebensogut aber kann ich behaupten, alles sei zweierlei. Das ist fatal. Egal. Alles geht, fast alles geht. Nur kann man sich selbst eben nicht bis aufs Messer hassen, denn man kennte ja alle Gründe, warum man sich eigentlich bemitleiden müßte. Haß ist ungesund, Liebe soll gesünder sein. Mensch, ärgere dich nicht.
Der Arsch der Welt duzt den Nabel der Welt und kommt nicht mal um dabei.

Viele Regeln erleichtern die Einübung der Regelübertretung. Sich allem zu verweigern aber wäre wirklich falsch. Gestern, kurz vor Ladenschluß, habe ich fünfzig Gramm Schwarzbrot und zwei Kilo Salz erstanden. Um den Abwasch nicht aus dem Auge zu verlieren, hatte ich noch frisches Spülmittel dazugepackt. Auf diese neuen Schulden, ich erinnere mich, kam es auch nicht mehr an. Meine Tage sind gezählt, und die Tage sämtlicher Regeln sind gezählt. Die Tage der Geländerennen sind gezählt, und die Tage der Sonne sind gezählt. Auch die Tage des Zählens sind gezählt. Die Haltbarkeit des Spülmittels ist im Grunde genauso begrenzt wie die des Schwarzbrotes. Die Tage der Rockmusik sind genauso ausgezählt wie diejenigen, als das Sex-Business noch von Pasing aus gelenkt wurde. Unser tägliches Schwarzbrot vergib uns heute. Wie auch wir vergeben unsern Gläubigern. Wie funktioniert die Fotosynthese eigentlich bei der Rotbuche, der Blautanne und dem Weißdorn? Die Sonne, der große Schöpfer, bereitet ihren Rücktritt vor. Carpe diem! Ja, ja, es regnet schon. Und stell dir vor, du bist der schwerste Mann der Welt, nimmst 200 Kilo ab und bist dann immer noch der schwerste! Das Schwarzbrot war teurer als das Salz, aber am teuersten kam mich das Spülmittel, das ich zu zahlen vergaß.

Anfangs, ich erinnere mich, sponserte BMW noch die Baader-Meinhof-Gruppe, in der irrigen Überzeugung, diese würde mit den zur Verfügung gestellten Fluchtfahrzeugen nur ein kalkulierbares Happening veranstalten. Doch was schließlich blieb, das war eben nicht etwa der dezente Abdruck des Firmensignets auf der zweiten Seite eines hochglanzgedruckten Kunstkataloges, sondern die noch immer gebräuchliche Abkürzung BMW für Baader-Meinhof-Wagen. Denn Undank ist der Welten Hohn. Ich erwähne das hier nur, weil kein Weg daran vorbeiführt, sich mit dem Thema Kunstsponsoring auseinanderzusetzen.

Neuer Ausweis, neues Leben! so sprach's das Ich zum Ich. Mit echtem Studienbuch schon ganz Student, ist Ichich prompt zum ersten Mal als Kommilitone angesprochen worden. In einem Raum, kaum größer als ein Klassenzimmer, aber trotzdem Hörsaal genannt, saß Ichich in der ersten Reihe, weil hinter ihm kein Platz mehr war. Auch in der großen Lichthalle des Universitätshauptgebäudes hat man Ichich schon gesehn. Als wäre es sein erstes Flugblatt, hat er ein erstes Flugblatt von der Marxistischen Gruppe in Empfang genommen und das erste Instituts-Sekretariat betreten. Das Völkerkunde-Institut, das Ichich von nun an besuchen wollte, liegt weit hinten in der Schellingstraße, gleich neben der BILD-Redaktion, gleich über dem Beerdigungsinstitut Pietät. Unten, neben dem Instituts-Eingang ist der Sarglagerraum. Obwohl Ichich in der ersten Reihe saß, hat er die Dozentin nur aus dem Lautsprecher reden gehört. Sie stand direkt vor ihm, ständig bewegte sich ihr Mund, aber ihre Stimme kam von rechts hinten. Stell dir vor! Da hat Ichich natürlich nicht studieren können, im eigentlichen Sinn. Unter diesen Umständen. Was aber nicht heißt, daß er in einem anderen Sinn nicht doch studiert hätte, hat doch jede Wahrnehmung durchaus ihren Eigenwert. Ichich und die anderen Studenten waren von allen Seiten schrecklich eingezwängt. Der Raum war restlos überfüllt, die, die etwas später gekommen waren, saßen auf dem Boden, auf den Fensterbrettern, unter der Tafel, oder standen in der offenen Tür. Die neuen Studenten sahen sich die anderen Studenten an, so also sehen Ethnologiestudenten aus! Auf die rhetorischen Fragen der Dozentin haben vorwiegend die etwas älteren Studenten geantwortet. Daß Ichich auf keine der Lautsprecherfragen antwortete, fiel nicht im geringsten auf. Was hätte er schon antworten sollen in der allerersten Sitzung? Ob er denn nur eine Nummer unter 100 000 Studenten sein wolle, wurde er vom Handzettel einer Burschenschaft ganz persönlich gefragt. Geselligkeit war da in Aussicht gestellt.

Heute fragt der Nachrichten-Spiegel nach dem Sinn des Journalismus. Heute wird er von mir keine Antwort kriegen. Es klingelt, es klingelt nicht. Der Blick an die Wand neben dem Spiegel beweist mir meine Abwesenheit. Der spätere Wechsel der bevorzugten Fluchtfahrzeuge beweist die Unbestechlichkeit (und folgerichtig auch die Undankbarkeit) der Stadt-Guerilla. Enttäuscht rächt sich BMW mit Verspätung an den lederbewehrten Konzertbesuchern und droht mit dem Abriß der legendären Alabama-Halle. Alles ist in Bewegung, nur ich selbst trete auf der Stelle. Nicht einmal hab ich auftreten dürfen im Blauen Bock. Who wrote the bible? Ich nicht. Es klingelt wirklich. Immerhin steht jetzt Bruder Tobias vor der Tür. Mein Kopf ziert kein Plattencover. Tollwut durch Verschlucken einer Tollkirsche, sonst nichts. Kann nicht mal Latein, und trotzdem will ich Völkerkunde studieren. Schnell ein Getränk in den Schrank, man darf die Leute nicht verdursten lassen! Non timebamus, non timemus, non timebimus malos viros, qui novas res petunt, das heißt, hab ich mir sagen lassen: Wir fürchteten nicht, fürchten nicht und werden die schlechten Männer nicht fürchten, die neue Sachen verlangen. Wir brauchen uns vor den bösen Männern, die den Staat umstürzen wollen, nicht zu fürchten, denn Mufti steht uns bei. Tobias Gruben zu Besuch, er straft die Welt durch seine böse Stimme, die singt. Wir brauchen uns vor den bösen Männern nicht zu fürchten, denn sie sitzen bereits an unserm Tisch. Wenn ich jetzt eine Sirene hör, denk ich, hoffentlich nur ein Bankraub. Ich hasse jeden Unfall wie meinen eigenen. Die braven Männer sitzen hinterm Steuer und bedrohen jeden von uns.

Das Frühstück ist ein frei zu bewegendes Stück des Tages, das, zu spät eingenommen, seinem Namen nur mehr insofern gerecht werden mag, als es früher eingenommen wird als die doch meistens noch folgende zweite und möglicherweise dritte Mahlzeit. Wir lernen daraus, daß das Frühstück, genauso wie der Sonnenuntergang, immer nur relativ ist.
Wenn in einem Lokal einer an einer Fischgräte erstickt, so ist das ein Fall für den Staatsanwalt, aber wenn einer am zwölften Ei erstickt, weil er es zum Kotzen findet, dann ist er selber schuld und kann sich nirgends beschweren. In Deutschland wurde das Ei erfunden, das höchstens gesalzen genießbar ist. Vermutlich wurden in Deutschland außerdem nicht nur die Sprache und die Kultur, sondern auch die Schrift und die Literatur erfunden. Ich bin so frei. Der Zehnmalkluge ist längst über sich selbst hinausgewachsen. Wir hatten schon

immer mehr auf dem Kasten als die anderen. Größenwahn an sich ist ungefährlich. Richtig gefährlich wird die Liebe zu den Vaterländern immer erst dann, wenn sie aufhört, platonisch zu sein. Deutschland, Land der Dichter und Henker. Wenn hier einer auf einer Bananenschale ausrutscht, dann ist das ein ausreichender Grund, um dem Herkunftsland den Weltkrieg zu erklären. Aber wenn ich wegen einer breitgetretenen Hundescheiße hinfliege, dann werde ich vom Tierschutzverein gleich wegen Denkmalschändung belangt. Dabei denke ich noch relativ selten an das, was ich gerade tue. Das Kleine Glück ist gut verpackt. In platonischem Haß sage ich das Richtige verkehrt. Das Große Pech ist schlecht versteckt.

Seit ich ein gutes Brot mit einer guten Wurst auf guter Butter zu guter Musik und gutem Getränk in guter Gesellschaft verzehrt habe, bin ich mit der Welt wieder so gut wie versöhnt. Medizinisch gesehen bin ich bedingt wieder ansprechbar. Mein Gleichgewichtssystem ist im Begriff, sich zu stabilisieren. Das Universum richtet sich aus, und die Akustik kehrt in den Raum zurück. Tatsächlich hatte ich mich allzuoft ins Mosern verstrickt, der Hausarzt mußte mir striktes Redeverbot erteilen. Jetzt widme ich mich der Musik. Was aber bleibt wohl von meinen zahlreichen Kassetten übrig, wenn sie sich tatsächlich, wie Andi behauptet, im Lauf der Jahre magnetisch entladen? Da heißt es die Zeit nutzen, bis die Sonne ausgebrannt ist und die Magnetbänder verstummt sind. Auch Deutschlands Dichter geraten in Verzug. Wenn der Strom ausfällt, widme ich mich der Literatur. Ja, die Dichter waren fleißig. Der, der wirklich schreibt, der kann nichts anderes als schreiben, und er kann nicht anders schreiben. Jeder, auf den das nicht zutrifft, der schreibt nicht wirklich. Der, der aufhängt, der kann auch nichts anderes als aufhängen, und wie er es tut, das behält er für sich. Jeder, auf den das nicht zutrifft, der ist kein richtiger Henker. Der, der ständig Kassetten bespielt, kann erst recht nicht anders, und er macht seine Sache gut. Der, dem es schlecht geht, kann auch nichts Besseres tun, als beharrlich in den klaffenden Abgrund zu glotzen. Seit es mir wieder etwas besser geht, fällt es mir leichter zuzugeben, daß es mir schlecht geht. Spätestens seit der Aktienindex wieder steigt, fällt es den Aktionären leichter, auch noch in Immobilien zu investieren. Spätestens seit es heißt, die Literatur sei gar nicht tot, steht fest, daß man sein Geld besser anders anlegt. Nicht mal sexuelle Fantasien zu verbreiten macht mehr Spaß, seit es keine Provokation mehr ist. Die tendenzielle Abwesenheit von Regeln erschwert die Regelübertragung ganz ungemein. Syberbergs lustigster Film war *Sex-Business in Pasing*, aber der läuft auch nur alle zwanzig Jahre mal im Filmmuseum. Als ich noch in Pasing wohnte, hatte ich Glück, und es war wieder mal so weit. Ich habe immer Glück gehabt, und es hat wie Pech ausgesehen. Und immer wenn ich Pech hatte, dann hat es wie Glück ausgesehen. Heute schaut es nach Pech aus, also muß es ein Glück sein, nein, umgekehrt. Mein Name ist Erich Nachleger, und heute geht es mir ganz besonders gut. Endlich, seit es mir so gut geht, fällt es mir leicht zuzugeben, daß es mir nie richtig schlecht gegangen ist. Was mich angeht, das geht nur mich an. Über all die Rolltreppenwitze der Geschichte kann einer wie ich doch nur lachen.

7.

Auf Umwegen in die Stadt gezogen. Auf dem Umweg über Lochhausen und Pasing richtig in die Stadt hineingezogen. Auf dem Umweg über Volks- und Oberschule das Abitur gemacht. Auf dem Umweg über eine neunmonatige Schwangerschaft auf die Welt hinausgekommen. Zivildienst. Im Kindergarten groß gewesen. Auf Umwegen durch den Wald, am Eßsee vorbei, von Aschering nach Machtlfing gefahren. Auf dem Umweg über unartikuliertes Stammeln das Sprechen gelernt, später lesen gelernt und auch noch schreiben gelernt. Einübung in die von der Gesellschaft gesetzten Regeln. Gesellschaftsvertrag. Auf dem Umweg über die Oberschule das Lesen wieder verlernt. Auf dem Umweg über die Fahrschule das Laufen gelernt. Auf dem Umweg über Italien in den Suppenkrieg geraten. Auf dem Umweg über das Autofahren nirgends angekommen. Musterung. Auf dem Umweg über den Spätherbst wieder in den Winter geraten und dort mit Schneeräumen Geld verdient. Auf dem Umweg über die Kindheit jährlich ein Jahr älter geworden. Auf dem Umweg über Abkürzungen öfter mal den Rufnamen gewechselt. Auf dem Weg von Starnberg nach Lochhausen immer in Pasing umgestiegen. Auf dem Weg vom Freitag zum Montag oft noch in die Kreisstadt zurückgekehrt. Monatskarte. Nach dem Abschied vom Lochhauser Stadtrand ein paar Monate noch in Pasing gewohnt. Auf dem Umweg über Umwege, die Schotterebene ein paar Kilometer weiter, in Neuhausen angekommen.

Heim, sweet home.

Am liebsten hätte ich ein Zimmer mit weitem Ausblick über Dächer und Gleisanlagen gehabt. Blickmöglichkeit über Bedachungen mit all dem Bedachten darunter, oder über Gleise als Abreisemöglichkeiten in sämtliche Richtungen. In München sind die Preise gesalzen.

Eine Wohngemeinschaft ist eine Gemeinschaft, die schon bald nach einer Bergtour in den Zillertalern beschließt, zusammen eine Wohnung zu suchen. Eine Wohngemeinschaft ist eine Gemeinschaft, die notfalls eine Wohnlage im Abseits in Kauf genommen hätte, ist eine Gemeinschaft, die schließlich im Stadtteil Neuhausen eine Wohnung findet, ist eine Gemeinschaft, die gemeinsam diese Wohnung herrichtet, die vom Vormieter mit lauter Sperrholzattrappen verunstaltet war. Die Wohngemeinschaft hat einen Vertrag bekommen, der dritte der drei wird als Untermieter geführt. Eine Wohngemeinschaft ist eine Gemeinschaft, die den Vertrag nur bekommt, wenn sie die kleine Werkstatt im Hinterhof dazumietet, mit der einer von ihnen schon Pläne hat. Eine Wohngemeinschaft ist eine Gemeinschaft, die sich in den umliegenden Abbruchhäusern erst mal Brennholz besorgt und dabei auch nach brauchbaren Möbeln schaut, ist eine Gemeinschaft, die auf einem Speicher tatsächlich einen brauchbaren Küchentisch findet. Ist eine Gemeinschaft, von der ein Mitglied einen kompletten Hausstand hat, der erst einmal untergebracht sein will. Margots Gläser sind die schönsten. Margots Gläser sind empfindlich. Ist eine Gemeinschaft, die nicht alles gemein hat. Die immerhin in Einrichtungsdingen vieles gemein hat. Küche, Bad und Flur müssen allen dreien gefallen. Eine Wohngemeinschaft ist eine Gemeinschaft, die zusammen wohnt. Ist eine Zweckgemeinschaft. Ist keine reine Zweckgemeinschaft. Ist keine Zweckgemeinschaft. Eine Gemeinschaft, die oft zusammen ins Kino geht und gemeinsam einen engen Keller benützt. Eine Gemeinschaft, die oft zusammen kocht und nie zusammen abspült. Alle wollen Künstler sein. Ist eine Gemeinschaft, von der sich zwei schon seit der Schulzeit kennen, aber zwei andere sich sogar das Atelier teilen.

Eine Wohngemeinschaft hat gemeinsame Nachbarn, eine gemeinsame Adresse (Land, Ort, Straße, Hausnummer, Stockwerk, Eingang), hat einen gemeinsamen Stromanschluß, hat eine gemeinsame Telefonnummer und eine gemeinsame Telefonrechnung. Ist eine Gemeinschaft, die im Sommer manchmal auf dem winzigen Balkon zum Hinterhof frühstückt. Eine Wohngemeinschaft ist eine Gemeinschaft, die Hausmüll gemeinsam ansammelt und beizeiten in den Hof schafft. Ist eine Gemeinschaft, die sich herrenlose Holzundkohleöfen vom Speicher holt. Eine Gemeinschaft, die an Alt-

eisensammelstellen sowie an Altpapiersammelstellen gemeinsam nach Suchstücken sucht und Fundstücke findet. Die diese gemeinsam dann nach Hause trägt. Ist im juristischen Sinn eine Gemeinschaft, die nicht nur gemeinsam wohnt, sondern auch gemeinsam wirtschaftet. Hat eine Gemeinschaftskasse. Die Wohngemeinschaft ist keine Hohngemeinschaft. Ist im politischen Sinn eine Kaderschmiede, die in konspirativer Aktion systematisch an der Zerschlagung des imperialistischen Unterdrückungsstaates arbeitet.
The home is, where the hard is.

8.

Am Ostufer des Starnberger Sees steht ein Bismarck-Turm. Seit ich denken kann, hockt auf der Spitze des Turmes starr der Reichsadler. Seit ich denken kann, war der Bismarck-Turm der Familie liebstes Ausflugsziel. Von der Turmspitze blickt der Adler in Richtung Reichshauptstadt, so wurde mir erklärt. Ich wollte nicht verstehen, warum das aufgeblähte Vieh nicht nach Westen schaut, zum ausgestreckten See. Was sollte ich in der Reichshauptstadt, bei diesem Ausblick vor der Nase? Was sollte ich in New York, wenn auch hier riesige, weiße Schiffe ihre Bahnen zogen? Was sollte ich in Shanghai, wenn wir jetzt schon mehr Gewürze im Regal stehen hatten, als wir jemals verbrauchen konnten?

Mit Dan, Andreas amerikanischem Freund, hatten wir schon Neuschwanstein besucht, jetzt galt es, ihm auch noch die zweite große Kuriosität Deutschlands vorzuführen. Dan sollte die alte Hauptstadt kennenlernen, die auch ich noch nicht kannte. Nur Eckhard und Andrea wußten Bescheid. Kein Schloß: eine Stadt. Allein schon München von Westen nach Osten zu durchqueren ist eine Leistung. Diese Reise wird weit werden.

Liebe Sus!

Am dritten Tag unserer Reise haben wir uns Karten für eine Straßenschlacht gekauft. Schon seit unserer Ankunft war es sehr heiß gewesen, so kam es prompt zu einem Gewitter, das die Demonstranten in Hauseingänge und U-Bahnschächte trieb. Wasserwerfer wurden nicht mehr benötigt. Ein Platzregen hat zur Auflösung einer zornigen Menschenmenge mehr beigetragen als die Hundertschaften Polizei. Ein Platzregen darf das, er ist der Geschichte machende Zufall. Der Platzregen hat keinen Verrat betrieben, er hat nur das betrieben, was er immer betreibt. Er hat sich über eine (Stadt-) Landschaft ergossen, ansonsten hatte er keine Interessen. Stell Dir den Michi vor, als überrumpelten Gastgeber am vereinbarten Ort. Die Wohnung im fünften Stock in SO 36. Schlüsselterror wegen Preußenhalber. Großzügig breite Straßen: ja!

Steckschlüssel: nein! Für heute wäre der Westen der Stadt in 23 kurzen Sätzen kurz umschrieben. Dazu kommen sechs Sätze über den Sand, der aus allen Löchern und Gruben der Stadt zum Vorschein kommt. Diese ganze schwere Stadt ist auf Sand gebaut! Venedig ist so berühmt, weil es auf Wasser gebaut ist, dabei fließt doch Wasser immer wieder nach. Und jeder weiß, wie leicht Sand weggeblasen wird. So eine große Stadt einfach nur auf Sand gebaut! Ein Satz an Sus als Satz über das Ende der Sätze. Fortsetzung folgt, alles weitere morgen. Grüße auch von denen, die Du kennst.
Auch der Osten der alten Hauptstadt, der für sich jetzt neue Hauptstadt ist, wird von den Touristen besucht. Um über die Isar zu kommen, benötigen die fünf drei verschiedene Grenzübergänge. Michael, der Gastgeber, mit einem Ausweis der westlichen Stadthälfte, kann gleich am Schlesischen Tor über die Oberbaum-Brücke. Dan, der Amerikaner, wird am Checkpoint Charlie ziemlich schnell abgefertigt. Den drei Bayern wird an der Heinrich-Heine-Straße das Auto bis unter die Hupe zerlegt. Ein mit Blumentrögen geschmücktes Betonlabyrinth erschwert ihre Weiterfahrt. Alle finden wieder zusammen, aber rechts der Isar bekommen sie ihr Geld nicht los. Der schnell gefundene Parkplatz kostet nichts. Das Essen ist zu billig. Der beeindruckende Anblick eines Aufmarsches der Nationalen Volksarmee ist genauso kostenlos wie das Erstaunen über die andere Farbigkeit der Autos. Der Anblick der Nachkriegs-Architektur ist auch hier nichts wert. Die Fahrt nach Köpenick ist nicht weit genug, um den Tank leerzufahren. Im Allende-Zentrum können sich die billig Davongekommenen über die Informiertheit der dort den Feiertag verbringenden Jugendlichen wundern. Den Vatertag nennen sie dort Herrentag. Nicht Christi Himmelfahrt, was nicht mal drei Bayern erwartet hätten. Jede Reise beginnt am Ort der Kindheit. Wenn die Reise in einem späteren Lebensabschnitt stattfindet und davor schon viele Aufenthaltsorte lagen, so sagt der Köpenicker, die Reise hat viele Umwege genommen. Irgendwann überquert jeder einen Fluß. Rechts der Isar gab es früher nur Arbeitervororte und Bauerndörfer. Wie in anderen Städten auch, war das jenseits der Schwanthaler Höhe

entstehende Westend als vornehme Wohngegend in westlicher Lage geplant gewesen. Links der Isar, links der Bahn. Gute Luft für Gutbetuchte.

9.

Im U-Bahnhof, zwischen Schotter und Zigarettenstummeln, leben scharenweise Mäuse! Am Marienplatz sind sie oft zu sehn, wie sie zwischen den Gleisen hin- und herrennen. Und alle zwei Minuten donnert tonnenschwer ein Zug drüber, das ist auch kein angenehmes Leben. Manchmal fällt ein ketchupverschmiertes Stück Papier auf den Gleiskörper. Zwischen eins und halb fünf Uhr morgens herrscht dort möglicherweise das Paradies. Seit ich in Neuhausen wohne, ist es mir egal, welche S-Bahn kommt. Grundsätzlich aber setze ich voraus, daß in dieser reibungslosen Stadt auch die öffentlichen Verkehrsmittel reibungslos funktionieren. Manchmal kommt etwas dazwischen, und die Papierkörbe werden nicht geleert. Verehrte Reisende!, damit sind wir gemeint, die Weiterfahrt verzögert sich etwas, die S-Bahn vor uns hat einen Personenschaden, kein technischer Defekt, ein Personenschaden, someone jumped over the cliff, kein technischer Defekt. Jemand ist über die Klippe gesprungen und konnte damit zum ersten Mal in seinem Leben Aufmerksamkeit auf sich ziehen. Odeonsplatz bleibe ich sitzen, Universität steig ich aus, Universität bediene ich mich der Bequemlichkeit der Rolltreppe, überquere die Schellingstraße bei Grün, ich weiß, was sich für einen Fußgänger gehört, und öffne die Tür zu den oberirdischen Schächten eines Instituts. Das ist die geistige Welt, hier wohnt die Wissenschaft und forscht. Mit dem Lift hinauf in einen Raum ohne Fenster, alle Augen zugemauert. Licht und Luft kommen aus elektrischen Systemen. Das ist kein Durchgehraum. Das ist ein Drinsitzraum. Wir sind hier im Nebenfach-Bunker. Mein Fleisch wird schon weich und tropft als Wachs auf einen Boden. Wie gut, daß die geschäftige Ludwigstraße nicht durch die dicken Mauern kracht. Alles ist der konzentrierten Arbeit zugetan. Ohne die blöde Kuh vorne vor der Tafel wäre es ganz schön still hier. Wie man in einem Proseminar bloß derart aufgeblasen daherreferieren kann! Diese penetrante Art der Strebsamkeit erinnert mich ungut, hier schon wieder? Mein Fleisch wird wieder hart, und auch sonst verhärten meine Sinne. Aber wo kein Auge, da bleibt auch keines trocken. Freudentränen sind der Rationierung unterworfen. Das Seminar ist einer Zeitbegrenzung unterworfen, egal, wann die jetzt ihren Schlußpunkt findet, ich gehe jetzt, ich gehe. Drunten ist die Hölle los. Studierende streben neuen Veranstaltungen zu wie ich. Der Stadtteil hat sich auf eine Situation eingerichtet. Bücherläden, Schreibwarenläden, Lokale mit Studentenessen, Kopierläden und für den, der so was braucht: Cafés. Dann hinüber ins Beerdigungsinstitut für Völkerkunde und Afrikanistik. Ich nenne das nur so, weil es gut klingt. Als Straße der Geisteswissenschaften ist die Schellingstraße nach einem Philosophen benannt, nicht nach Hitler, der hier auch ganz gern verkehrte. Den Forschungsgegenstand der Völkerkunde (Ethnologie) bilden vornehmlich die außereuropäischen, schriftlosen Gesellschaften. Die Völkerkunde analysiert die unterschiedlichen Formen der Lebensbewältigung (Kultur), die von den menschlichen Gesellschaften entwickelt worden sind und tradiert werden, um letztlich zu allgemeinen Erkenntnissen über Beschaffenheit und Entwicklung von Kulturen zu gelangen. Zu diesem Zweck untersucht sie alle Bereiche einer Kultur in ihrem Aufbau und in ihren Funktionen und ist bemüht, die historischen Prozesse aufzuzeigen, die zur Ausbildung des gegenwärtigen Kulturbildes geführt haben. Der Ethnologe hält das Auge offen und denkt sich seinen Teil zu allem, was er sieht.

Mit
der
Trambahn
zum
Stachus.

Fußgängerzonen schön zu finden ist häßlich, dachte ich mir, Fußgängerzonen häßlich zu finden ist schön. Culture is the man-made part of the environment. Leere Tüten werden als Partywitz verkauft, ach was. Das schönste an schiebenden Menschenmassen ist, daß man, um sein Ziel zu erreichen, die Augen nicht zu öffnen braucht. Auf das Ziel kommt es an. Zum Plattenanhören in den WOM, zum Plattenkauf wo ganz anders hin. Auf das Ziel kommt es an. Ich dachte auch, alle Menschen sind längst Brüder, schon hört man das eine Summen über tausend Häuptern schweben. Die Weinstraße zweigt ab, als Zone für den gehobenen Bedarf zur Theatinerstraße erweitert. Sogar ehemalige Parteigenossen waren zur Schutträumung herangezogen worden. Innenstadt als Innerei. Dallmayrtum. Links von der Weinstraße herein in das Gruft Gäßl gegen Nord: 1. das Arme-Kinder-Eckgebäude der Englischen Fräulein, 2. die obere Gruftkirche, welche von den Benediktinern des Heiligen Bergs Andechs versehen wurde – untenher die untere Gruft nebst einem Gnadenbild der Muttergottes, den gestorbenen Erlöser auf dem Schoße liegen habend. Sie war schwärzlich und dunkel. Diese Gruft soll ein Heiden- oder Judentempel gewesen seyn, und man soll allda noch ein fortbrennendes Licht gefunden haben, das alsdann gleich ausgeloschen ist. 3. ein Herrschaftshaus. 4. der Stock etwa von Baron Mandl. Elvis Costello grüßt frischgeputzt mit neuem Werk aus frischgeputztem Fenster – The disco-machine lives in Munich, er muß es wissen. Gestern war man noch Held für einen Tag, und heute schon entkommt man unerkannt durch die Fußgängerzone. Es könnte ja sein, dachte ich, daß mich Gott dazu bestimmt hat, Atheist zu sein, es könnte auch sein, daß ich keine Holzhäuschen und Blumenkübel mitten auf richtigen Straßen mag, bloß weil ich bestimmt dazu bin. Letztendlich ist niemand frei, bloß weil er freihändig laufen kann. Letztendlich bin ich so frei und verzichte freiwillig auf die Möglichkeit, zur Bürgermeisterwahl zu gehn. Nach der Kundgebung auf der Theresienwiese marschierte der Sozialist Eisner Seite an Seite mit dem Bauern Gandorfer nördlich in Richtung Neuhausen-Oberwiesenfeld, dem mit Recht so genannten Kasernen- und Lazarettviertel, um mit 740 Jahren Wittelsbacher-Herrschaft Schluß zu machen. Unterwegs mit Roman dachte ich komischerweise an die Dorfwirtschaften, in denen ich als Kind die Kegel als Soldaten aufgestellt hatte, dachte an das Inhaftieren der Maikäfer und das Ausrotten ganzer Ameisenvölker durch feindliche Truppen. Mit der Vespa auf Suche nach Öl. Heute kommt uns das Westend vor wie Berlin. Wenn hier auf den Straßen mal was los ist, dann müssen es Ausländer sein. Heute, an einem ausreichend warmen Abend, sind im Westend die Straßen voll, es tut sich was. Volle Straßen jenseits der Fußgängerzone, und wir sind trotzdem noch in München. Wie in anderen Städten war das Westend als vornehme Wohngegend geplant. Doch die Bahnlinie nach Westen zog wider alles Erwarten große Lagerhäuser, bedeutende Fabriken und Bierbrauereien an, und mit ihnen kamen auch die Mietskasernen. Wir sind in das Westend hineingefahren, und die Leute saßen lärmend auf der Straße. Gute Bierlaune, man findet, was man sucht. Normalerweise sind in Europas Städten die östlichen Stadtteile die ärmlicheren, weil dort die Winde durchschnittlich öfter aus dem Westen kommen und den Dreck der Fabriken somit durchschnittlich häufiger über die östlichen Stadtteile verteilen. So auch in Berlin, wie ich mich vergewissert habe. Ganz Deutschland sehe ich als Berlin, die DDR als Ostberlin, die BRD als Westberlin. In Potsdam muß man sich sehr schnell einig geworden sein, wie das Hauptstück des Zwölfjährigen Reiches aufzuteilen wäre: das Prolo-Drittel im verrauchten Osten an die Russen, die sauberen anderen Zweidrittel an die West-Alliierten. Wenn das nicht der Wahrheit entspricht! Bei Tempo Vierzig dachte ich in einem Bedingungssatz an Ostberlin und dachte gleich das Komma mit. So weit ist es gekommen, Sturzhelme engen doch das Denken ein. Vom Vollgas bremst man langsam runter. Vor einem Friedhofportal stellen wir das Moped ab und benützen von nun an einen Kiesweg. Zum Himmel zeigt ein Obelisk. Hier liegt auch Ludwig Schneid begraben, den es an einem Elften traf. Privatier, das muß ein schöner Beruf gewesen sein! Privatier sollte man werden, Politiker aus Leidenschaft. Der Alte Nördliche Friedhof ist ein schöner Friedhof. Sein Glück ist, daß er nicht mehr recht gepflegt wird. Hier kann man freie Stunden verbringen. Vor hundert Jahren wird dieser Friedhof noch einen Teil des nördlichen Stadtrands gebildet haben, vor zehn Monaten hat auch Roman ein Studium angetreten, und vor zehn Tagen habe ich mir auf dem Weg in den Kohlenkeller den Kopf angehauen. Wo sind die Barrikaden, die noch vor kurzem hier standen? Wo ist der Held, der hier kürzlich noch den Jäger spielte? Wonach mich Roman heute fragt und keine Antwort kriegt, davon weiß schon niemand mehr den Namen. Gewisse Phänomene haben für Wahnsinnige, die sich professionell mit der Vergangenheit befassen, dokumentarischen Wert. Hochverdiente Spezialisten werden sich mit Mühen darin versuchen, die Lebensbedingungen zu rekonstruieren, unter denen sie selbst noch vor zehn Jahren lebten. So wie Keith Richards regelmäßig sein Blut auswechseln läßt, so wird Zeitgeschichte ausgetauscht. Daß Bob Marley ausgerechnet in einer Tegernseer Krebsklinik dem Tod entgegensehen würde, das konnten ihm nicht mal die größten Rasta-Feinde wünschen. Am Tegernsee möcht ich nicht gestorben sein.

Stark sein, sagte Roman, stark sein und dich verantwortlich zeigen. Dein Leben mußt du hergeben und dich für das Gute einsetzen. So werden wir kämpfen für die Anbetung der Großhesseloher Eisenbahnbrücke, gegen die Verteufelung des Allacher Forstes, gegen die Vergötterung von Interkontinentalraketen und anderem Mordwerkzeug, gegen die Verherrlichung der Kürzung von Bafög und anderen Sozialabgaben, für die Wiedereröffnung von Ampermoching. Vor kurzem reichte es noch, bis nach Sizilien zu fahren, um als bewunderter Reisender gefeiert zu werden, heute mußt du mindestens bis Borneo alles verächtlich links liegen lassen, um mit deinen Dias überhaupt noch jemanden interessieren zu können. Und auch die sind nicht annähernd so gut wie die Borneobilder, die jeder längst schon aus der Werbung kennt. Ich denke, man sollte keine Reisefotos mehr machen. Unglaublich, daß es noch Leute gibt, die wie die Hedda behaupten, noch nie am Starnberger See gewesen zu sein. Frau Lutz war noch nie in Maising und erst einmal in München zum Oktoberfest, behauptet sie. Ich habe noch längst nicht alles gesehen, das heißt, ich habe so gut wie noch nichts gesehen. Eine Reise ist kein Trip. Langsam muß ich mich beeilen. Das hier ist kein *Hofgartenerlebnis*, auch wenn die Friedhofsmauer einen abgeschlossenen Raum bildet, auch wenn ich Roman frage, wie sich denn die aktive CSU-Mitgliedschaft seines Vaters äußert. Zwischen Grabsteinen spielt sich keine Geschichte ab. Auch wenn von dort aus mal ein aufsteigendes Flugzeug zu beobachten ist. Wer von uns ist der Räuber, und wer ist so blöd und spielt den Gendarm? Wer spielt den Gendarm und beschützt Fürsten und Großgrundbesitzer? Wer glaubt an Märchen, und wer glaubt hier überhaupt noch an den Rechtsstaat? Wir sprechen zu zweit und verdoppeln so das Gesagte: Jedem über Fünfzigjährigen gehört das passive Wahlrecht entzogen. Kampf den alten Zynikern, die sich genau ausrechnen können, daß sie die ganzen Katastrophen, die sie in die Wege leiten oder billigen, entweder überhaupt nicht mehr oder nur noch in total-senilem Zustand mitbekommen. Nicht mal auf dem Friedhof sind die Gleichen gleich. Dreistheit verschafft sich ihren Lebensraum von selbst. Das, was diese Zyniker und ihre jüngeren Kollegen Politik nennen, erinnert nur auf den ersten Blick stark an das Verhalten degenerierter Rassehunde, die, anstatt ihre Scheiße zu verscharren, vollkommen beliebige und unbeholfene Bewegungen mit den Hinterbeinen machen. In der Bundesrepublik ist längst ein Zustand erreicht, wo ein Politiker sagen kann, was er will. Ihm hört kein Mensch mehr zu. Zwischen einen Wust von Nichts-Sätzen kann er die größten Schweinereien packen. Denn wer wird sich die Arbeit machen, den Wust von leeren Satz-Hülsen zu durchforsten? Die Politiker der Bundesrepublik haben sich paradiesische Zustände herbeigeredet. Politik hat mich zu interessieren. Wenn die Industrie Demokratie für ökonomisch sinnvoll hält, dann ist Demokratie angesagt. Die Fresse des Staatssekretärs hat mich zu interessieren. Alles ist interessant, und wenn es nur wegen seiner exemplarischen Uninteressantheit interessant sein sollte. Das Goldene Blatt ist interessant. Der Wetterbericht ist interessant. Die verschiedenen Kipprichtungen der Grabsteine sind interessant. Die Verfärbung der Parkbäume ist interessant. Aber warum ist die Banane krumm? Die Indianer am Rio Xingu, sagte der Helbig, akzeptieren als Tauschgegenstände am liebsten in der Tschechoslowakei gefertigte Glasperlen. Als Schnitzmesser benutzen sie Unterkiefer von Piranhas, die sie direkt vor der Haustüre haben, hat er gesagt. Was nützt mir das Wissen um die Arbeitsweisen der Indianer vom Rio Xingu? Welche allgemeine Erkenntnis über die Beschaffenheit und Entwicklung von Kulturen kann ich aus dem Wissen ableiten, daß die Indianer am Rio Xingu Piranha-Unterkiefer als Schnitzmesser verwenden? Welchen Schluß ziehe ich daraus auf meine eigene Umgebung? In vielen Despotien, hat er gesagt, wären Eunuchen die engsten Berater der Herrscher gewesen. Da kommen wir der Sache schon näher. Heute bei uns durch das ans Zölibat gebundene katholische Priestertum ersetzt. Das Bewässerungsmonopol von damals als das Technologiemonopol von heute. Die Feuerstelle als Vorläufer des Mikrowellenherdes, soviel steht fest. Der Friedhof als Friedhof, wie es ihn schon lange gibt.

Die Wochen der Warzenbehandlung waren Wochen der Wiederherstellung des vorhergegangenen, warzenlosen Zustandes.

Alles ist interessant, die Frage ist bloß, wieviel Interesse ich gerade aufbringen kann.

10.

Vorn der Tisch, hinten ein Schrank, links ein Stuhl und rechts ein Stuhl. Ich mach aus meinem Herzen keine Mördergrube: die Mahlzeit ist die schönste Zeit. Jedem Herzen seine Mördergrube. Jedem Herzen seine Kinderstube. Ich mache aus meinem Herzen eine Sondermülldeponie. Münchens Herz wird dringend gesucht. Wenn ich endlich mal was kochen will, dann finde ich bestimmt die Zutaten nicht. Stefan bringt den Schlüssel, und wir versuchen uns am Zahlenschloß des Kühlschranks. Eine Wohngemeinschaft ist eine Gemeinschaft, die Probleme gemeinsam löst. So ganz ohne Tücken ist das Leben in der Nahrungskette auch wieder nicht. Wir sind uns nicht zu gut zum Essen, alle Lebewesen fressen. In der Bundesrepublik werden pro Kopf durchschnittlich 272 Eier im Jahr verspeist, das sind fast doppelt so viele wie vor dreißig Jahren. Selbst die Fische leben von der Hand in den Mund. Ein Goldfisch frißt vielleicht sein Viertelmilligramm Cadmium im Leben. Der Hecht, der sich hauptsächlich von Goldfischen ernährt, wird in seiner Lebensspanne auf etwa 2000 Goldfische kommen. Zuletzt hat er also vielleicht 500 Milligramm Cadmium intus. Ein Piranha braucht bloß 400 Hechte zu fressen, und schon bringt er es auf 200 Gramm Cadmium, und wehe dem Reiher, der vielleicht 200 Piranhas in seinem Leben erwischt. Der kommt auf 40 Kilo Cadmium. Bei der Kuh, die vielleicht auf acht Reiher kommt, macht das schon 320 Kilo reines Cadmium. Das alles sind nur Durchschnittswerte, dabei hat München der Welt zweithöchste Cadmiumbelastung pro Quadratmeter. Am Ende kann man sich ausrechnen, was für einen selbst übrig bleibt, auch wenn man seinen Rindfleischverzehr auf 29 Tage im Monat beschränkt. Draußen werden ganze Völker abgeschlachtet, und drinnen wird über Goldfische diskutiert. Aber der Schnaps ist ja dazu da, alles wieder unschädlich zu machen. Das ist der 3748. von allen. Nein, in Wahrheit treibe ich das Kuhfleisch mit der Milch der Milchkuh aus. Die Milch ist ein Getränk, das einleuchtet. Da siehst du, was du trinkst, kriegst leuchtend rote Backen, so daß jeder meint, du würdest dich für deine bloße Anwesenheit schämen. So ist mir das gegangen. Dabei hatte ich mich für nichts geschämt, und vor nichts hat es mir gegraust. Sind mir die Haare ausgefallen, hab ich mir die Suppe damit gewürzt. Nichts wollte ich verkommen lassen. Der Nahrungskreislauf sollte sich in mir selbst wieder schließen. Nur an wirklich schlechten Tagen ging ich daran, mir die Haut aufzubeißen, mir selbst ans Fleisch zu gehn. Schwamm drüber! Mit roten Backen bist du überall der allerletzte Depp. Mit abstehenden Ohren bist du nirgendwo der tolle Hecht. Als Hecht aber hätte man nur die Piranhas, die Reiher und die Kühe über sich gewußt. Als kleiner Fisch ist man immer nur sich selbst im Weg. Auf dem Heimweg von meiner Freundin saß ich auf dem Pasinger Bahnhof und hinderte die Sonne nicht daran, weiter ihr Finale aufzuführen. Von allem, was gestern wichtig war, berichtet heute die Zeitung auf meinem Schoß. Der wissenschaftlich Interessierte findet einen Beitrag über die außerordentliche Fähigkeit des Berges Kangchendzönga, Blitze anzuziehen. Aus dem Augenwinkel heraus beobachtet der Laie die erstaunliche Fähigkeit der Hochhäuser am Westkreuz, als Magneten an der Sonne zu zerren. Denn alles steht in einem Verhältnis zueinander. Alles stößt sich ab oder zieht sich an. Klappe zu, Zeitung tot. Endlich kommt einer auf mich zu, redet auf mich ein, redet viel zu schnell, geht eilig weiter, nicht ohne mir einen Zettel dazulassen. Für den Aufkleber auf meiner Tasche hat er sich interessiert. Der Zettel scheint ein aus einem Buch herausgerissenes Blatt zu sein, auf der einen Seite eine Zeichnung, auf der anderen Seite ein Vorwort. An seinen Rändern ist er auf beiden Seiten mit Stempelaufdrucken übersät: Atomkraftwerke zerstören unser Sonnensystem (Gehirn), dadurch schwerste Erdbeben, Taifuns, Krebs und Schizophrenie! – Es finden sich immer welche, die alles ganz einfach erklären können. – Alkohol, Nikotin und Tierleichen sind völlig ungeeignet für die menschliche Ernährung (erzeugt Krebs und Krieg!). – Das glaube ich dem Stempelaufdruck aufs erste Wort. Überhaupt glaube ich jedem alles, ich kann mich kurz darauf nur mehr so schlecht erinnern, was ich vor einer Minute noch alles geglaubt habe. – Alkohol zerstört das Gehirn! dadurch no-religio zu Gott. – Mag sein. – Das Fundament des Krieges ist der Tiermord. – Halte ich für eher unwahrscheinlich. – Solange Schlachthäuser, solange Schlachtfelder! Solange Tiermord, solange Menschenmord und Krebs! – Hmmm. – Millionen Menschen werden jetzt plötzlich gesund, weil sie aufhören zu rauchen (22 Gifte), aufhören Fleisch zu essen (90 Gifte), aufhören Alkohol zu trinken (30 Gifte), und aufhören lieblose Gedanken zu denken (1 000 000 Gifte)!

Auch die Zeichnung des herausgerissenen Blattes zeigt den Berg Kangchendzönga. Dem alpinistisch Interessierten zeigt sie eine Expeditionsroute. Ich selbst befinde mich auf dem Heimweg von meiner Freundin, die in Pasing wohnt, unterm Arm die zusammengefaltete Zeitung mit dem Artikel, der sich mit dem gleichen Berg befaßt. Dabei hatte die Bergwacht via Heute-Journal erst wieder vor leichtsinnigen Bergtouren gewarnt. So was macht mich für fünf Sekunden abergläubisch. Immerhin reden wir hier nicht von der Zugspitze, wir reden nicht vom Nockherberg. Kurz wundere ich mich doch, aber bei so vielen Fällen am laufenden Band, bei derart vielen, sich aneinanderreihenden Ereignissen und Kleinstbegebenheiten, muß schon rein rechnerisch immer wieder mal ein sehr abwegig erscheinender Zufall dabei sein. Bin ich jetzt ein Blinder, der sich noch weit nach der Jahrtausendwende in seinem Grab umdrehen muß, weil er ein derart deutliches Zeichen übersehen hat? Müßte ich mich jetzt auf der Stelle erschießen, weil ich nicht längst schon einen Flug zum zweithöchsten Berg des Himalaya gebucht habe? Sollte ich im Boden versinken, mir selber eine Grube graben? Nein, der Blinde macht aus seinem Herzen keine Mördergrube, die Schlachtfelder des Hochgebirges werden auf seine Anwesenheit verzichten müssen. Mit leerem Magen steigt man nicht. Neuhausen wird auf meine Abwesenheit verzichten müssen. Im Schlachthaus wird jetzt Schnaps gebrannt. In der Postkantine gibt's Zigeunerschnitzel. Tote Tiere gibt's, mit weichgekochten Pflanzen. Zum Schutz der Zigeuner wurden um ihre Stellplätze am Münchner Müllberg Erdwälle aufgeschüttet. Zigeunerschnitzel heißt das Schnitzel nur wegen des roten Paprikapulvers, das so reichlich in der Soße schwimmt. Die übriggebliebenen Zigeuner sind geschützt. Die Erdwälle schützen das ökologische Gleichgewicht. Draußen am Müllberg ist jeder Feldweg Nato-tauglich. Jede Brücke über Abzugsgräben kann auch schwerste Panzer tragen. Neulich, als ich die Gegend untersuchte, sah ich zum ersten Mal den brennenden Gipfel. Wenige Monate zuvor hatte Heinrich Pettenkofer seine von vielen schweren Alpenfahrten bewährten Freunde zum Müllberg, der höchsten Erhebung im Stadtgebiet, geführt. Nach eingehendem Kartenstudium und nach gewissenhaften Vorbereitungen waren die deutschen Bergsteiger am 23. Juli vom Schlachthof-Viertel abgereist. Über den Marienplatz waren sie nach Freimann gelangt. Wie im Flug war das Wunderland an ihnen vorübergezogen, und endlich, Ende Juli, standen sie am Fuß des Müllmassivs in Großlappen. Dort sowohl erwartet von Regierungsvertretern und Abgeordneten der Städtischen Müllentsorgung als auch von einigen hundert Trägern, darunter auch die besten Hochträger, die vom Hasenbergl herbeigerufenen Tigerköpfe. Noch niemand wußte, was ihnen bevorstehen würde, noch niemand ahnte von den Strapazen, die sie erwarteten. Erst in vielen, vielen Wochen würde über Erfolg oder Mißerfolg der Unternehmung Gewißheit herrschen. Gold blitzt auf im letzten Licht. Das Klärwerk drüben roch man kaum. Wer einmal in die Mördergrube gefallen ist, dem glaubt man nicht. Zweifel macht Hunger. Die Faultürme tragen zur Klärung bei. Montag ist gleich Fischtag. Der Begriff Nahrungskette wirft ein Schlaglicht auf die Probleme meerischer Ernten. Wer weiß schon, daß 100 Gramm Thunfisch 1 Kilogramm Makrelen, 10 Kilogramm Anchovis und 100 Kilogramm Plankton voraussetzen? Thunfische ernähren sich von Makrelen, Makrelen von Anchovis, Anchovis von Plankton. Wer weiß schon, daß sich selbst die Fische so nett ans Dezimalsystem halten? Nur jeweils zehn Prozent ihrer Nahrung setzen sie in Körpergewicht um. Ein Vergleich, der eindringlich genug vor Optimismus warnt. Ein Vergleich, der nachdenklich macht. Ein Vergleich, der Appetit auf Plankton macht. Ein Vergleich, der an das Problem der Überbevölkerung gemahnt. Doch beim Essen spricht man nicht, im Dunkeln fällt das Schweigen leichter. Montag ist jetzt Planktontag. Ab Dienstag wird wieder Fleisch gegessen. Seit mich am Ebenreuther See eine Wespe in die Lippen gestochen hat, mag ich die Smiths zum Fressen gern, meat is murder, was will man machen? Wenn mir schlecht ist. Wenn mir vor Hunger schlecht ist. Wenn gegenüber die Bäckerei schon zu hat. Wenn draußen all die Autos vorbeifahren, und ich stelle mir vor, es ist Krieg und es fahren wieder alle hin. Wenn der Wasserhahn tropft. Wenn die gestrige Zeitung leergelesen ist. Wenn feiner Staub von der Decke rieselt. Wenn die Haare sich entzündet haben und sich röten. Ist ein glückliches Leben überhaupt möglich? Das Leben ist nicht immer schön. Immer wieder treten Probleme auf. Manchmal mehren sie sich so sehr und werden so groß, daß einem wahres Glück nur als ein Traum erscheint. Muß das so sein? Millionen Menschen werden plötzlich wieder gesund, weil sie aufhören, Rockmusik zu hören.

Die Gipfelstürmer sind wohlbehalten zurückgekehrt! Auf dem Müllberg ist die deutsche Flagge gehißt! Die lokalen Zeitungen geben Extraausgaben heraus. Als Ergebnis unserer Forschungsreise vom Schlachthof um die Welt, die mit der Ersteigung des Kangchendzönga ihren Höhepunkt erreichte, halten wir fest: Außer den Menschen zeigen nur die Pflanzenfresser ein Bedürfnis nach Salz, weil es sie in den Stand versetzt, ihr Nahrungsangebot zu erweitern. Völker, die sich vorwiegend animalisch ernähren, haben keinen zusätzlichen Salzbedarf. Wer auch während des Zivildienstes keine Freundin abbekommt, der muß sich ganz schön blöd anstellen. Wer in München eine Wohnung findet, der hat ganz schön Glück gehabt und bekommt zum Einzug Salz und Brot geschenkt. Ein altes Anwesen in der Rupprechtstraße fiel im November 1896 dem Straßenausbau zum Opfer. Es hatte ursprünglich den Hausnamen *Beim Seifensieder*, war 1852 das Saumweberhaus, 1870 beim Bader Wunder und wurde dann von Franz Sauer erworben; beim Abbruch war es im Besitz des Metzgermeisters Angruber, der dann in entsprechendem Straßenabstand wieder einen Neubau erstellte. Rechts gegenüber, das gleichzeitig erbaute, aber erst später so genannte Judenhaus, das, wie alle anderen Häuser auf dieser Straßenseite im Krieg zerstört worden war und erst in den sechziger Jahren neu errichtet werden konnte. Auch die Vordergebäude der Häuser Dr. Roth und Horgert erfuhren nach Abbruch eine Neugestaltung. Wenn die Tage wieder länger werden. Wenn die Nächte folglich kürzer werden. Niemand freilich konnte voraussehen, daß ich einst mit Kapitän Cook um die Welt segeln würde, die Zeit aber, bis es so weit ist, in dem rechteckigen Zimmer in einem Münchner Mietshaus wohne. Wenn die Stürme stürmten durch die Straßenzüge von Neuhausen. Manche Juden feiern das Fest des ungesäuerten Brotes nicht mehr, zumindest nicht mehr regelmäßig. Angeblich sollen einige Juden den letzten Krieg überlebt haben. Freiwerdende Wohnungen wurden freilich neubesetzt. Was der Bauherr nicht kennt, das frißt er nicht. Was der Wähler nicht kennt, das wählt er nicht. Kandidat kann nur einer werden, der auch bereit ist, seine Wohnung zu verlassen. Der Verkehrsfluß vor dem Fenster bricht nicht ab. Mein Gott, dein Gott, was müssen die Menschen doch gesündigt haben, daß sie ihr Gott abends, nach der Arbeit auch noch in diese Blechbüchsen steckt! Hauptsache, ich habe selbst nie gesündigt, nie Hand an mich gelegt. Von allem, was heute wichtig war, berichtet die morgige Zeitung. Ein Ei sei heutzutage schneller verdient als gekocht. In den fünfziger Jahren hatte ein Durchschnittsverdiener noch mehr als fünf Minuten für ein Hühnerei arbeiten müssen, heute ist für ein Ei nur mehr eine Minute Arbeitszeit zu veranschlagen. Heute war ein wichtiger Tag.

11.

Mit dem ersten Entstehen der Stadt München ließen sich daselbst, wie überall, wo sich günstige Handelsverhältnisse bilden, auch Juden nieder, die sich mit der Zeit ziemlich stark vermehrten, und ihre Wohnungen hatten sie an der Grenze der ältesten Stadt, am Graben, wo jetzt die Gruftgasse sich hinzieht, die ehedem auch den Namen Judengasse führte, und das Eckhaus war ihre Synagoge, und die Juden waren kaum hundert Jahre in der Stadt, als sie nach den einstimmigen Berichten der angesehensten bayerischen Geschichtsschreiber im Jahre 1285 eines schrecklichen Kindermordes sich schuldig machten, ein altes, vom Geiz geblendetes Weib lockte ein Bürgersknäblein zu sich und gab es um einen geringen Preis an Juden zum Kauf, welche dieses am ganzen Leib mit Nadeln und Pfriemen durchbohrten, um sein Blut zu gewinnen, und es so einem jämmerlichen Tod überlieferten, und nachdem das erste Schlachtopfer dargebracht war, ohne ein besonderes Aufsehen zu erregen, schickte sich die Hyäne an, ein zweites Opfer in die Hände der Juden zu spielen, jedoch nicht mit dem nämlichen günstigen Erfolg, der wachsame Vater kam rechtzeitig dem Frevel auf die Spur und brachte die Untat der Obrigkeit zur Anzeige, und das Weib legte ein umfassendes Geständnis seiner Untat ab, und das Volk empörte sich über dieses Greuel, und es entstand ein allgemeiner Aufstand gegen die Juden, und das Volk nahm blutige Rache und erschlug jeden Hebräer, dessen es habhaft werden konnte, und die Hebräer suchten der Rache sich so viel als möglich zu entziehen und sich in den unterirdischen Räumlichkeiten ihrer Synagoge und ihrer Häuser zu verbergen, doch auch dahin verfolgte sie die entfesselte Rachsucht, ohne daß es der Obrigkeit möglich wurde, sie einzuschränken, und man warf Stroh und Pech und andere brennbare Materalien in die Kelleröffnungen und zündete sie an, und so traf 140 bis 180 Opfer die blutige Rache, und in Betreff solcher Bezichtigungen haben die Juden ihre Apologeten an vielen Geschichtsschreibern, die solche Ausbrüche entfesselter Gewalt lieber dem falschen

Argwohn der Christen als der Bosheit der Juden zuschreiben und so den Deutschen auch die Schuld am Zweiten Weltkrieg in die Schuhe schieben, denn es ist leicht, einem Besiegten die Schuld zuzuweisen, und das begann mit der Frage, wer hat angefangen, obwohl man heute noch in der New York-Times nachlesen kann, daß die Juden im März 1934 Hitler den Krieg erklärten, und es dauerte nur fünf Jahre, bis die Juden die Alliierten soweit hatten, daß sie diesen Krieg mitmachten, noch im selben Jahr fanden Verhandlungen statt in den USA zwischen Baruch Morgenthau und dem deutschen Außenminister von Papen, sowie dem päpstlichen Vertreter, wie die in Deutschland lebenden Juden vor dem geplanten Bombenterror der Alliierten geschützt werden könnten, und es wurden die KZs als Lösung bestätigt, diese, weit von jedem Kriegsgeschehen entfernt, sollten die Juden aufnehmen, und so geschah es auch, das Ganze war so raffiniert organisiert, daß selbst hohe SS-Führer nicht wußten, daß sie eigentlich die Juden vor den Kriegsfolgen schützten, natürlich starben dort auch Menschen während des sechsjährigen Krieges, aber in der Mehrzahl eines natürlichen Todes, wie andere auch, und sicher sind auch welche umgebracht worden, wenn sie Fluchtversuche machten oder Sabotage, doch das Gros überlebte verhältnismäßig gut, verhältnismäßig im Sinne des Vergleichs mit unseren Frauen und Kindern, die in den Luftschutzkellern zu Millionen verbrannten oder auf den brennenden Asphaltstraßen von Sprengbomben zerrissen und lastwagenweise des Morgens in den Massengräbern eingescharrt wurden, und nicht genug damit, verhängten die Sieger nach 1945 eine dreijährige Hungerblockade über unser Volk, der noch mal zwölf Millionen Deutsche zum Opfer fielen, Frauen konnten ihre Kinder nicht mehr stillen, und alte Männer fielen beim Anstehen nach Brot tot auf der Straße um, und Millionen erlitten Kalkmangelschäden und Hungerödeme, und in der bis zu zwölfjährigen Gefangenschaft starben weitere Millionen Deutsche, so daß man sagen kann: die Juden haben die gesamte Kriegsgeneration ausgerottet. Wir nehmen kein Blatt vor den Mund. Wir reden frei von der Leber weg. Wir machen aus unserm Mörderherzen keine

Judengrube. Abgebildet ist ein Seitenarm der Isar in den Auen bei Harlaching mit der Wallfahrtskirche Sankt Anna am Hochufer. Während dem Vordergrund durch zwei badende und spielende Kinder und eine das Wasser auf einem Steg überquerende Bäuerin, die einen Holzrechen geschultert hat, Leben verliehen ist, überragt ernst und feierlich – durch einen Baum- und Gebüschgürtel von der Vorderzone getrennt – die Kirche die Landschaft. Wir heben kein Blatt einzeln auf, wir blättern in der Klosterchronik. Die Verherrlichung landschaftlicher Schönheit steht uns gut zu Gesicht.

12.

Auf dem großzügig angelegten Gelände der IGA (Internationale Gartenausstellung) stehen zwei alte Bäume. Es sind zwei richtige Eichen, die schon immer dort standen. *Alte Eichen* heißen deshalb auch einer der zahlreichen Spazierwege und ein in der Nähe gelegener Bahnhof der Bockelbahn. Ein anderer Bahnhof, in der Nähe einer größeren Staudenschonung gelegen, heißt passend *Staudental.* Die Bockelbahn ist ein aktiver Beitrag zum Umweltschutz. Batteriebetrieben, fährt sie abgasfrei und fast geräuschlos durch das weite Gelände. Wer nicht so viel laufen will, kann seine Fotos bequem von einem der halboffenen Wagen der Bockelbahn herunter schießen. Wegen unendlich vieler Farbfilme mit IGA-Motiven meldet das Agfa-Umkehrwerk Hochbetrieb. Am meisten wird in den ostasiatischen Nationengärten fotografiert. Unter der in den IGA-See hineinragenden Betonplatte, auf der einer der ostasiatischen Tempel steht, wurde extra Platz gelassen, vermutlich damit noch einige Seerosen darunter passen und das Ganze einen luftigeren Eindruck macht. Nebenan, in der Gehölzvergleichsschau finden sich zahlreiche Sitzecken, von denen aus man bequem die verschiedensten vorgeführten Bepflanzungskombinationen für Vorgärten vergleichen kann. Von den gärtnerischen Fachpreisgerichten wurden auf der IGA insgesamt 5 100 Medaillen vergeben. Davon waren 71 Große Goldmedaillen, über 1 500 Goldmedaillen, weit über 1 700 Silbermedaillen und etwa 1 700 Bronzemedaillen. Neu auf der IGA sind Frauen als Schwarze Sheriffs. Ihre Uniformen sind betont weiblich geschnitten. Diese Frauen sollen Ordnungsfunktionen wahrnehmen und gleichzeitig durch ihr Aussehen die allgemeine Atmosphäre auflockern helfen. Vermutlich aus Sicherheitsgründen ist ein stattliches Mühlrad eingezäunt, es ist aus didaktischen Gründen installiert worden, jeder soll einmal ein Mühlrad gesehen haben. Das Rad wird original von Wasserkraft bewegt. Über eine Holzkonstruktion kommt das Wasser von einem künstlichen Hügel, auf den es unsichtbar hinaufgepumpt wurde. Nebenan bietet der Bundeszentralverband der Friedhofsgärtner auf einem großen Gelände eine breite Palette von Grabbepflanzungsvorschlägen zur Betrachtung an. Ein Teil der alten Kleingartenanlagen, die früher einen Großteil des Geländes bedeckten, ist nicht einplaniert, sondern in das Veranstaltungskonzept miteinbezogen worden. Die Übriggebliebenen zeigen den Gästen um so stolzer ihre jetzt ganz besonders liebevoll gepflegten Gärten. Möglicherweise, um auf den internationalen Charakter der Gartenausstellung hinzuweisen, finden vor wechselnder Kulisse häufig Folklore-Veranstaltungen statt. Zum Beispiel ein Reihentanz vor dem original aus Natursteinen aufgemauerten Gebäude im sardischen Nationengarten. Vermutlich, um auf die düngende Wirkung von Torf die Aufmerksamkeit zu lenken, sind an anderer Stelle Torfziegel zum Trocknen aufgeschichtet. In der Vergangenheit wurden diese Ziegel verheizt, jetzt kommt ihnen ein symbolischer Wert zu. Sehr schwierig ist es mitunter, auf den Aussichtsbalkonen der Brücke über den Mittleren Ring, welche die beiden Hälften des IGA-Geländes miteinander verbindet, einen Stehplatz zu erkämpfen. Von dort nämlich bietet sich ein guter Blick auf die urbanen Verkehrsströme. Im Hintergrund ist die Basketballhalle zu erkennen, die von den Olympischen Spielen übriggeblieben ist. Interessant ist das Schicksal einer weitgereisten Agave. In ihrem vielhundertjährigen Leben blüht die Agave nur ein einziges Mal. Dazu treibt sie einen riesigen Stengel aus, auf dem die Blüten sitzen. Das IGA-Exemplar freilich war schon mitsamt dem Stengel aus dem Süden importiert worden. Nach der Blüte geht die Pflanze ein. Die Geschäftsleitung der Internationalen Gartenausstellung hat errechnen lassen, daß das Pflanzengesamtwachstum aller IGA-Pflanzen seit Arbeitsbeginn 53,9 Millionen Zentimeter betrug, was nicht ganz der Entfernung München-Bonn entspricht. Die verschiedenen Pflanzen sind mit insgesamt 20 000 Schildchen gekennzeichnet. Auch Kulturreis ist darunter. Der größte Andrang herrscht am Eingang zum Chinesischen Garten. Es ist das erste Mal, daß China seine Blumengestaltkunst im Westen präsentiert, und vermutlich sind alle gespannt, wie das die Kommunisten wohl machen. Die verwunschenste Ecke der

IGA dürfte wohl das Farntal sein. Durch diese modellierte Senke fließt ein rauschender Wildbach, dessen Bett aus Baustahlmatten und Fertigbeton extra schon vor zwei Jahren fertiggestellt wurde, so daß der Bewuchs Zeit hatte, sich möglichst ungezwungen und natürlich zu entwickeln. An der Uferböschung wurden verwitterte Baumstämme installiert, am Ende des Bachlaufes läuft das Wasser in einen unauffälligen Pumpenschacht. In der Nähe gibt es auch eine nachempfundene Burgruine. Wem der Weg dort hinauf zu beschwerlich ist, der kann von den verschiedensten Arten angebotener Sitzgelegenheiten Gebrauch machen oder sich in das flachere *Voralpenland* begeben. Sozusagen als einheimischer Beitrag befindet sich dort eine rekonstruierte Alm. Die Dachschindeln sind vorbildgetreu mit großen Feldsteinen beschwert, und aus dem Kamin kommt, für München längst schon eine Rarität, Rauch von echtem Holzfeuer. Auch hier wieder ein reichhaltiges Angebot an Sitzgelegenheiten, auf denen sich in Ruhe eine im Krämerladen der Alm erstandene Brotzeit verzehren läßt. Es gibt auch ein original strohgedecktes Ungarnbauernhaus. Wenn man sich dort anstellt, bekommt man eine Postkarte mit einem vermutlich echten Ungarnhaus drauf geschenkt. Hinter den Lärchenkübeln auf der Seebühne sieht man die kühn und schräg aus dem Wasser ragende Brunnenanlage. Beim *Erntedank der Nationen*, am letzten IGA-Tag, sollen dort auf dem aufgestauten See mit Obst beladene Schiffe ihre Bahnen ziehen. Das Finale des Erntedanks findet als geschlossene Veranstaltung in der erwähnten Basketballhalle statt. Schon jetzt zeichnet sich ab, daß die Einnahmen der Internationalen Gartenausstellung vermutlich mindestens um sechs Millionen höher als erwartet sein werden. Völkerkunde heißt auch einmal um die Welt fahren und von jedem Volk je einmal dessen Lieblingspflanze mitbringen.

13.

Vorn der Tisch, hinten ein Schrank. Links ein Stuhl und rechts ein Stuhl. In Wahrheit stehe ich zwischen diesen Stühlen. Auf dem Boden steh ich zwischen allen Stühlen. Zwischen den Ziegelwänden aus Ton. Zwischen andere Stockwerke gepackt. Neben dem Durchgang zum Gang. Vor dem Abgrund zur Straße. Zwischen Flachland und Gebirge. Zwischen oben und auch unten. Zwischen Kleinbürgertum und Großbürgertum. Zwischen einheimisch und zugezogen. Zwischen gestern und morgen. Ich stehe zwischen der Nervosität meiner Mutter und der unbeirrbaren Ruhe meines Vaters. Zwischen Mutters Sonnensucht und Vaters Sonnenangst. Zwischen tropischem und polarem Klima. Zwischen Kindheit und Vergreisung. Bin kein Einzelkind, bin aber auch nicht richtig Kind unter mehreren Geschwistern. Wenn nicht allein, dann mit mehreren zusammen. Zwischen Haaransatz und Ferse. Zwischen linkem Schuh und rechtem Schuh. Ich bin ja ich und nicht wer anders. Umgeben von Möbeln, heißt wohnen nicht gleich sitzen. Aufgewachsen direkt an der Grenze des würmeiszeitlichen Gletschervorstoßes, blieb mir zwischen mütterlichem Katholizismus und väterlichem Luthertum nur mehr der Ausweg in heidnische Sonnenanbetung. Politische Mitte ist suspekt. Seit Erfindung von Zuckerbrot und Peitsche bin ich nicht der erste, der, von Zweifeln angefressen, alles in Gegensätzen sieht, wie jeder anständige Mensch. In der Unfähigkeit, sich endgültig für eine Sache zu entscheiden, liegt die Fähigkeit, sich versuchsweise für eine Sache zu entscheiden. Positiv ausgedrückt. In der Unfähigkeit, sich endgültig für eine Sache zu entscheiden, liegt die Unfähigkeit, sich überhaupt auf etwas einzulassen. Negativ ausgedrückt. Akuter Stillstand kippt leicht um in Raserei. Nichts ist richtig, was nicht einmal falsch war. Erst durch die Existenz des Gegenteils wird das Teil überhaupt bewiesen. In der Mördergrube laufen Säure und Base zusammen. Zwischen den Stühlen ist nichts. Und wo nichts ist, hat alles Platz. Auf dem Boden der Tatsachen wächst kein Gras mehr. Und wer das

Gegenteil behauptet, der hat immer wieder recht. Wer nichts sagt, der mag auch recht haben, aber niemand weiß davon. Wer einen Mund hat, der wird ihn auch manchmal öffnen. Zwischen Schweigen und Geschwätz steht kein bequemer Stuhl. Auf dem Tatsachenboden kannst du dir seine Trümmer zusammenklauben. Das Dasein besteht aus Arbeit, und Arbeit besteht aus dem Zusammensetzen verstreut liegender Einzelteile. Zur Linken die schöpferische Pioniertat, zur Rechten die Zerstörungsarbeit. Gesundheit schmeckt nach Lebertran, nur der Tod ist letztlich ganz gesund. Zwischen Geburt und Tod muß alle Aufmerksamkeit auf den Erhalt der Gesundheit gerichtet werden. Millionen Menschen werden plötzlich gesund, weil sie aufhören zu essen. Krankheit verrät sich durch auffälligen Stuhlgang. Krankheit und Gesundheit bilden eine Einheit, die sich als Gegenteil des Todes definiert. Es gibt nichts Dümmeres, als das Leben zu definieren, und immer wieder falle ich darauf herein. Wer einmal in die Odelgrube gefallen ist, der tut sich schwer, seinen Wohlgeruch zu beweisen. Wer gerade ißt, der wird sich schwertun, das Fasten zu propagieren. Reden wir nicht um den heißen Brei, hoch die Tassen, die Schüssel dampft. Die Tafel ist geschlossen, die Tassen stehen tief im Schrank. Gegenüber der Tisch. Links ein Stuhl und rechts ein Stuhl. In Wahrheit gibt es (k)ein Dazwischen.

14.

Noch immer hat man das Herz von München nicht gefunden. Unverrichteter Dinge gab Expedition für Expedition die Suche wieder auf. Die Leber von München, klar, die Lunge von München, keine Frage, der Blinddarm von München, der Anus von München, die Milz von München, alles unübersehbar. Doch wo bloß versteckt sich das legendäre Herz, das pumpt? Immerhin soll die Frau, die den Spruch mit der Weltstadt und dem Herzen erfunden hat, geadelt worden sein. Die kastrierte Isar als Münchens Schlagader will ich gelten lassen. Aber einem Herzen entspringt sie nicht. Die Schlagader entspringt dem Halleranger im Karwendel, und sie fließt, weil es bergab geht. Natürlich ist München keine Mond-Stadt. München hat scheinbar einen Komplex, fälschlicherweise für eine Mond-Stadt gehalten zu werden, eine Venus-Stadt oder eine Mars-Stadt. Nur so jedenfalls kann ich mir erklären, warum ihre Fremdenverkehrsmanager stets so verzweifelt betonen müssen, daß sie eine Welt-Stadt sei, zudem eine mit Herz. Vielleicht hat diese Stadt einen Herzfehler, und die Eingeweihten haben Angst, sie wäre nicht mehr lang von dieser Welt. Aber wo kein Herz, wo da der Fehler? Seit ich hier wohne, bin ich viel unterwegs in den Straßen der Stadt, aber auf meiner Suche bin ich noch nicht mal ansatzweise fündig geworden, keine blasse Fährte, nichts. Draußen, drinnen, mittags, nachts. Ja, es gibt viele schöne Stellen, es gibt auch viele interessante Stellen, aber bis jetzt konnte nirgends das Herz nachgewiesen werden. Diese Stadt bewegt sich offensichtlich ohne Herz. Hunderte von Schrittmachern stampfen mechanisch, aber weit und breit ist da kein Herz, das Schritt halten könnte. Verzweifelt müht sich München, Schritt zu halten und einen bewegten Eindruck dabei zu machen. Maximilianstraße hin und her mit angehaltnem Atem, der dann stockt. Leopoldstraße hinauf und wieder hinunter und hinüber auf die andere Straßenseite und dort hinauf und da wieder hinunter und anschließend heim mit dem Taxi, weil die U-Bahn schon schläft. Blut fließt nur in Nebenstraßen.

Nirgends zeigt sich die Stadt so schön, wie von der Isar aus gesehn. Von der Isar aus betrachtet, ist München wirklich schön. Auf der Münchenkarte von 1826, die über meinem Tisch hängt, ist die Isar im ganzen Stadtgebiet ein weitverzweigter Wildfluß. Kein Wildfluß, ein Fluß. Einen Wildfluß gibt es genausowenig wie ein Naturvolk. Daß es keine Naturvölker gibt, das war das erste, was ich in Völkerkunde kapiert habe. Für Dinge, die einleuchten, bin ich immer dankbar. Von der Isar aus betrachtet, liebe ich München sehr. Bedauerlich ist nur das Ausbleiben des jährlichen Hochwassers: Hochwasser werden schon am Sylvenstein-Speicher weggeschluckt. In genormten Kubikeinheiten werden sie, über das Jahr verteilt, Richtung Schwarzes Meer entlassen. Die Fische staunen die Turbinen an, und Fischmehl macht das Wasser trüb. In den Löchern zwischen den Steinen der Uferverbauung bei der Reichenbachbrücke liegt nichts. In einem Loch zwischen den Steinen der Uferverbauung bei der Wittelsbacherbrücke liegt ein Zettel. Komisch, daß dort zwischen den Steinen nicht mehr Ratten zu sehn sind. Von dem Zettel erhoffe ich mir eine verschlüsselte Antwort in der Herzfrage. Daß sich die Ratten in vielsagendes Schweigen hüllen würden, das war zu erwarten. Der Zettel, oben rot und unten blau; auf der weißen Fläche dazwischen steht laut ISAR drauf. Die Wahrscheinlichkeit, gerade in der Uferverbauung der Isar einen Zettel zu finden, auf dem groß ISAR draufsteht, ist zwar unglaublich gering, doch hin und wieder muß die Wahrscheinlichkeit, allein schon um glaubhaft zu bleiben, auch einen wirklich großen Zufall durchlassen. Der Zufall, am Ufer des Rheins den gleichen Zettel zu finden, wäre mir viel geringer vorgekommen, obwohl er dort doch ungleich größer wäre. Heißt das, ich soll jetzt an der Isar weitersuchen? Wie soll man einen Wink deuten, an den man nicht glaubt? Alle Fragen fallen zu, nur die Antworten bleiben offen.

Flußaufwärts hängt der Himmel durch. Wer sich rollen läßt, der rollt flußabwärts. Rollend schau ich da hin und schau dort hin. Das ist meine älteste Stadtlandschaft, hier, das Gelände meiner frühesten Münchenbesuche. Deutsches Museum und die Feuerwehrübungen auf dem Hochwasserbett. Rollend schau ich hinauf in die Bäume, wo die fetten Krähen in den Weiden sitzen. Ihnen begegne ich am liebsten. Krähen stehen über allem, wie sie auch schon in Lochhausen über allem standen. Wie sie immer über jeder Zeit standen, die Menschheit ignorierend. Der wahre Souverän, das ist die Krähe, die Großstadtkrähe im besonderen. Sie kümmert sich um nichts. Die läßt passieren, was passiert. Auch Möwen sind unterwegs. Aber die Möwen können kaum stillsitzen. Die Möwen hetzen ständig irgendwelchen Fütteromas hinterher. Die Möwen sind wie der Straßenverkehr. Die sind wie ich bei Sonne im Schatten. Die sind immer so, sie können nicht anders.

Die Vögel zeigen den Münchnern das Fliegen, die Münchner bauen Flugzeuge und stellen sie im Deutschen Museum aus. Die Münchner bauen Panzer und verschenken sie aus Nächstenliebe. Militärische Geheimsache. Mutmaßliche Spione liegen in den Stadtrandwäldern. Totgeschossen und von Meisterhand kastriert. Gernot wuchs in Pullach auf. Von klein auf führte er ein Doppelleben. Freunden erzählte er, der Zaun des Forstenrieder Parks würde direkt an der Grenze seines Elternhauses verlaufen, so daß die eingezäunten Wildschweine direkt bis an den Garten kommen könnten. In Wahrheit aber erstreckt sich zwischen dem Wildgehege und dem Grundstück seines ehemaligen Elternhauses ganz breit die B 11. Gernot behauptet, er sei zu keiner Zeit in der Rüstungsindustrie oder beim Bundesnachrichtendienst beschäftigt gewesen. Für sein merkwürdiges Verhalten gibt es keine Erklärung.

Schon beim Pferdekrankenhaus Warnberg wird der absolute Stadtrand gefeiert. Flußaufwärts versüßen freundliche Obstbäume den Polizeipferden die Heilung. Daß ich am Stadtrand weitersuchen muß, ist mir längst klar. Vielleicht in Isarnähe, wie jetzt hier. Finster droht die Nadel-Front, kein Park, ein Forst: der Forstenrieder Park. Vorgelagert, holzbezäunte Weiden mit den Pferdekoppeln. Dann geht es los mit Solln und Forstenried. Dann beginnt die vielstöckige Stadtmauer, noch sind nicht alle ihre Milchzähne durch neue ersetzt. Die zweiten Zähne wachsen wild. Es ist ein Wohnblocksprießen, auf daß das Zahnfleischbluten nie versiegt. Menschen

wollen wohnen können. Städte sollen Häuser bauen, Dächer sollen in den Himmel wachsen. Aber nur ja keine Flachdächer, immer nur die Postmoderne. Erkerchen und Kerkerchen. Natürlich geht es nicht um das Einstürzen von Neubauten, es geht um das Errichten einer grundlegend anderen Sorte von Neubauten. Endstationen, Notarztfreuden. Fahnenmasten, Eisstockbahnen, Trockenscheiben. Die Stadtrandkrähen sitzen auf den Waldrandwipfeln und vermischen sich mit Hochwaldkrähen. Forstweg bunter Lichtgirlanden. Am Stadtrand endet das Kanalisationssystem. Am Stadtrand werden die Nutten abgesetzt. Die Straßenbeleuchtung endet hier. Hier enden selbst die U-Bahn-Pläne. Am Stadtrand hört die Großstadtgröße auf. Hinter den Forsten fangen die Schlafstädte an. Pendler pendeln hin und her. Am Stadtrand werden die Enten gefüttert. Tagsüber ist es nicht so dunkel. Für Schwäne wird ein Weiher ausgebaggert. Feuchtgebiete, Goldfisch-Teiche. Eingefaßte Grenzlandzonen. Und die Fütterfrau erklärt, schon von weitem wird sie gleich erkannt. Seit vierzehn Jahren kommt sie, sagt sie, her, hat manchmal zehn Semmeln dabei, was immer noch zu wenig sei. Die Semmeln bäckt der Bäcker in der Stadt. Die Äpfel wachsen für die Pferde nur. Die Pferde machen Pferdeäpfel draus. Am Stadtrand setzt die Naherholung ein.
Wie sich herausstellte, führte Gernot doch kein Doppelleben. Die von ihm gemachten Angaben bezogen sich auf den Zeitraum vor Ausbau der B 11 und erscheinen somit als durchaus glaubhaft. Pullach beherbergt den Bundesnachrichtendienst und muß wachsam sein. Werkschutz in den Siemenswerken. Leichen liegen in den Wäldern, da muß man wohl die Augen offen halten. Was wollen die andern, die unseren Tod wollen, was gibt ihnen Kraft? Gibt es in Rußland wirklich nichts außer Wäldern und dazwischen Sümpfe? Rußland hat die Ukraine, viel Weizen, das heißt, immer noch zu wenig Weizen, es hat die Transsibirische Eisenbahn, verschiedenste Bodenschätze, moderne Waffensysteme, Seen, Dörfer und auch Städte, es hat wirklich viele Landmaschinen, Satelliten und den Kommunismus, es hat einen großen Viehbestand, Eisbrecher, Gärtnereien und ein gewisses Bruttosozialprodukt.

Hat Rußland ein Herz? Seinen Feind muß man besser kennen als sich selbst. Die Welt ist äußerst vielschichtig, und der BND kann sich nicht allein um Rußland kümmern.
Schon wird ganz erfolglos die Suche abgebrochen und der Rückweg angetreten. Flußabwärts zur Marienklause, wo wir letzten Sommer waren. Irmi, Raoul und ich. Wo wir bis kurz vor Eintreffen des Hagels in die Isar staunten, die sich dort selbstverloren in die Tiefe stürzte. Ohne daß man einen Wetterumsturz ahnt, geht es heute ganz genauso zu. Wo man die Viecher von Hellabrunn herüberbrüllen hört und schreien. Schönheitskonkurrenzen werden ausgetragen. Du reißt die Augen auf, und das Rauschen des Amazonas reißt nicht ab. Bunte Urwaldvögel übertönen das Planschen fetter Alligatoren. Bergziegenmagergrasgemecker. Sonnenstechereien. Wieviel gescheiter Tiere wirklich wären, wenn sie sich als Menschen bewähren müßten? Und was erst würden Menschen tun, wenn sie als Tiere Bücher lesen sollten? Fremde Sprachen sind erlernbar. Gerade ist man dabei, den Norden des Landes zu erschließen. Auf Seite 110 tut sich dabei ein Unternehmen besonders hervor, dem die Regierung, mit der Auflage, Straßen und Eisenbahnen zu erbauen, eineinhalb Millionen Hektar Land überschrieben hat. Die Firma hat bereits begonnen, das Land in Parzellen aufzuteilen und es anschließend an Einwanderer aus Mittel- und Osteuropa weiterzuverkaufen, gleichzeitig aber die Eisenbahn zu behalten und deren Kosten durch den Transport landwirtschaftlicher Erzeugnisse zu finanzieren. Schon letztes Jahr war dieses Vorhaben weit fortgeschritten, die Trasse wurde weiter und weiter durch den Wald getrieben. Waren es vor sechs Jahren noch 50 Kilometer, so waren es ein Jahr später bereits 125 Kilometer. 200 waren es vor vier Jahren, und jetzt beträgt die Trassenlänge schon 250 Kilometer. Etwa alle fünfzehn Kilometer erreicht man am Rand einer quadratkilometergroßen Rodung jeweils eine Haltestelle. Auf den Lichtungen sollen allmählich Städte entstehen. Wenn man die Strecke abfährt, so kommt man zuerst nach Londria, der ältesten Siedlung, die jetzt schon 3 000 Einwohner zählt, dann nach Nova-Dantzig mit 90 und anschließend nach Rolandia mit

60 Einwohnern und endlich nach Arapongas, der jüngsten Ansiedlung, die letztes Jahr erst aus einem einzigen Haus mit einem einzigen Bewohner bestand, einem älteren Franzosen, der von dieser Einöde aus Bodenspekulation betreiben wollte und mit Militärstiefeln aus dem Ersten Weltkrieg und einem flachen Strohhut bekleidet war. Das war Arapongas. Pierre Monbeig sagte Lévi-Strauss voraus, daß diese Ansiedlung bis zum Jahr 1950 wenigstens 10 000 Einwohner zählen würde. Eine gewagte Prognose für dieses Dschungelloch! Mit lautem Klatschen ist das Geschrei der Urwaldvögel kurz zu vertreiben. Wer sich beeilt, dem mag es gelingen, rechtzeitig aus dem Gefahrenbereich des Tierparks zu entkommen. Traurige Tropen! Die Isar rauscht schon im Kreis, der Zentripetalkraft gilt es, flußabwärts zu entkommen.
Wie leicht man doch in Gefahr gerät und wie leicht man kurz darauf schon über die Frage verzweifelt, was ein Fluß eigentlich ist! Denn ständig ist es ein anderes Wasser, das über die Gefällestufen stürzt. Die Isar des letzten Jahres schwimmt längst schon im Schwarzen Meer. Ein ganz bestimmtes Wasser, in Volumen beschreibbar, kann es demnach nicht sein, was einen Fluß ausmacht. Was ständig bleibt, ist nur das Flußbett, und selbst das bleibt nicht beständig. Was also ist ein Fluß? Was ist sein Bett? Wer bringt den Fluß zu Bett? Was treibt den Fluß zum Versiegen? Wieviel Abwasser kann ein Gebirgsfluß in seinem Unterlauf transportieren? Wie viele Fische ernährt das in der Isar gelöste Fischfutter? Was flußabwärts, auf der Höhe des alten Südfriedhofs angeschwemmt liegenbleibt, das ist die Geschichte von den beiden jugendlichen Indianern, die, am 10. Dezember 1820 von Augsburg kommend, in einer Kutsche in München eintrafen. Die die ersten Indianer in München waren. Die mit ihren Entdeckern und Entführern schon seit 10. Oktober von Lissabon, unermeßlich länger aber von Übersee unterwegs waren. Die übriggeglieben waren, trotz des Verlusts von vielen der mitgeführten Tiere und Pflanzen. Miteingeschifft also zwei kleine Indier, Mirinha wurde das Mädchen geheißen, dem menschenfressenden Stamm der Miranhas am Japurá angehörig, der Knabe mit tätowiertem Schnurrbart, Juri genannt und im Stamm

der Juri-Comá am Rio Puréos aufgewachsen, beide also in Amazonien. Die in den zahlreichen Briefen ihres Entdeckers und Entführers Martius an dessen Eltern sowie in einem sehr umfangreichen Bericht aus Lissabon an den auftraggebenden bayerischen König Maximilian I. Joseph mit keinem Wort erwähnt werden. Die auch in einem Bericht der Zeitschrift EOS nicht direkt erwähnt werden, in dem es nur summarisch heißt, als Beleg und Gegenstand weiterer Forschungen seien die Gelehrten Martius und Spix darauf bedacht, mindestens acht Individuen von verschiedenen Stämmen und Sprachen mit sich nach Europa zu bringen. Die schließlich eingefangenen Indier konnten jedoch alle nicht leicht ihre Wälder und Wohnungen entbehren und sich nur schwer an Kost und Lebensart der Weißen gewöhnen. Von denen die beiden Gelehrten schon bis Parà vier Indier verloren und von denen zwei der restlichen später auf der Überfahrt von Parà nach Europa an Wassersucht und Leberverhärtung starben. Von denen man vier an den Militärkommandanten von Egà verschenkte, der Knabe Juri kam erst kurz vor Manaus an Bord. Der sich aber mit dem Mädchen Mirinha und den anderen nicht in seiner Stammessprache verständigen konnte. Von denen beide in München christliche Vornahmen bekamen: Isabelle und Johannes. Von denen auch geschrieben stand, sie hätten bald nach ihrer Ankunft unter dem kalten Klima sehr gelitten und das Mädchen hätte eine schlimme Erkältung bekommen und sich während ihrer Krankheit gegenüber ihrer christlichen Umgebung kalt verhalten, ganz gleichgültig gegenüber dem, was man für sie getan habe, und überhaupt sei sie in einem hohen Grad gefühllos gewesen. Von denen später Juri schwer erkrankt ist an Brustkrankheit und heftiger Entzündung, wie man es nennt. Der neunmal Aderlassen mußte, wogegen er sich heftigst wehrte. Von denen Juri in den Haushalt der Königin kam und Mirinha in den der Hofpfistermeisterswitwe Kreszenz Jakobi. Von denen Juri im Juni 1821 an den Folgen einer chronischen Lungenentzündung und Lungenvereiterung starb. Dessen Körper seziert wurde und dessen vom Rumpf abgetrennter Kopf noch im Zweiten Weltkrieg in der Anatomischen Sammlung aufbewahrt worden sein soll. Und von denen, nicht ganz ein Jahr später, im Mai 1822 auch Mirinha starb. Auf deren beider inzwischen aus dem Alten Südlichen Friedhof wieder entfernten Grabplatte was von Heimat, Sorgfalt, Liebe, fernem Weltteil, Norden und dem rauhen Winter stand.

15.

Zurück in Sao Paulo, fuhr ich mit dem Zug gleich weiter in den Bundesstaat Paraná, um später von dort quer über den malariafreien Mato Grosso in das obere Amazonasbecken vorzustoßen. Tatsächlich bot sich mir ein Bild größter Veränderung. Schon längst war die Eisenbahnlinie auf voller Länge fertiggestellt, ja, an den meisten Stellen sah man ihr bereits ihr Alter an. Ich besuchte Londria, inzwischen war es auf 200 000 Einwohner angewachsen, ich besuchte Rolandia, das bereits 15 000 Einwohner zählte. Am meisten gespannt aber war ich auf Arapongas. Viel ausgeprägter noch als Rolandia, war es inzwischen zu einem einzigen Häusermeer, war das einzige Haus längst zu einer großen Stadt geworden, welche die Grenzen der einstigen Rodung längst um ein Vielfaches sprengt. Monbeig hatte Recht bekommen. Die genaue Einwohnerzahl von Arapongas ist schwer zu schätzen, aber es sind bestimmt nicht unter 50 000. Wie sollte ich unter dieser riesigen Anzahl von Menschen den Franzosen finden, der mir angeblich noch Dokumente über die beiden aus dem Amazonasgebiet nach München verschleppten Indianer geben könnte? Immerhin, wenn er richtig spekuliert hat, so legte ich es mir zurecht, dann müßte er jetzt einer der reichsten Männer der Stadt sein.

In manchen Regionen Südamerikas reicht der zeitliche Abstand von ein paar Jahren, um den Reisenden glauben zu lassen, er sei in eine andere Welt gekommen. Aber es gibt keine andere Welt auf dieser Welt. Der Ort der Handlung bleibt, nur die Handlung ändert sich von Ort zu Ort verschieden schnell. In Stücke zerteilt, rinnt die Zeit die Flüsse hinunter und räumt Kies und Erdreich in die Niederungen. Am bröcklig-pompösen Bahnhof steigen hauptsächlich mit Kisten und Taschen schwer bepackte Brasilianer mit mir aus. Vor dem Bahnhof schwelende Feuer in offenen Mülltonnen. In einer Metallwarenhandlung erkundige ich mich ein erstes Mal. Durch die Hintertür schickt man mich auf eine Seitenstraße. Ein Eisenbahnreisender will den Franzosen finden. So eine junge, große Stadt und auf keinem ihrer drei Plätze ein Denkmal von ihrem ersten Bewohner? Wo Schüsse zu hören sind, da müssen doch auch Schützen sein! Die will ich gar nicht erst sehn. Weiter hinein in die Stadt. Was steht, ist umgeschmissen. Wer geht, der steht. Rauch zieht herum und der Geruch von Verwesung. Der Gemüseladen, den ich schon das letzte Mal aufgesucht hatte, ist geschlossen, aber in einem Nebenraum brennt schwaches Licht. Da ist ja die Gemüsefrau, die kann ich fragen. Sie schaut erst aufgeschreckt und antwortet dann minutenlang. Den Fragesatz habe ich auswendig gelernt, doch von ihrer Antwort kann ich nichts verstehn. Nur die Richtung, in die sie zeigt. Also ist er doch noch bekannt, ein bunter Hund. Eine Straße schier ohne Ende führt wie ein Strich in diese Richtung. Mehr Dächer, als ein Gesunder zählen kann. Ich bin platt und habe keine Ahnung. Immer geradeaus, das ist die Richtung. Längst werden die Dächer immer niedriger, längst werden die Häuser zu immer schäbigeren Hütten. So also ist er geendet, das glaube ich nicht. Niemand steht am Straßenrand und sagt: Halt, da willst du hin! – Ein Zufall kommt nicht. Neugierige Kinder wissen keinen Rat. Schatten werden immer länger. Dann kommt der Zufall. Und ich seh feste Stiefel Marke Erster Weltkrieg neben einem vorn und hinten platten Fahrrad vor einer Blechhütte stehen. In der Tür bückt sich wer und stöhnt. Eine alte Frau in Fetzen, sie horcht auf. Den Franzosen gibt es hier nicht mehr. Der sei über Nacht abgehauen, da war er schon siebzig. Sieben mal zehn Finger. Sein Alter, das mich überrascht, hätte ich mir ausrechnen können. Hier also hat er gewohnt, und ausgerechnet seine Stiefel hat er zurückgelassen. Zu viel mehr als den Stiefeln scheint er es hier nicht mehr gebracht zu haben. Um diesen Eindruck bin ich klüger. Ob ich Europäer wäre?

Dreck im Hirn. Gift im Schrank. Salz im Blut und Blut im Stuhl. Zurück in Neuhausen, sitzt du da und denkst dir nichts. Als ob es so was gäbe! Nebenan hat Margot längst Besuch. Licht fällt ein und will sich brechen. Stefan kommt von draußen rein. Von Kunst, vom Kunstbetrieb, von Geld ist die Rede. Ich höre immer alles durch eine Türe in der Wand. Eine Wohngemeinschaft ist eine Gemeinschaft, in der zwei

am liebsten über Kunst reden. Schließlich geh ich rüber und halte mit. Heike hat gut verkauft. Damit Margot weniger in der Schule arbeiten muß, müßte sie mehr verkaufen. Um sich nicht zu verkaufen, verkauft Stefan zweimal die Woche Pigmente unten im Hof. Wenn wir Kohlen brauchen, müssen wir bloß in den Keller gehn. Wenn ich Geld brauche, muß ich bloß einen Sensationsbericht über die Internationale Gartenausstellung verfassen. Die Tukuna im oberen Amazonasbecken decken ihren Salzbedarf hauptsächlich durch Fische, die Bewohner der Münchner Schotterebene dagegen vorwiegend durch zu stark gewürzte Laugenbrezen. Erst Hitler hat Preußen mit Bayern ausgesöhnt. Berlin beließ er als Reichshauptstadt, München ernannte er zur Bewegungshauptstadt. So konnte sich keiner beschweren. Die Salzburger Autobahn als moderne Salzstraße zum Obersalzberg mit Eckhard, Gine und Lisa im alten BMW.
Tukuna (auch Tikuna)
Indianisches Volk im Dreiländereck Peru-Kolumbien-Brasilien. Isoliertsprachig. 10 bis 15 000 Bauern (Brandrodungsanbau) und Fischer. Sammeln auch Palmenfrüchte und wilden Honig. Moskitoplage. Viele arbeiten inzwischen als Kautschuksammler. Zwei patri-lineare Sippen: eine trägt Vogelnamen, die andere Pflanzennamen. Heirat nur in die andere Sippe, Schwesterntausch bevorzugt. Jeder der beiden Hälften des Volkes entspricht eine Himmelsrichtung. Westen = unten = rechts. Osten = oben = links. Mädcheninitiation als wichtigstes Fest. Mädchen versteckt sich nach erster Menstruation. Sehr lange Seklusion wegen Gefahr durch Geister. Vorehelicher Geschlechtsverkehr verpönt, aber häufig. Tukuna sehen einen Zusammenhang zwischen Zeugung und Schwangerschaft. Geburt aber noch vom Einfluß des weiblichen Geistes Taë abhängig. Vor dem Fest erscheinen den Initianten in Visionen die Geister und sagen Ereignisse voraus. Thema spätestens seit 1941: Weltuntergang. Weltordnung durch religiösen Frevel der Weißen gestört. Göttliches Wesen ist beleidigt. Heilsbewegungen. Weltuntergang vernichtet Weiße und befreit die Tukuna. Weltuntergang vernichtet Missionare und befreit die Tukuna. Weltuntergang vernichtet Kautschuk-

händler und befreit die Tukuna. Weltuntergang vernichtet Ethnologen und befreit die Tukuna.
Hand aufs Herz: Wie kommt das Salz ins Bier? Wenn das Bier lak ist und Margot schüttet Salz hinein, dann schäumt es wieder auf. Wenn ich mehr Geld brauche, dann muß ich nebenbei Geld verdienen. Wenn man schon auf die Welt gekommen ist, dann sollte man sich auch mal draußen umsehn. Wenn man das Abitur erstanden hat, dann sollte man auch noch kurz den Bund hinter sich bringen. Wenn man den Bund ausgestanden hat, dann kann man gleich zu studieren anfangen. Wenn man sich die Notwendigkeit eines Studiums eingestanden hat, dann wird man auch nicht vor einem Fach zurückschrecken, für das man in Bayern das Latinum braucht. Wenn man bei alldem nie herumgestanden ist, dann kann man sich schön-fein-sauber auf die Schulter klopfen. Du sitzt da und denkst dir nicht gar nichts, sondern etwas, was sehr viel ist.
Den frühen Abend hatte ich in einer Wohnung mit lackierten Kiefernholzmöbeln verbracht. Doch noch bevor ich wieder zu schielen anfing, konnte ich feststellen, daß ich diesmal nicht so schlecht gelandet war. Jörg Helbig propagierte eifrig Laurence Sterne. Wolfi erzählte wieder die Geschichte seiner Taxifahrt von München nach Niedersachsen. Taxifahrer erzählen stets von sagenhaften Fahrten sagenhafter Kunden. Taxifahrer kommen in Berührung. Bilder an Wänden, die selbst Bilder sind. Aus gut informiertem Mund erfährt man von all den Staatsanthropologen, die mit detaillierten Forschungsaufträgen in Südamerika sitzen und dort den Indios die letzten Orgasmustricks ausspionieren. Denn wir wollen alles wissen. Studenten fahren Nutten und ihre Freier in Taxis durch die Stadt. Geschichten erzählen Geschichten, und die Freier sind so frei. Hand aufs Herz: Der Taxifahrer ist der wahre Großstadt-Ethnologe. An Jörgs Schreibtisch könnte ich nicht mal ein Kreuzworträtsel ausfüllen, nicht mal ein Kreuz anstelle meiner Unterschrift setzen. Lackiertes Kiefernholz kann niemals elegant sein oder einfach schön. Um so überzeugter kann ich jetzt meinen eigenen Schreib-Tisch umstellen, ihn in ein besseres Licht rücken und mich an seiner dunklen Farbe freuen. Wer in den fünfziger Jahren gebo-

ren ist, der stirbt statistisch früher als jemand, der erst in den sechziger Jahren geboren ist. Anthropologen sind dem Geheimnis auf der Spur.
Der spätere Abend führte alle wieder zusammen. Nur das Nachtlicht Eckhard bleibt heut abend fein zu Haus. Das Nachtprogramm ist eher ein Vorfilm. Das Tanzlokal ist eher ein Stehlokal. Im Tanzlokal hab ich immer wahnsinnige Angst, daß mir die Musik gefällt und ich auf den drei dafür zur Verfügung stehenden Quadratmetern tatsächlich tanzen muß. Gummi-Twist. Gummi wird aus Kautschuk hergestellt. Keine Lederjacke.

16.

Hier könnte fast schon ein Theaterstück beginnen, aber die Hauptperson kommt nicht. Als Komparse sitzt Roman beim nördlichsten Hydranten der Theresienwiese, vor ihm, als Tischdecke, eine aufgeblätterte Zeitung, auf der liegt ein Besteck. Genausogut könnten sie sich am südlichsten Hydranten der Theresienwiese treffen, aber wer sind sie, wenn er nur die eine Hälfte davon ist? Ihr Aufeinandertreffen ist überfällig und für den Fortgang der Dinge, die kommen sollen, von allerhöchster Bedeutung. Hier können sie sich nicht übersehen. Für ihr Vorhaben haben sie sich den besten aller denkbaren Orte gewählt.

Die Theresienwiese ist eine der wenigen Stellen in der Stadt, an der ein weiträumiger Überblick möglich ist. Vom nördlichsten Hydranten kann Roman die ganze, weite Fläche bis zum südlichsten Hydranten überschauen, und dort geschieht nichts. So was ist selten. Nicht, daß dort nichts passieren würde, in dem Sinn, daß dort eigentlich nichts passiert, von solchen Stellen gibt es unzählige, sondern es passiert dort, auf diesen etlichen Hundert Metern absolut nichts. Aber wo passiert schon wirklich was? Das ist es, was die Sinne so ermüdet, nicht dieser so seltene Fall, daß irgendwo einmal wirklich etwas passiert. Hier also, zwischen dem nördlichsten und dem südlichsten Hydranten passiert absolut nichts. Manchmal rollt ein bulgarischer Sattelschlepper über den brüchigen Teer, das sind die Ausnahmen. Manchmal ist es eine Mutter aus den benachbarten Wohnfabriken, die ihr türkisches Kind im Wagen rollt, das sind die Ausnahmen, die allein die Verallgemeinerung Lügen strafen. Denn meistens passiert in diesen und anderen Warteminuten zwischen dem nördlichsten und dem südlichsten Hydranten wirklich in jedem Sinn absolut nichts. Das ist die eine Seite. Die andere Seite ist anders, und erst sie unterstreicht die Absolutheit der ersten. Die andere Seite unterstreicht die Brauchbarkeit der ersten Seite im Sinn der Verabredeten. An der gleichen Stelle ist Ende September und in den ersten Oktobertagen so viel los wie sonst nirgends.

Zu dieser Zeit kann einer tagelang dahocken und nächtelang dahockenbleiben und auf jemanden warten, niemand wird sich an einem Hydranten finden. Die zwei Wochen im Frühherbst bist du nur eines von vielen Millionen Suppenmolekülen in der größten Volkssuppe der Welt. Ob diese Suppe schmeckt, ist keine Frage, diese Zusammensetzung gibt es nicht zweimal. Das ist die Zeit, wo zwischen dem Hydrantennorden und dem Hydrantensüden das Volksgericht gekocht wird.

17.

Heuer haben wir zu fünfzehnt nur zwei Biermarken, so schlecht geht es uns. 13 müssen schon die erste Maß selbst bezahlen. Da macht man die beste Zeitung weit und breit, und der Lohn sind zwei läppische Biermarken für 15 Leute. Der Werner muß was springen lassen, und der Herbert muß was springen lassen, der Ruppert springt auf, und die Ingrid springt dazwischen. Als es so weit war, wollte ich mit dem Doppellooping nicht fahren, gerüchteweise wußte ich schon, daß es nächstes Jahr einen Dreifachlooping geben würde. Aber wer weiß, ob ich, in Erwartung eines Vierfachlooping, nicht auch noch den Dreifachlooping verschmähen würde. So gut geht es uns. Schließlich will ich auch noch den im Schatten des Zweifachloopings arbeitenden Gernot und seinen Josef aufsuchen. Das schau ich mir jedes Jahr wieder neu an, wie die es schaffen, zwei Wochen auf dem gleichen Karussell zu stehen und die Leute abzukassieren. Das ist im Grunde nur denkbar, wenn die Gehirnmasse freibeweglich im Schädel schwimmt und sich ein von den Fliehkräften unabhängiges Leben macht. Ist es so, oder stellt sich der Laie die Lösung zu einfach vor? Eine Blaskapelle spielt auf, so schön, du glaubst es nicht. Und ein jeder hat anschließend sein Geld hineingetan in den hingestellten Filzhut der schönen Blaskapelle. Schaun wir mal, wie es der Dagmar im Augustiner-Festzelt ergeht, die eine Polaroidkamera mit sich herumträgt, Tisch für Tisch alle durchfotografiert, keinen ausläßt. Diejenigen, die das von ihnen angefertigte Foto tatsächlich kaufen, finanzieren doppelt den unvermeidlichen Ausschuß, und wenn die Dagmar Glück hat, dann nehmen sie noch so einen durchsichtigen Schlüsselanhänger dazu, in den wird das ausgeschnittene Foto hineingesteckt. Vom Ausschuß des letzten Jahres hat sie mir ein paar Pfund geschenkt, die liegen jetzt bei mir daheim unterm Schreibtisch und warten auf Auswertung. Nach verschiedenen Kriterien habe ich schon vorsortiert, aber weiter bin ich noch nicht. Noch eine kenne ich, die ist Bedienung, aber jetzt fällt mir nicht ein, in welchem Zelt, aber so gut kenn ich sie auch wieder nicht, aber ich kenn sie. Hauptsache, ich muß selbst nicht bedienen und ich muß selbst nicht irgendwen schaukeln oder phosphoreszierende Plastikschläuche verkaufen. Ich würde alle nur unverständlich anraunzen, aber das geht nicht. Wer von einem Umsatz lebt, der muß auch was hergeben. Dagmar und ihrer Kollegin Michaela würden sie sauber einheizen, wenn sie die Fotos nicht hergeben würden. Gernots Karussell ist eines der langsamsten auf der gesamten Festwiese, aber ich schau mir immer die Mechanik an, die man als Mitfahrer in bestimmten Phasen der Drehbewegung sehen kann. Was das Eigentliche dieser Veranstaltung ausmacht, das ist die Mischung aus Bierschädel und dem mechanischen Auf und Ab gekippter Kreisbewegungen, und das alles eingebettet in Raum und Zeit und über einen bestimmten Zeitraum hinweg. Augen und Ohren wird recht übel mitgespielt, und man kann nicht genug kriegen davon. Einer, der nicht richtig mitmachen will, der muß mit Recht mit Totschlag rechnen oder ihm wird übel mitgespielt, denn das ist Herausforderung von Notwehr, wenn hier rundum anständig gefeiert wird und einer tanzt nicht mit. Am besten verdient man mit einer richtigen Tracht, die man haben müßte, wie mein Vetter. Zu einer kompletten Originalausstattung gehört aber mehr dazu als nur eine Lederhosen. Einen Fünfer für jedes Foto. Wenn du einen erwischt, der dich umsonst fotografieren will, dann siehst du dich gezwungen, gleich einen Zehner abzukassieren, Versuch der betrügerischen Aneignung von optischen Eindrücken. Für so einen Deppen würde ich auch nicht umsonst lächeln oder einheimisch dreinschaun. Von mir aus nicht. Von mir gibt es auch so Oktoberfestfotos, Schwarzweißfotos, vier Stück. Hinein in die Karusselltrambahn, hinauf auf das Karussellpferd, hinüber zur Karussellfeuerwehr, auf dem vierten steh ich mit einem riesigen, in rotes Zellophan gewickelten Schokoladenherz neben Tante Annemarie. Vater hatte damals immer Hendl- und Biermarken fürs Pschorrzelt. Dyckerhoff hat zu dieser Zeit viel für Pschorr gebaut, die Flaschenabfüllerei zum Beispiel. Die Hendlmarken waren aus Papier, die Biermarken schmucklose Metallscheiben. Und als die neuen, greislichen Fünfmarkstücke herauskamen, haben sie hier allgemein Biermarken geheißen, also jeder hat das gesagt, weil die auch nicht anders ausgeschaut haben als normale Biermünzen. Als ehemaliger Bootsbauer müßte der Herbert jetzt Moonboat fahren. Gelbe Chips. Der Ruppert als Sechzger-Fan muß Spaceball fahren. Blaue Chips. Die Vereinsfarben Weiß und Blau sind häufig vertreten. Ingrid hat's nicht so gut. Ihre Vereinsfarbe ist schwarz. Schwarze Chips. Teufelsrad: grüne Chips. Blauer Enzian: graue Chips. Alibaba: blaue Chips. Eigentlich wollten wir gestern in Stadelheim für die Freilassung von Genossen demonstrieren, doch die Zecherei am frühen Morgen, nach dem Fertigstellungskampf der letzten Nummer, verhinderte die Teilnahme an der Aktion. Statt dessen besetzten die Roten mit Unterstützung der Schwarzen das Feinkost-Käfer-Zelt. Der Staatsschutz ließ ganze drei Minuten auf sich warten, der Saalschutz lag schon unterm Tisch, wir stiegen auf die Tische und verzierten die Zeltplanen mit unseren miesen Gedanken. Unbezahlbare Gänseleberpasteten und über zwanzig leerstehende Tische lassen wir uns auf dieser Festveranstaltung nicht gefallen. Das neueingerichtete und von uns als Freibierzentrale vorgesehene Feinkost-Käfer-Zelt war bereits drei Minuten besetzt, als die erste Dutzendschaft heraneilte. Schon die ersten Staatsschützer mußten Haltung zeigen, als sie die Kreativität eines Parolenschmierers unterbrachen. Zu Fuß jagten sie der verdächtigen Person hinterher und sahen sich gezwungen, über Bierleichen zu springen. Die Beamten zeigten Verhältnismäßigkeit und zogen ihre Knarren. Andere hinderten sie mit Blechgeschossen aus dem Container am Finalen Rettungsschuß. Nach diesem Triumph zogen sich die Besetzer scheinbar zurück und verharrten im Hinterhalt. Die inzwischen stark verstärkten Staatsschützer besetzten das besetzte Zelt und durchsuchten Schanktresen und Prominenten-Boxen. Dabei wurden sie hinterrücks von Stinkbömbchen belästigt und durch einen Böller aufgeschreckt. Das konnte sich die Staatsmacht erst recht nicht gefallen lassen, sie mußte den CS-Krieg eröffnen. Die lachende vierte Generation hatte gut lachen, denn der Wind stand ihnen günstig. Von der anderen Zeltseite skandierten

Nachrücker einen Hohngesang und befreiten einen Polizeihund aus dem Käfigwagen. Die Italiener, siehe Italien, und die Engländer, siehe England, haben es durchschaut, daß das Oktoberfest, auch Wiesn genannt, weder mit dem Oktober, in dem es früher stattfand, noch mit einer Wiese besonders viel zu tun hat. Sie reden vom Bierfest, ich habe also jeweils zurückübersetzt, in unserer Sprache aber ist das gleiche Wort nur als Adjektiv und in Kleinschrift gebräuchlich, die positive Antwort hingegen auf die Frage: bist du bierfest? kann in den verschiedenen deutschen Sprachregionen eine sehr unterschiedliche Literangabe umschreiben. In diesem Zusammenhang geht es auch um die Häufigkeit des Abseichens der sich ansammelnden Harnflüssigkeit, es gilt als ungesellig, diesem Drang allzuoft nachzugeben. An den Tischen im Mittelgang wird seit 1981 auch noch der gelungene Bombenanschlag von 1980 gefeiert. 1984 wurde zusätzlich noch die Einstellung der Ermittlungen wegen des Oktoberfestanschlages gefeiert. Nächstes Jahr ist das erste runde Jubiläum, das mag ein Remmidemmi geben! Die CSU fand den faschistischen Anschlag zwar nicht so gut, will aber, auf Druck von links, ihre Teilnahme an den Feierlichkeiten nur absagen, wenn die SPD mit der ihr unterstellten Feierei geglückter RAF-Anschläge aufhört. Jetzt sagt die SPD mit Recht, die CSU soll doch mit ihrer ständigen idiotischen Aufrechnerei aufhören, sie soll mitfeiern oder nicht mitfeiern, aber sie soll nicht anderen Leuten ungefeierte Feste andichten.
Zurück in Arapongas, hatte ich mit Hilfe der von ihm dort zurückgelassenen Stiefel die frühere Behausung des Franzosen tatsächlich gefunden, traf dort aber, außer den Stiefeln, nur mehr eine alte Frau an, von der ich trotz größter Verständigungsschwierigkeiten immerhin erfuhr, daß der Franzose schon vor längerer Zeit mit unbekanntem Ziel verschwunden sei. Schließlich führt mich die Frau durch die erbärmliche Hütte, führt mich in einen angebauten Verschlag und will mir dort was zeigen. Eine kleine Matratze hinter einem Brett. Flach liegt da ein Hund, um ihn kreisen dick die Fliegen. Ist er halbtot oder tot? Den Franzosen wollt ich finden, und was find ich? Dem Hund hängt was um den Hals. An einem roten

Band ein in der Hitze verformtes Schokoladenherz in rotes Zellophan eingepackt. Es steht was drauf: Gruß aus München, der Weltstadt mit Herz. – Ein Oktoberfestgruß. Grüß Gott! Wenn auf einem Herzen, egal wo in der Welt es gefunden wird, ein so eindeutiger Satz steht und in München selbst nirgendwo das Herz von München aufzufinden ist, dann kann nur noch dieses zellophanverpackte Schokoladenherz selbst das Herz von München sein. Endlich hat die Großstadt ihr Herz zurück! Welch Jubel von allen Seiten. Endlich können alle Schrittmacher abgestellt werden! Das ist mein Angebot. Wer die Revolution will, uns nach! Von überall ein Vorwärtsdrängen. Hangaufwärts, an der Bavaria vorbei auf die Straße. Ein Johlen aus zehntausend Mündern. Auf der Schwanthaler Höhe sind teilweise die Rolläden heruntergezogen. Die Theresienwiese leert sich, die Versammlung löst sich auf. Richtung Landsberger Straße, den Kasernen zu! Eisner, ernst und blaß. Breit und wuchtig ausschreitend der blinde Bauernführer Gandorfer. Drumherum die treuesten Anhänger. Nur fünf Schritte davon entfernt, ein Herr Graf aus Berg, als Zeitzeuge ganz vorne dabei. Die Augustiner Brauerei ruht. Nichts steht im Weg, keine Gegenwehr. Alle Schutzleute sind verschwunden. Offene Fenster im ganzen Westend. Rote Tücher in offenen Fenstern. Verstärkung kommt aus den Seitenstraßen. Als ginge es zu einem Fest. Das wiedergefundene Herz von München wird an einer langen Stange hochgehalten. Als ein Symbol. Es trifft die Nachricht ein, Matrosen hätten schon die Residenz genommen. Ein Hoch auf die Matrosen! Ein erstes Stocken bei der zur Kaserne umfunktionierten Guldeinschule. Der erste Schuß, Durcheinandergerede und dann die Schritte, dann Tumult. Die rote Fahne kommt aus einem Fenster der Guldeinschule. Die Mannschaft hat sich für die Revolution erklärt! Soldaten mit roten Sacktüchern an den Läufen. Bei der Überquerung der Donnersberger Brücke gerät ein uniformierter Zahlmeister in die Menge. Ein Hüne droht: Epauletten ab! – Ein Syndikalist schimpft, der Graf greift schlichtend ein. Die Kleinen muß man laufen lassen. Unten auf den Gleisen bewegt sich nichts. Über die Donnersberger Brücke hinein nach Neuhausen! Kahle Bäume im Schatten.

Hinein ins Kasernenviertel! Als ginge es zu einem Fest. Eine Abordnung stürmt in die Kaserne, und wenn wenige Minuten später die erste rote Fahne aus einem Fenster hängt, dann jubelt die Menge. In den meisten Kasernen ergeben sich die Mannschaften kampflos. Die Soldaten laufen über. Endlich, nach gelungenem Auftakt, geht es der Innenstadt zu.

18.

Während meines Aufenthaltes in der Zeremonialhauptstadt machte sich nach den vier Jahren des großen Krieges die Friedenssehnsucht der Einwohner auf zahlreichen Zusammenkünften immer stärker bemerkbar. Am Nachmittag des siebten Novembertages versammelten sich nach dem Aufruf zweier politischer Gruppen auf einer großen Wiese im Westen der Inneren Stadt annähernd 100 000 Menschen und forderten vor allem den Rücktritt des Zentralkönigs und des lokalen Herrschers, augenblickliche Niederlegung der Waffen und ein weitgehendes Mitspracherecht in politischen Angelegenheiten. Vor allem an einem die Wiese begrenzenden Hang, um eine große, von einer riesigen Frauenfigur überragten Tempelanlage, scharten sich große Haufen von Menschen um Stangen, an die rote Tücher gebunden waren. Auf zahlreichen Podesten standen Redner, ebenfalls von vielen Menschen umringt. Indem ich näher kam, füllte sich die ovale Wiesenfläche immer mehr. Unter den Zuströmenden befanden sich zahlreiche, von den alten Tributen ihres Standes befreite Krieger. Ganz offensichtlich liefen immer mehr Zugehörige der einen Gruppierung zu der anderen über. Vergeblich liefen Personen mit Ordnungsfunktion hin und her. Der weitere Ablauf der organisierten Zusammenkunft zeigte, daß sich ein großer Teil der Versammelten nicht mit bloßen Aufrufen zufriedengeben wollte. Unter Führung von zwei Exponenten der dominierenden Gruppierung zogen die zur revolutionären Tat Entschlossenen in Richtung der Heerlager der zur Stützung des alten zentralistischen Systems verpflichteten Soldaten, erstürmten die Lager und nahmen die vielen Krieger, die zu ihnen überliefen, in ihre Reihen auf. Anschließend wurden die verstreut in der Inneren Stadt liegenden Gebäude der alten Administration, die keinen nennenswerten Widerstand mehr leistete, besetzt und die neue Exekutive konstituiert. Dies war das Fanal einer Entwicklung, die noch in der gleichen Nacht zum Sturz des Jahrhunderte regierenden Herrscherklans und zur Proklamation eines volkssouveränen Staates führte.

19.

Tatsächlich, der erste Mai fällt heuer auf einen Sonntag. Der Winter streckt seine Finger wieder bis in den Mai hinein, und Kochsalz rieselt vom Himmel. Den heutigen Morgen, den merk ich mir.

Hatte die Augendeckel aufgeklappt und bekam sie nicht mehr zu. In der Außenwelt bewegte sich was. Die Hauptstadt der Bewegung bewegte sich schon. Drüben, auf der anderen Seite der Straßenschlucht, schüttelte die Kopftuchträgerin ihr allmorgendliches Staubtuch aus dem Fenster. Nimmt sie ihre Kopftücher eigentlich als Staubtücher oder haben beide nichts miteinander zu tun? Jede Woche läßt sie sich von den städtischen Müllmännern eine Ladung Staub mitbringen und verteilt ihn über ihre Wohnung. Nur so jedenfalls kann ich mir ihre enormen Staubvorräte erklären. Oder hat sie den gesammelten Bombenschutt der Straße im Hinterhof gelagert und zerreibt und verstreut ihn jetzt seit über vierzig Jahren? Die Straße, in der wir wohnen, hatte es im Krieg schwer getroffen. Beim Wiederaufbau sollten mehr Stockwerke als zuvor unter die Dächer gezwängt werden. An der Gebäudehöhe war nicht zu rütteln. Die vier Stockwerke der Vorkriegszeit galten als unrentabel. Unser Nachkriegs-Gegenüber hat fünf, und so sind die Blickebenen verschoben. Bei den Häusern am Anfang der Straße sind es sechs Stockwerke geworden. Ihre Fenster sind Einfluglöcher. Zwei Zimmer, Teufels Küche, Bad. Zwei Leghühner haben darin Platz, aber dem dritten wird es schon zu eng. Mein Altbauzimmer billigt mir etwas mehr Kubikmeter zu, aber an diesen Sonntagen reicht mir nicht mal dessen Höhe aus. Eine vollständige Familie direkt über mir. Die unter mir ist nicht mehr vollständig. Schwer heizbar ist der hohe Raum dazwischen, aber die zusätzlichen Kohlen billige ich ihm gerne zu. So viele zwischenmenschliche Beziehungen in meinem Blickfeld. Auf jede Kohle kommt ein Familiendrama. Auf jeden Kohleneimer kommt eine Schlagzeile.

Heut ist wieder langatmiger Sonntag, der erste im Monat. Maibaum-Aufstellen in den Stadtrand-Stadtteilen. Vor '33 gab es kaum Maibäume hier. Seit '33 ist der erste Mai eine Folklore-Veranstaltung. Dieser Freistaat protzt mit einem Tier im Wappen, das es in seinen Breiten nur im Tierpark gibt. Dieses Land protzt mit einem Löwen, dabei ist in der Umgebung der Landeshauptstadt noch nie ein größeres Tier als ein Rauhhaardackel gesehen worden.
Der höchste Punkt der Bewegungshauptstadt ist der Gipfel ihres Müllberges. Ihr tiefster Punkt ist das Flußbett des quer durch die Stadt fließenden Flusses am Fuß des Müllberges. Die Kläranlage der Landeshauptstadt wird zur Zeit vom Fuß des Müllberges weg, vor die Stadtgrenze verlegt. Die neue Kläranlage soll die Klärung der städtischen Abwässer revolutionieren. Die Klärung von Gerüchten unter Bewohnern dieser Stadt ist nicht Aufgabe der Stadtverwaltung dieser Stadt. Der alte Müllberg wird gerade in einen Erholungspark umgewandelt. Bald wird der städtische Abfall auf den ersten Bauabschnitt der neuen Deponie umgeleitet. Alle anders lautenden Gerüchte sind falsch. Der Müll wird nicht etwa in den naheliegenden Fluß gekippt. Der Stadt östlichster Punkt muß nicht unbedingt nördlicher liegen als ihr westlichster. Auf Stadtplänen sind alle Städte gleich groß. Das gilt auch für Berlin, welches deutlich größer als die Landeshauptstadt ist. In Berlin vom Askanischen Platz zum Kleistpark zu gehn, kann weiter werden, als die gleichen zehn Stadtplan-Zentimeter in der Landeshauptstadt zurückzulegen.

Wenn ich arbeitsfähig wäre, könnte ich das Bild vervollständigen und feiner ausarbeiten, welches mir vorschwebt: nicht das einer beschaulichen Maifeier, sondern das eines intelligenten Aufstandes, der die Gewalt der Industriekartelle bricht, die Arbeiter von den Fabriken und die Schüler von den Schulen erlöst. Wenigstens gedanklich sollte ich erfassen, was als Minimalprogramm zur Verwirklichung drängt.
Margot ist im Süden und Stefan in Tirol, wo sie sich auf einer Hütte treffen. Leider ist es mir im Moment unmöglich, das Haus zu verlassen, denn ich vermag den Anblick schwarzge-

bräunter Bewegungsfanatiker, wie sie vor allem sonntags die begrünten Schuttberge rauf und runter rasen, nicht zu ertragen. Ein Luftzug läßt die Tür hinter sich ins Schloß fallen, läßt mich mutwillig in meinem Zimmer zurück, läßt mich fahrlässig allein mit einem Berg Papier, der mich streng daran erinnert, daß ich für mein Studium auch noch das Latinum nachholen muß. Im Leben geht es nicht zu wie im Roman, wo man aufdringliche Außerirdische, Stiefmütter und Naturkatastrophen zu bekämpfen hat. Was aber sind all diese Widersacher zusammengenommen gegen die lästigen Zumutungen eines einzigen Tages? Mit ihnen habe ich zu kämpfen, sie sind es, die mir die wenige, mühsam verschiedenen Süßigkeiten entzogene Energie rauben. Längst gehört das Klofenster repariert, damit es hier nicht mehr so zieht. So wie ich stillsitze, so steht auch die Zeit still. Lowell George, dem ich schon immer mal einen Satz widmen wollte, ist schon lange tot, aber mindestens genauso lang glotze ich bereits auf den Stromzähler links neben der Tür. Möglicherweise ist jetzt auch noch der Kühlschrank kaputt, denn die Zählscheibe bewegt sich schon seit Ewigkeiten nicht mehr.
Wenn ich lernfähig wäre, bräuchte ich das Bild, welches mir vorschwebt, nicht immer bloß zu beschreiben und es gegen andere Bilder abzugrenzen. Meine Thesen sind einfach: Zuviel Arbeit erzeugt zuviel Wohlstand. Zuviel Wohlstand erzeugt Wohlstandsmüll und Freizeit. Freizeit erzeugt Freizeitmüll. Ich bin gegen Arbeit, ich bin gegen Freizeit, und ich packe so ein nationales Problem bei seinen entscheidenden Wurzeln und mache mich verdient.

Wenn ich zurechnungsfähig wäre, könnte ich im Handumdrehen all die altklugen Bücher hier durchsehen und meine Regale leerräumen. Alles ist voll. In der Heßstraße steht an einer Fassade: Alles bedecken soll das Haus, drum schwatz, was drin geschieht, nicht aus. – Jedes Haus zwischen hier und der Heßstraße ist drauf und dran zu platzen vor uninteressanten Geheimnissen. Doch niemand ist sich selbst genug. Und wenn dann etwas herausplatzt, dann muß es schon eine Schlagzeile sein, irgend etwas, das zumindest die Fantasie des entsprechenden Stadtteils beflügelt. Es geht zwar um nichts anderes als um das, was in anderen Häusern auch passiert, aber es ist herausgekommen. Die, die es getroffen hat, stehen jetzt saudumm da. Die Schlagzeilenleser können sich freuen, daß ihre Schublade noch mal dichtgehalten hat. Ungeduldige Augenpaare warten jeden Morgen auf die Dammbrüche, auf den Totschlag, den spätestens die Schlagzeile vollzieht. Heute hat es jemand anderen getroffen, und das ist die Erleichterung. Auf Kasernen folgen Mietskasernen. Diese Häuser sind Starenkobel mit von innen verstopften Ausfluglöchern. Möglicherweise ist die Freiheit gar kein menschliches Bedürfnis. Bestenfalls ist sie ein viert- oder fünftrangiges Bedürfnis und folgt weit abgeschlagen hinter dem Verlangen nach gnadenloser Gemütlichkeit.

Im allgemeinen gilt als arbeitsfähig, wer imstande ist, durch eine Tätigkeit, die seinen Kräften und Fähigkeiten entspricht und die ihm unter billiger Berücksichtigung seiner Ausbildung und seines bisherigen Berufes zugemutet werden kann, wenigstens ein Drittel dessen zu erwerben, was geistig und körperlich gesunde Personen derselben Art mit ähnlicher Ausbildung in derselben Gegend zu verdienen pflegen.
Das Ende der Woche ist zäh. Diese Stadt ist auch nicht mehr das, was sie einmal sein wird. Die ganze Zeit denk ich, es wär ein normaler Sonntag, dabei ist es ein erster Mai, der schon in einigen Stunden in einen zweiten Mai übergehn wird. Der Monatsanfang ist der Anfang vom Ende des jeweiligen Monats. Glücklicherweise wohnen wir hier im zweiten Stock. Bei diesen Käseresten überall hätten wir im Parterre unten sicher längst die Mäuse am Hals. Eine Katze kannst du dir in der Stadt drinnen nicht halten. Katzen sind mir schon immer lieber als Hunde gewesen, und ich kann mir auch denken, warum. Die Katze ist ein Tiger, aber der Hund ist kein Wolf. Heute, am Tag der Deutschen Arbeit, bin ich aufgewacht und hatte einen schlechten Geschmack im Mund. Zur Germanenzeit: Mailager des Heerbanns mit Wehrhaftmachung der Jünglinge. Zur Arierzeit: Heerschau aller schaffenden Deutschen, die durch ihre Arbeit Ehrendienst für Nation und Volk

leisten. Wenn es endlich dunkel wird, könnte ich in das Treppenhaus gegenüber gehn, könnte schaun, wie mein beleuchtetes Zimmer von dort drüben ausschaut und welche Schatten sich darin zu schaffen machen. Doch das Zimmer wird leer sein, sein Bewohner ist gerade nicht da.
Zum Fernsehn brauch ich nicht mal aus dem Zimmer auf den Gang. Fernsehn kann ich bei meinem Gegenüber. Mein Bildschirm liegt immer im Schatten. Zweiter Stock: das Geschwisterpaar sieht Video. Die Eltern sind nicht daheim, und die Kinder sind hinter den Schnapsflaschen im Wohnzimmerregal fündig geworden. Rohes Fleisch auf nackten Autos. Mein Programm heißt: Video-schauendes Geschwisterpaar. Ich schalte um, ich schalte aus.
Die letzten Abenteuer des ausgehenden 20. Jahrhunderts: Plattenkaufen im Secondhand-Laden. Nie weiß ich zuvor, mit was ich wieder nach Hause komme. Und wie bin ich froh hier oben um diese alte John-Lee-Hooker-Platte. Die Musik kommt Mono, doch das Rauschen Stereo. So verschmilzt das Alte mit dem Modernen und wird zu einem Vibrieren in der Luft.

Wenn ich nicht so unfähig wäre, würde ich wenigstens mein eigenes Zimmer so umräumen, daß eine Verbesserung spürbar wäre.
Erwartungsgemäß geht der Versuch, heute alles nachzuholen, was ich in den letzten Tagen versäumt habe, völlig in die Hosen. Das Leben ist kein Versuchslabor. Die Flasche mit dem Getränk steht im Kühlschrank, aber der Stuhl, auf dem ich sitz, befindet sich in der anderen Ecke der Wohnung. Die Anziehungskraft der Flasche reicht nicht aus, die im Weg stehende Reibung zu überwinden. Am Ende ist das Getränk nicht mal kalt, denn der Kühlschrank ist wahrscheinlich kaputt. Heute, am Tag der Arbeit wird mir selbst der winzigste Handgriff zu einem ungewollten Arbeitsbeschaffungsprogramm. Das Leben erscheint mir als eine einzige Versuchsanordnung zur Messung der Gesamtgröße der von einer bestimmten Anzahl Muskeln bei einer Reihe von Einzelzukkungen geleisteten Arbeit. Oder trügt mich der Schein? Sind

Vergleiche erlaubt? Zweifellos zweifle ich an allem. Selbst von der Nicht-Existenz Gottes bin ich nicht tausendprozentig überzeugt, auch wenn das menschliche Wunschdenken gerade in dieser Frage leicht zu durchschauen ist. Als chronischer Zweifler an allem allerdings muß ich auch immer wieder an mir selbst zweifeln. Bleibt der Zweifel selbst an diesem Zweifel und so weiter und so fort. Wie fände ich als Frau den unrasierten Mann im Zimmer auf der anderen Straßenseite, wie sähe ich mich selbst wohl als Frau? Mein Gott, ich bin ja nicht mal Atheist. Es ist zum Verzweifeln, oder ist es zum Verlachen? Ein Politiker hat es da leichter. Vieles spricht dafür, daß er nur Politiker werden konnte, weil man ihn über jedes Zweifeln erhaben glaubte. Der Stadtratskandidat stellt sich auf den Marienplatz und bietet seine Maulaffen feil. Er stellt sich breitbeinig auf jene Straßenflucht zwischen Neuhauser und Isar-Tor, durch die früher die große Salzstraße verlief, ohne die dort niemals eine Stadt gewachsen wäre. Im Zentrum des Marienplatzes, einer Erweiterung eben dieser Straße, war die Mariensäule errichtet worden. Auf diesen Fixpunkt ist im ganzen Freistaat die Kilometerzählung bezogen, sie ist ihr Nullpunkt. Dieser Umstand aber hinderte die Stadt nicht daran, die Säule aus verkehrstechnischen Gründen zu versetzen. So bleibt mir nichts, als festzustellen, daß es allein schon deshalb den Freistaat als solchen nicht mehr gibt. Ihm fehlt der Maßstab, das Zentrum. Somit kann die Stadt an der Salzstraße auch nicht seine Hauptstadt sein. Der Posten, um den der Kandidat kämpft, hat sich selbst überlebt. Nichts steht mehr zur Wahl.

Zur Feier des Tages klärt der Kandidat im Fernsehn auf: Der Arbeitgeber ist der, wie der Name schon sagt, der gibt; der Arbeitnehmer ist der, der nimmt; der Arbeitgeber hat etwas, das ihm der Arbeitnehmer wegnehmen will, er hat Arbeit; unser moderner Sozialstaat funktioniert nur, indem der Arbeitgeber gibt und gibt. Der eigentliche Ausbeuter, ich kann es dem Kandidaten direkt von den live-übertragenen Lippen ablesen, sei folglich der Arbeitnehmer. Leider, so möchte ich den Kandidaten zurückbelehren, sind seine Argumente ganz umsonst: offensteht hier an der Salzstraße nur

noch der Posten eines Brückenzollerhebers. Angesichts der zunehmenden Bedeutungslosigkeit des Salztransportes und der damit verbundenen miserablen Verdienstaussichten zieht der Kandidat seine Bewerbung plötzlich zurück.
Umschalten auf den dritten Stock. Drüben spielen sie Karten, und ich kann die Spielregeln erraten. Die meisten anderen Vorhänge sind zu. Das sieht diesem Haus ähnlich. Die Nummer Neun ist grün gestrichen, wie die meisten Häuser, die so ausschaun. Mir ist kalt, dabei denk ich, es wäre Frühjahr und ich müßte nicht einheizen, weil ich dick genug angezogen bin. April, April, der Mai macht, was er will. Brennholz und Kohlen waren längst wieder im Keller verstaut. Die Wäsche trocknet zu langsam, kann kein neues Hemd anziehen. Sollte den Müll raustragen. Das hat auch noch niemand erfunden: die Müllverbrennungsanlage für die Wohnung. Und schon hätten wir es mollig warm. Schon hätten wir zwei Nullen weniger auf der Nebenkostenrechnung. Der Wetterbericht lügt. Doch immer wie gedruckt. Wie gut, daß heute keine Zeitung kam.

Es ist nicht ein Hirsch, der röhrt. So, daß ich es gerade noch hör, spielt die Heimorgel über mir. An Wochenenden wird georgelt. Ein komplettes Familienleben über mir, Samstag-Sonntag ist es mit leichter Musik unterlegt. Sonic Youth wird aufgefordert und tritt an als akustische Wand gegen die durch die Decke verordnete Kurparkstimmung. Morgen, 2. Mai, wird die geplagte Tochter der Familie ihr Lehrverhältnis antreten. Aline, die Freundin meiner Freundin, welche auch meine Freundin ist, weiß Bescheid: Eine Auszubildende ist ein junger Mensch, der es wert ist, ausgebildet und in unsere Arbeitswelt aufgenommen zu werden, der ausgebildet werden muß, ausgebildet werden kann und wird. Eine Auszubildende ist ein junger Mensch, der lernt, aus breiten Stoffbahnen enge Kleidchen zu nähen. Und ich, was habe ich gelernt? Ein Student der Kulturwissenschaften ist ein junger Mensch, der weiß, auf welche Seite des Tellers die Gabel und auf welche das Messer gelegt wird. Dem Linkshänder dient als Eselsbrücke die Erkenntnis, genau anders herum, wie er es macht, sei es richtig.

Demnächst sollte ich aufs Arbeitsamt, mich erkundigen, was ich von meinem nachgeholten Latinum denn einmal abbeißen kann. Möglichst bald auch sollte ich ins Tierheim und dort wegen meines Müllproblems vorsprechen. Ein Ferkel könnten wir uns halten in unserer Küche. Tierliebe ist des Stadtmenschen Lieblingsliebe. Ich würde es mästen, das Schwein, mit all dem Abfall, der sonst in den Kübel wandert. Es würde ihm nicht schlecht gehn, es sollte keinen Mangel erleiden. Und schließlich hätten wir was Eßbares und müßten nicht das teure Geld zum Metzger tragen. Doch wer nicht einkauft, hat schon der Apostel Paulus gesagt, der soll auch nicht essen.

Wenn ich heiratsfähig wäre, wäre ich heiratsfähig. Hinauf, ihr Buben! Grüne Birkenbüsche vor die Türen und Fenster der Mädchen!
Vor 40 Jahren hat die Staubwedlerin ihren Mann verloren. Sie, die Kopfbetuchte, hat gerade einen Schenkelhalsbruch hinter sich. Im Krankenhaus hat sie eine Lungenentzündung dazubekommen. Im Fünfbettzimmer lernte sie unsere Nachbarin kennen. Ihren 86. Winter hat sie ohne Zweifel überlebt. Arbeit war ihr die beste Medizin. Es gibt ein Trostgebet. Es gibt ein Trostpflaster, und es gibt ein tröstendes Wort. Die Arbeit war ihr Trost.
Mein Mund ist trocken. Jetzt, da ich sowieso befürchten muß, daß das Getränk in dem so mühsam erreichbaren Kühlschrank warm ist, eß ich doch lieber den bereitliegenden Apfel gegen den Durst. Meine Kehle ist trocken, bei so viel Staub in der Luft. Im vierten Stock paßt der Vollbärtige eine neue Küchenzeile ein. Im Eckgebäude daneben wird das Treppenhaus gewischt. Neben dem Judenhaus tun sich Abgründe auf. Die Geschichten, die das Leben erzählt, sind Geschichten vom Tod. Links vom Vollbärtigen werden die Karten neu verteilt. Die Kopftuchträgerin, links unterhalb der Kartler, poliert die Fensterstöcke. Eine andere hätte sich statt dessen schon längst ein Haustier angeschafft, einen Enkel ausgeliehen, aber so ist es besser. Alle verrichten sie ihren Anteil an dem, was insgesamt verrichtet wird. Mögli-

cherweise, so schließe ich daraus, ist konsequenter Müßiggang gar kein menschliches Bedürfnis. Zumindest hier in meiner Umgebung sieht es ganz danach aus. An allen Ecken Betriebsamkeit aus freien Stücken.
Wenn ich heute begeisterungsfähig wäre, ginge ich ins Kino. Seit der Elektroladen um die Ecke geschlossen hat, gibt es keine Light-Show mehr die ganze Nacht. Damit mein Vorhang zur Leinwand wird, bedarf es jetzt eines Autoscheinwerfers. Des Kaktus' Schatten auf dem weißen Stoff. Hier werd ich auch nicht mehr froh, aber woanders schon gar nicht. Auch draußen würde ich heute wohl nicht mehr über meine eigene Nabelschnur springen. Die letzten Abenteuer des ausgehenden zweiten Jahrtausends: Wenn sich schwarze Wolken zusammenbrauen, ins Autokino am Stadtrand fahren und sich Purple Rain bei Platzregen anschauen. Durch den Tropfen-Vorhang wird es schwierig werden, des Helden Schweißperlen zu zählen.

Morgen früh will ich aufs Amt. Wenn ich fortbewegungsfähig wäre, ging ich morgen aufs Arbeitsamt. Aber was soll ich auf dem Arbeitsamt? Was soll ich auf dem Arbeitslosigkeitsamt, diesem Gelegenheitsarbeitsamt? Dienstags Dienerstraße, mittwochs Mittersendling, donnerstags Donnersberger Brücke, freitags Freimann! Was soll ich da? Am Ende heißt es vielleicht, ich könne ja Schwarzarbeiter werden, bei meiner Fähigkeit, alles schwarzzumalen. Was soll ich auf dem Dauerarbeitslosigkeitsamt?
Tatsächlich, der erste Mai fiel heuer auf einen Sonntag, wie günstig für das Bruttosozialprodukt. Kein Streik. Kein Arbeitstag ging uns verloren. Abendstund hat Blech im Schlund. Die letzten Stunden eines verbrauchten Tages sind immer schon die ersten eines neuen Tages, der auch bald verbraucht sein wird. Datums-Stempel drauf und weg damit in den Abfallkübel. Die Müllberge wachsen dummdreist in den Nachthimmel. Nur die Müllkraftwerke machen heute durch. Bin müde, denn ich pfeif auf den süßen Schlaf der Gerechten. Noch ist nicht aller Nächte Morgen, aber ich bleib daheim.

Monaco di Baviera: Hauptstadt der Türsteher. Hauptstadt der Vorsteher und der Rumsteher. Monaco di Birra: Hauptstadt der Bewegungslosigkeit. An eben der Stelle, wo die Weinstraße (Nord-Süd-Achse) die Salzstraße (Ost-West-Achse) kreuzt, entstand der Marienplatz. An dieser Stelle wird dem Wein das Salz beigemischt, um ihn haltbarer zu machen und seinen künstlichen Zuckergeschmack zu überdecken. Hauptstadt der Zuckerbäcker: Nicht nur die hier verlegte Nationalzeitung will uns nachträglich die Waffen-SS als Waffel-SS verkaufen. Hauptstadt des Honigleckens: Nirgendwo sonst in der Republik wird so viel mit Rüstung verdient. Hauptstadt des Autofetischismus: Der spezielle Humor deiner Repräsentanten äußert sich durch rammelnde Hasen auf dem Heck von BMWs mit Einspritzpumpen. Hauptstadt des Heimleuchtens und der Herzverfettung: All deine Betriebsamkeit ist nur vorgetäuscht, und der einzig wirklich Tätige bin ich. Sich wachhalten macht müde. Still dazusitzen bewegt mich. Ich bin müde. Ich bin nicht frühjahrsmüde. Ich bin des Sitzens müde. Alles strengt mich heute an, alles kostet mich Kraft. Nichts bewegt mich. Das letzte Abenteuer des zu Ende gehenden Tages: reicht mein Charme noch aus, den Lichtschalter zu betören? Ich will die Dunkelheit! Kein Streik im Heizkraftwerk! Kein Zwischenfall, kein Stromausfall. Nichts, was mir nach diesem harten Arbeitstag wenigstens den letzten Handgriff abnimmt. Keine Dunkelheit. Kein Schlaf und auch kein Wachen.

Nach dem Einmarsch der Weißen Truppen und der Freikorps am heutigen ersten Mai kam es zu zahlreichen standrechtlichen Erschießungen von Angehörigen der Roten Armee, von Räteanhängern und Saboteuren. Im Interesse der Wiederherstellung von staatlicher Ordnung wurde in der ganzen Stadt hart, aber angemessen durchgegriffen. Trotz teilweise erbitterter Gegenwehr, meist aus dem Hinterhalt, konnte die Aktion bereits in fast allen Stadtvierteln erfolgreich abgeschlossen werden. Mit dem Einmarsch der Reichswehr ist somit das letzte Revolutionszentrum in Deutschland beseitigt und Bayern an die politische Entwicklung des Reiches

angepaßt worden. Dies bedeutet das Scheitern der proletarischen Diktatur und der räte-kommunistischen Schreckensherrschaft.
Unser Wochenspruch: Blitzende Spaten des Arbeitsdienstes, braune Kolonnen der Arbeit.

20.

Der schlafende Mensch. Der gebückte Mensch. Der aufrechte Mensch. Vom Gronsdorfer Dachstuhl aus gesehen, besteht kein Zweifel daran, wie gut der Mensch zum Phallussymbol taugt. Der Blick auf die Straße ist frei. Der Blick auf den Flughafen in der anderen Richtung ist unverbaut. Der Luftraum über der Landeshauptstadt ist überlastet. Der Mensch ist ein einziges Phallussymbol. Auch die Frauen müssen mitmachen. Manch einer glaubt, die Tiere würden sich nicht so leicht unterordnen, wenn wir auch bloß auf allen Vieren daherkämen. Ähnlich den Geiern waren die Hominiden an der Schwelle zur Menschwerdung von pflanzlicher Kost auf Aas umgestiegen. Wenn schon aus jedem Strohhalm ein Phallus gemacht wird, dann muß ich doch darauf hinweisen, daß jeder Strohhalmbenützer selbst meistens sehr phallisch daherkommt und nicht so willenlos in die Breite fließt wie der Kakao ohne den Halm. Einmal auf den Geschmack gekommen, begannen die ursprünglich seßhaften Urmenschen den durch die Savannen Ostafrikas streifenden Huftierherden zu folgen. Auf dem Gronsdorfer Dach fragt Stefan, ob wir mit der oberen Ziegelreihe nicht doch etwas weiter nach links rücken müßten. Ob wir schon einmal was von einer Päderastin gehört hätten, fragt Nikolaus zurück. Oder nehmen sich Frauen ihre eigenen Kinder und es gibt keinen Namen dafür? Was macht eine Frau, die keine eigenen Kinder hat? Ich habe noch nie etwas von einer Päderastin gehört und bin froh um jeden neuentdeckten Unterschied zwischen den Geschlechtern. Die eine Dachlatte ist nicht am äußeren Balken festgenagelt, wo ist der Hammer? Wo sind die Nägel? Und wo bleibt der nächste Passant, dessen Gang man kommentieren könnte? Statt daß eine Brotzeit kommt, startet ein Jumbo quer über die Siedlung. Nikolaus, noch immer in Gedanken, seine Antwort steht aus. Der beste Orden, den ich weiß, ist eine Hand voll Schwielen. Drunten kommt eine, die ist recht aufgetakelt. Man könnte meinen, Männer müßten etwas Tolles sein, wenn Frauen so viele Verrenkungen wegen ihnen machen. Auch die Männer wollen gefallen. Schön wollen alle sein, schön wollten schon die Hominiden sein. Es gefällt mir, wenn mir eine gefällt. Verallgemeinere ich schon wieder, wenn ich behaupte, in Filmen würden Frauen immer nur in Rollen auftreten, die direkt mit ihrem Geschlecht zu tun haben? Wenn eine Frau auftritt, dann weiß ich immer gleich, aha, die tritt jetzt als Frau auf. Umgekehrt ist es anders. Ein Mann kann ohne weiteres als x-beliebiger Funktionsträger vorkommen. Männer können als ungelernte Dachdecker auftreten und müssen dabei nicht unbedingt nach aufgetakelten Weibern auf der Straße Ausschau halten. Stefan ist öfter im Kino als ich und widerspricht nicht. Niemand widerspricht. Es kommt auf die Filme an, die man anschaut, aber das ist der Eindruck. Ausnahmsweise bleibt die Wahrheit unwidersprochen. Der Wolfi, der Garatshauser Achim und der Ruppert haben über nichts so gerne geredet als über Geschlechtliches. Stimmt's oder hab ich recht? Wolfi widerspricht nicht. Der Landeanflug eines Charterflugzeugs von links müßte ihn nicht davon abhalten, Protest einzulegen. Respekt, sie waren ehrlich! Hab ich jetzt die Annette vergessen? Ja, ich habe die Annette vergessen! Außer dem Stefan kennt sie keiner hier. Von unten werden Biberschwänze raufgereicht, und oben werden sie entgegengenommen. Wie viele Frauen hat jeder von uns schon um das Recht betrogen, von ihm geliebt zu werden? Wie viele Frauen habe allein ich schon betrogen? Wenn jetzt eines der ständig startenden und landenden Flugzeuge abstürzt, dann findet das Strafgericht sicher hier, auf diesem Grundstück statt. Nicht in Trudering, ein paar Hundert Meter weiter. Als erstes wird die Brotzeit gestrichen, als zweites der Lohn einbehalten. Als drittes wird man des Landes verwiesen. Und das wirklich dicke Ende kommt unbenennbar erst danach. Die Revolution ist weiblich. An den Rändern tobt der Krieg. Daß sich die beiden Geschlechter überhaupt auf eine gemeinsame Sprache haben einigen können, überrascht. Rosa Kleider und Kinderzimmermöbel für die Mädchen. Hellblaue Kinderzimmermöbel und Kleider für die Buben. Und wir, wir bauen ein Dach über das Ganze.

Sobald eines der verfolgten Huftiere verendete, fielen die Hominiden über dessen Kadaver her, sich mit dem Fleisch auch gleichzeitig mit Salz versorgend. Um bei diesen langen Wanderungen ihre Kinder mitnehmen zu können und für sie die Hände frei zu haben, mußten sie sich aufrichten und zweibeinig werden. Obwohl ihr Gehirn kaum größer als das eines Affen war, gingen sie bereits perfekt aufrecht. Jetzt ist es so, und es bleibt dabei. Bei den Buben tritt die Geschlechtsreife später ein, oder erinnere ich mich da falsch? Unabhängig davon stellt sich irgendwann die Frage: was sind eigentlich Damenbinden? Plötzlich hatten die Buben bei den Mädchen unserer Klasse ausgeschissen. Nicht einmal das altbewährte Hin-und-Her-Getratze war mehr möglich, nichts war mehr möglich. Ein Dreck waren wir, auf einen Schlag um Jahre zu jung. Dann fielen erste Adamsäpfel reichlich von den Bäumen in den Dreck. Stimmen brachen beim Selbstversuch, sie tiefer zu stimmen. Die großangelegte Auseinandersetzung konnte beginnen. Wie es jetzt wohl den Kindern der ersten Stunde geht? Mädchen verderben das Spiel, aus heiterem Himmel werden sie schwanger.

Leider gibt es hier kein Lehrfach Anthropologie wie in den USA und in England, so kam ich zur Völkerkunde. Annette fragte ich schriftlich, wie denn anthropology in den USA aussieht. Ihr und ihrer Schwester berichtete ich von unseren Wohnverhältnissen in München, und ich fragte die beiden, ob denn das Museum, von dem sie geschrieben hatten, das Anthropologische Museum in Mexico City sei, von dem mir Sus schon so viel erzählt hatte. Mit dem Geld meiner Eltern komme ich aus. Es ist nicht viel, aber ich will nicht um mehr fragen. Womöglich könnte ich mehr Geld kriegen, aber ich will beweisen, daß ich auskomme mit dem, was ich erhalte. Mit einiger Zurückhaltung reicht es tatsächlich, alles unbedingt Nötige kann ich mir leisten. Platten, Bücher und Ausgehn müssen dazuverdient werden. Der eine Arbeitgeber zahlt gut, das Baumaterial wird zur Verfügung gestellt, der andere Arbeitgeber zahlt schlecht, aber dafür kommt man durch ihn in das eine oder andere Konzert umsonst.

Der Himmel über der Landeshauptstadt steht in glühendem Rot. Als wir in die Innenstadt zurückkommen, bietet sich uns Freiwilligen ein erschreckendes Bild. Ein Mond ist aufgegangen, sich das Schlachtfeld anzusehn. Kaum stehn wir daheim vor der Tür, rollt er als träge Scheibe schräg ins Bild. Als müßten sich besonders die Männer dauernd gegenseitig aufschlitzen, weil ihnen so was wie die monatliche Blutung fehlt. In Gronsdorf müssen wir nächste Woche fertig werden. So stehen die Sterne. Wo gehobelt wird, da stumpfen selbst die Adamsäpfel ab. Im Süden brennt alles, aber der Mond steht im Osten, wiegt sich dort in Sicherheit. Post coitum luna triste est.

21.

Wasser läuft bereits in die Wanne, und der Durchlauferhitzer glüht. Aufgeregte Kleintiere flüchten in die abgelegensten Winkel des gekachelten Raumes. Stefans übermalter Außenminister grinst vom Klo herüber, und frische Luft wird durch Belüftungsschlitze in der Tür Richtung Verbrennungsvorgang gesogen. Mein schönstes Ent-Schlüsselerlebnis hatte ich bei einer solchen Gelegenheit. Beim Anblick einer Badewanne oder auch nur eines Duschbeckens denke ich immer gleich an den Badewannenstrudel. Eine Wohngemeinschaft ist eine Gemeinschaft, die Wasser durch Gas erhitzt. Beim Anblick von Bananen denke ich nur an Ausrutschgefahr, und Wasser ist für mich immer nur jene Flüssigkeit gewesen, vor der man sich hüten soll, wenn man Kirschen gegessen hat. Ein Blick in den Badewannenstrudel, und schon zieht es mich hinab in die weitverzweigten Kanalisationssysteme einer großen Stadt. So ein Strudel dreht sich immer in der gleichen Richtung. Dem Strudel selbst wäre es egal, in welche Richtung er sich dreht, möglicherweise würde er sich auch überhaupt nicht drehen, sondern sich unverzüglich senkrecht hinunterstürzen, nach mir die Sintflut, Wasser und Körperdreck unterschiedslos mit sich reißend. Doch immer und grundsätzlich ist es die gleiche Richtung, in der sich der Badewannenstrudel dreht, die Erdumdrehung nimmt dem Wasser sämtliche Entscheidungsfreiheit und zwingt es, zusammen mit Erdanziehungskraft und Trägheitsgesetzen sich immer und unentrinnbar gegen den Uhrzeigersinn in den Abfluß zu ergießen. Gesetz ist Gesetz, und kein Gesetz ist so hart wie das Naturgesetz. Im Moment weiß ich nicht mal, in welcher Richtung sich mein eigener Kreislauf dreht, und mir fehlt der Mut, es durch ein Experiment herauszufinden. An manchen Tagen ist das Wasser dem Menschen ein guter Freund. Jetzt, da die Mohrin tot ist, wird das Warten bald ein Ende haben, und der Mohr stirbt ihr hinterher. Die Lampe vor dem Badezimmerspiegel hängt entweder so schräg, daß sie mir direkt ins Gesicht blendet, oder sie leuchtet in die entgegengesetzte Richtung und attackiert mich auf dem Umweg über die Spiegelfläche. Versuchsanordnung: Unter dem Vorwand, es sollten unbewußte Reaktionen auf optische Reize gemessen werden, setzt man die eine Hälfte der Versuchsperson vor ein Quadrat aus weißer Pappe, die andere vor einen Spiegel. Angebliches Ergebnis: Selbsterkenntnis kann nicht der erste Weg zur Besserung sein. In der ersten Not gehört der Schwermutkranke durch geeignete Zerstreuungstechniken von sich selbst und seinen Problemen abgelenkt. Wenn man ein Offizierskasino in die Luft jagt, dann trifft man dabei in aller Regel nur die den Dreck des letzten Gelages beseitigende Putzfrau. Todernst minus Tod ist immer noch ernst genug. Eine von einem Brandanschlag getroffene Todesfirma freut sich vielleicht auch noch über die Versicherungssumme, die ihr eine erneute Modernisierung ihrer Hauptniederlassung ermöglicht. Bleibt die symbolische Wirkung. Bleibt die Schädigung der Versicherung, die allerdings bei wirklichen Härtefällen wiederum rückversichert ist. Bleibt in Extremfällen die Schädigung der Rückversicherung. Ständig werden größte Mengen Geld verschoben, aber nach Adam Riese hin und zurück kommt es einfach nicht an die richtigen Leute. Nach Turnvater Jahn siegt der Stärkere über den Schwächeren und nach Großvater Darwin der Schwächere über den noch Schwächeren. Nach Witwe Bolte müßte der Schwächste lediglich gut und reichlich essen, um endlich stärker zu werden. Naturgesetz, Naturgesetz! hör ich sie einig brüllen. An warmen Tagen braucht man sowieso weniger zum Essen, sagt das Sozialamt, und jetzt, wo die gefräßige Mohrin tot ist, bleibt ohnehin für alle mehr übrig. Wer zu viel Kirschen ißt, der kriegt auch ohne Wasser Bauchweh. Die Ärmsten der Armen stehen jeden Mittag am Rotkreuzplatz und werden von den Wohlfahrtsverbänden mit Speise-Eis versorgt. Noch vor einer Stunde war dort der Teufel los, wie auf ein Signal wollten alle gleichzeitig in die Eisküche, wo der Sarcletti seine Kugeln kocht. Da fing das wilde Kirschkernspucken an, die Schuldigen hieben auf die Unschuldigen ein und die Unschuldigen auf die noch Unschuldigeren, und am Schluß wurden von allen zusammen auch noch die allerunschuldigsten Straßenrand-Bäumchen verprügelt, entlaubt und abgebrochen. Und über all dem schwebte ganz häßlich grinsend von einer Straßenseite zur anderen das Transparent: 30 Milliarden Jahre Naturgesetz. Festwochen bis zum 30. 6. – Mich trifft ein Kirschkern, ich werde von einer Eiskugel gestreift. Dann hat es mir gereicht, jetzt reicht's mir aber, und ich will dem mir nahestehenden Teil der rasenden Ansammlung irgend etwas von der betörenden Schönheit der untergehenden Sonne ins Gesicht brüllen, schon brüllt einer neben mir: Brüll doch nicht so! – Und dem schmier ich eine und noch eine, und er reißt mir die Haare in Büscheln vom Kopf. 23 Tote. Das Gelbfieber hat die auf der Strecke Gebliebenen bis in das Stadium des Schwachsinns erhoben und erniedrigt. Wer überlebt hat, liegt im Dreck, in der Wanne muß er sich zweimal täglich die Wunden auswaschen. Der Rotkreuzplatz ist vom Rotkreuz-Krankenhaus gekrönt. Den einschlägigen Geräuschen nach sind die Rotkreuz-Krankenwagen noch immer im Einsatz. Als die Polizei eintraf, waren die umliegenden Läden bereits restlos geplündert. Straßensperren bis Charlottenburg, aber es hilft nichts. Geblendet auf dem Rükken liegend, muß ich krampfhaft versuchen, die brennenden Augen offen zu halten, sonst dreht es mich in die allerschlimmste Übelkeit hinein. Am Tag der Deutschen Reinheit vom Strudel des aus der Wanne laufenden Wassers selbst zu fließendem Wasser hypnotisiert. Mal kommt man sich vor wie ein Schleusenwärter, mal wähnt man sich mit Dagmar verheiratet, und ich frage sie aus über den langsamen Tod ihrer Mutter. Beruhigend wirkt immerhin die relative Nähe des Würmkanals. Beunruhigend bleibt die Frage nach der Uhrzeit. In fließendem Deutsch erzählt Dagmars blinde Großmutter von Bandwürmern in der Nachkriegszeit. Frau Mohr, Dagmars Mutter, mit der ich zu Lebzeiten nie ein vernünftiges Wort gewechselt hatte, wollte plötzlich wissen, zu wem ich im Falklandkrieg gehalten hätte, zur Militärdiktatur Argentinien oder zur ewigen Kolonialmacht England? Eine polare Strömung spült uns wieder Richtung Norden, schwemmt aber auch ständig neue Gedanken an, die in 15 Zentimeter hohen Haufen am Rand des Geschehens liegenbleiben. Die Mohrin, die immer alles gesehen hatte, trägt jetzt eine verspiegelte

Brille und wie zur Strafe, weil sie Roman an der Theresienwiese versetzt hat, erblindet jetzt auch Dagmar, ehemalige Schülerin an einer Starnberger Schule. Wie könnte sich ein von Geburt an Blinder die zitronenförmig und orangefarben untergehende Sonne vorstellen? Nicht nur, daß er sich nicht wird vorstellen können, wie orange eine Orange und wie oval eine Zitrone ist. Wie soll ich, dem schon bei einfacheren Dingen die Worte fehlen, Dagmar erklären, was Licht, was Schatten und was Farben sind? In dem sie sehend sind, versäumen die Sehenden nichts von dem, was sichtbar ist. Das Tutzinger Holzhaus mitsamt dem Vorgarten ist liquidiert, der Hof in Zug wurde vom zahlungskräftigeren Nachmieter erdrosselt, die Baracke in der Olgastraße ist niedergebrannt, Ampermoching ist der Hahn abgedreht, das Nymphenbad ist ausgetrocknet, die Großhesseloher Brücke ist in die Luft gejagt, das Magazin gebrandschatzt, der Perchaer Hof ist zertreten, das Undosa-Bad versenkt, Radein hängt am Tropf, Gauting und Stockdorf sind durch Ketten aneinander gefesselt, das Siebenquellental wird erwürgt, das Gressbeckhaus ist in den Grund gestampft, dem Allacher Forst werden Kopf und Füße abgehackt, und eigentlich ganz nette Mädchen, die wir noch von früher kennen, heiraten Sportgeschäftbesitzersdeppen. Und über all dem schwebt ganz häßlich grinsend das Transparent: 30 Milliarden Jahre Naturgesetz. – Fleißbilder werden ausgelegt. Abbilder kommen neben Originalen zu liegen. Wenigstens einmal möchte ich ein Millionstel des in einem Monat von Film, Fernsehn und Schmalfilmern vollkommen sinnlos vergeudeten Filmmaterials zur Verfügung haben, und schon würde ich alles niederfilmen. Ich bin auf alles gefaßt. Am eigentlichen Zustand der Welt wird immer nur vorbeigefilmt. Dabei braucht man sich nicht zum Denkmalschützer aufzuspielen. Gerade, was sich hinter Fassaden bewegt, kann interessant werden. Immerhin stehen mir ein paar Tausend Fotos zur Verfügung. Das sind Dagmars briefmarkengroße Polaroids von den Oktoberfestbesuchern. Die Besucher schauen entweder direkt in die Kamera oder sie schauen daneben. Obwohl es ein paar Tausend Köpfe sind, erkenne ich niemanden. Zwei kommen mir einigermaßen bekannt vor, vielleicht kenne ich jemanden, der ihnen ähnlich sieht, vielleicht schauen sie jemandem ähnlich, den ich kenne. Oder sie sind berühmt und treten öfters in der Zeitung auf. Diejenigen, die aus München sind, sind nur schwer von denjenigen zu unterscheiden, die nicht aus München sind. Ich bin ein Rassist, weil ich es nicht mag, wenn sich ein Schwarzer bemüht, wie ein CSU-Stadtrat auszuschauen. Ich mag auch nicht, wenn ein SPD-Stadtrat wie ein CSU-Stadtrat redet, aber da wundert's mich nicht. Diejenigen, die erst eine halbe Stunde da sind, sind unschwer von denen zu unterscheiden, die schon länger da sind.

Werktags gibt es wenig gute Gründe für ein stundenlanges Verweilen in einer halbvollen Badewanne. So gut ist das Leben in der Obhut verzinkten Blechs auch wieder nicht. Am Tag der Deutschen Reinheit in der Wanne liegend mit der Telefonseelsorge zu telefonieren ist mir ein Genuß, aber noch lieber lauf ich zähneputzend in der Wohnung herum. Anders kann ich mir diesen Reinigungsvorgang schon lange nicht mehr vorstellen. Das freut mich immer, wenn eine wenig sinnvolle Betätigung eine eintönig-langweilige versüßt. Zahnarztbesuche gehören zu den wenigen Gelegenheiten, wegen denen ich in den Landkreis Starnberg zurückkehre. Wenn meine Zahnärztin wegschaut, kurz absetzt, um die Instrumente auszutauschen, dann fühle ich schnell mit der Zunge zum Zahn, und tatsächlich steht dort nur mehr die Fassade als ausgebranntes Haus nach einem Bombenangriff. Im Mund fühlt sich alles unendlich größer an. In der Münchner Innenstadt werden ganze Häuser bis auf die Fassade abgerissen, und neu eingezogen werden moderne Verwaltungsetagen, neuer Lebensraum für die Bedürfnisse der Angestelltenkultur. Die neue Füllung sitzt, der TÜV ist einverstanden.

Ein Huhn muß her! Ein Huhn, das endlich die ganzen zerquetschten Kleintiere aus der Wohnung pickt. Nur wer die Sintflut überlebt, darf auch am Jüngsten Gericht teilnehmen. Nie will es mir gelingen, diesen Gedanken derart klar zu fassen, als in jenen Augenblicken, da ich mit der flachen Hand kleine Wellen in Bewegung setze. Tierliebe darf auch vor dem Problem der Kadaverbeseitigung nicht Halt machen. Wer einmal damit angefangen hat, die bei einem einzigen Gang zum Milchladen zertretenen Kleininsekten zu zählen, wagt sich nicht mehr aus der Wanne vor die Tür. Ich komme mir wie ein Mörder vor, wenn ich auch nur unseren winzigen Balkon zum Hinterhof betrete. Immer wieder kommt es vor, daß von Margots Rosenstrauch gestürzte Läuse oder kleine Spinnen auf dem geriffelten Eisenboden herumkrabbeln. Richtige Tierliebe erstreckt sich nicht nur auf Tiere mit dem Niedlichkeitsbonus. Später rächen sich die Spinnen, werden suppentellergroß und springen abends in Scharen aus dem Fernsehapparat. Roman, den ich schon seit Stunden nicht mehr gesehen hatte, stand überraschend auf, um mir stolz seine neuerstandenen Platten vorzuführen. Gerade, daß er mir noch Zeit ließ, mich abzutrocknen, schon mußte ich den Plattenspieler in Gang setzen, was ich nicht ungern tat. Wie kommt man eigentlich dazu, jemandem einen Gefallen zu tun? Schließlich sprachen wir über seine Schwester und den plötzlichen Tod ihrer Mutter. Er erzählte vom unveränderten Zustand der Umkleideräume in der alten Turnhalle, die er noch mal aufgesucht hatte. Wir diskutierten den Brand vom Starnberger Kaufhaus und den damit verbundenen Feuerwehreinsatz. Ich erstattete ihm Bericht vom Brand des Schalperhauses, den er damals verpaßt hatte. Ich fragte nach, ob er noch mal der Zierer und ihren beiden Schäferhunden begegnet sei. Wir erörterten, ob wir den einen Weizsäcker als Bruder des anderen Weizsäcker duzen würden, bloß weil der letztere seit etlichen Jahren in Söcking wohnt. Wir riefen uns die damalige, jetzt unverständliche Abscheu über Habermas' Haus auf der Ludwigshöhe in Erinnerung, Rebekkas Empörung, wenn wir ihr Elternhaus Schuhschachtel nannten. Überhaupt erinnerten wir uns viel, lobten die Gegenwart und priesen die Zukunft. Und ich bat Roman um einen Rat wegen meiner unpraktischen Angst, beim Verlassen eines Hauses einen Massenmord anzurichten. Als guter Freund und Retter in der Not wies er mich darauf hin, ich könne mich noch so sehr um die Schonung von Ameisen und Ohrenhöhlern bemühen, am laufenden Band würde ich noch viel kleinere Lebewesen umbringen, und das selbst in geschlossenen Räumen. Ich bräuchte bloß meine Finger zu heben, mich am Kopf zu kratzen oder einfach einzuatmen, und schon brächte ich Hunderte dieser Kleinstlebewesen aufs grausamste um. Jede auch noch so winzige Bewegung wäre ein einziger Mordanschlag. Als Urheber dieser Willkür bliebe mir nur, mein eigenes Dasein abzustellen, sagte mir Roman als wirklich guter Freund, aber selbst mit diesem Schritt würde ich Milliarden von Mikroorganismen, die sich in meinem Innern zu schaffen machen, die sichere Existenz nehmen, sie längerfristig dem sicheren Tod ausliefern.

Und da fiel mir ein Stein vom Herzen. Und da umarmte ich meinen Freund. Und da war ich froh um die Existenz unabänderlicher Naturgesetze. Und da beschloß ich, ab morgen das Haus wieder zu verlassen. Da lobte ich Romans neue Platten, und zur Feier des Reinheitstages holte ich zwei Flaschen Augustiner aus dem Kühlschrank. Da stotterte ich vor Freude und lachte laut auf. Da schlug ich mit der Faust auf den Tisch und scherte mich einen Dreck um mögliche Folgen meines Tuns.

22.

Das Trostlos ist kein Hoffnungslos. Ein Trostlos ist ein Los, das den Trostpreis sichert und über das Los, eine reine Niete gezogen zu haben, hinwegtröstet. Was nicht heißt, das Trostlos wäre anfangs nicht genauso ein Hoffnungslos wie alle anderen Lose auch. Vor der Ziehung ist jedes Los erstmal ein Hoffnungslos. An jedes Los, das ich mir unten im Kiosk kaufe, ist eine Hoffnung gebunden. Erst später trennen sich die Wege: Niete, Trostlos oder Volltreffer. Aber nicht mal mit dem größten Treffer meines Lebens war ich zufrieden. Auf dem Bierfest hatte ich als Kind auf einer Wohltätigkeitstombola einen Riesenbären gewonnen. Nicht, daß dort in den Regalen keine wünschenswerten Gewinne zur Schau gestanden hätten. Das eine oder andere Objekt hatte ich sogar sehr ins Auge gefaßt. Aber als der Losverkäufer mit einem extrem verheißungsvollen Blick auf das Regal zuging und dann nur einen riesigen und noch dazu häßlichen Plüschbären mitbrachte, der vor allem wegen seiner Größe, seines Maßstabs überhaupt nicht zu meinen anderen Bären paßte, da war ich doch sehr enttäuscht. Das heißt, die Täuschung war vorbei. Die Vorstellung, ich würde einen brauchbaren Hauptgewinn bekommen, war zerbrochen, ich war enttäuscht. Wie heißt jetzt gleich wieder unsere Glücksfee? Diese Blondine, die vor den Augen der Nation immer die Lottozahlen zieht? Verdammt noch mal, jetzt fällt mir ihr Name nicht mehr ein! Die verdient sicher 5000 Mark im Monat, bloß weil sie viermal im Monat je zehn Minuten neben der unbestechlichen Schicksalsmaschine steht und anschließend das doch meist recht enttäuschende Ergebnis verkündet. Die Wahrscheinlichkeit, mit einem Tip nicht den Höchstgewinn zu erhalten, liegt bei 99,999993 Prozent. Wer unten im Kiosk, statt sich Zigaretten zu kaufen, im Toto immer auf den FCB setzt, hat auch nicht wesentlich größere Chancen. Das Trostlos ist ein hartes Los.

Der einzige Sohn der Fabrikarbeiterseheleute Apfelböck hieß Joseph. Andererseits heißt der einzige Sohn eines nicht weiter

definierten Ehepaares Apfelböck Jakob. Auf die Problematik, Joseph Apfelböck mit Jakob Apfelböck wegen des identischen Nachnamens und des gleichen Anfangsbuchstabens ihrer Vornamen bedingungslos gleichzusetzen, wird ausdrücklich hingewiesen. Einerseits wohnten die Apfelböcks in einer engen Wohnung eines Mietshauses im Stadtteil Haidhausen, wo der zur Zeit arbeitslose Joseph Apfelböck schon vor der Tat auf dem Küchendiwan schlafen mußte. Jakob Apfelböck andererseits bleibt nach der Tat ganz allein im Haus, um das mild der Sommerwind bläst; man bezieht ein Zeitungsabonnement und bekommt regelmäßig gerahmte Buttermilch vor die Tür gestellt, im Haus steht ein Wäscheschrank, und wenn er an verderbendes Fleisch denkt, dann kommt Jakob als erstes auf Kalbfleisch.
Nach einem Streit mit der Mutter über seine Pläne, Filmvorführer zu werden, erschoß Joseph Apfelböck seine Mutter mit der Flobert-Pistole; als eine Stunde später der Vater Apfelböck heimkam, aß, auf dem Balkon nach den Kaninchen sah und wieder in die Küche zurückkam, schoß er auch auf den und erstach ihn anschließend. Jakob Apfelböck aber erschlägt Vater und Mutter. Joseph einerseits wischte das Blut auf, ließ die Leichen im Schlafzimmer liegen und durchsuchte sie dort nach Geld. Jakob andererseits schließt die beiden Leichen in den Wäscheschrank. Bis der Leichengestank zu stark wurde, schlief Joseph Apfelböck in der Küche und anschließend auf dem Küchenbalkon. Auch Jakob Apfelböck wird vom Leichengeruch krank, weinend zieht er zum Schlafen auf den Balkon. Von Josephs Tat bis zu ihrer Entdeckung vergingen drei Wochen, in denen er noch mehrmals Freunde in seiner Wohnung empfing. Bei Jakob, vor kurzem noch ein Kind, verstreichen nach der Tat die Tage wie die Nächte, täglich kommt die Milchfrau, und die übriggebliebene Milch schüttet er weg, unter bewölktem Himmel trinkt er nicht mehr viel. Auf die Frage von Nachbarn nach dem Verbleib der Eltern Apfelböck antwortete Joseph den einen, sie seien nach Niederbayern gefahren, dort ein Anwesen zu kaufen, den andern antwortete er, sie müßten dort Erntearbeit verrichten. Bei Jakob hingegen ist nichts anders außer mancherlei, täglich kommt der

Zeitungsmann mit schwerem Schritt bei Abendlicht und wirft die Zeitung scheppernd in das Kastenloch, doch Jakob liest sie nicht. Joseph Apfelböck zimmerte eine Kiste; seine Eltern darin mit einem Handkarren in den Wald zu schaffen, aber ihm fehlt der Mut. Auf die Frage der Milchfrau, was denn so rieche, als ob jemand stirbt, antwortet Jakob Apfelböck, es sei im Schrank verderbendes Kalbfleisch. Schließlich verständigten zwei von Joseph Apfelböcks Freunden die Polizei, bei deren Eintreffen aber hatte sich Joseph bereits davongemacht, die vollkommen entstellte Leiche von Josephs Vater versperrte den Gang zwischen Betten und Wand, hinter den Betten ragten zwei Füße hervor: Frau Apfelböck mit entblößtem Oberkörper, ebenfalls bis zur Unkenntlichkeit entstellt. Als sie aber dem Jakob Apfelböck in den Schrank sehn, steht der in mildem Licht. Joseph wurde am Rotkreuzplatz verhaftet und hatte sich drei Monate später vor Gericht zu verantworten; auf die Frage, warum er seine Mutter umgebracht hat, sagte einerseits Joseph, seine Mutter habe ihn im Streit beleidigt. Jakob andererseits antwortet auf Fragen, warum er seine Eltern tötete, er wüßte es nicht. Unmittelbar nach dem Ablegen seines Geständnisses erlitt Joseph einen hysterischen Anfall und war darauf für einige Zeit bewußtlos; in der Verhandlung wurden die Eheleute Apfelböck als ordentliche und fleißige Leute geschildert, Mutter Apfelböck habe ihren Sohn sehr nachsichtig behandelt; Joseph nahm das Urteil (15 Jahre) völlig stumpf und teilnahmslos auf. Gnafna, die Milchfrau, fragt sich, ob denn Jakob Apfelböck einmal noch zum Grab seiner armen Eltern gehen wird. Joseph wurde nach Neudeck gebracht, und in den Zeitungen fragte man sich, ob der jugendliche Täter wirklich so verroht gewesen sein kann, einen Elternmord zu begehen, oder ob der junge Apfelböck die Tat womöglich in geistiger Störung verübt hat. Aktenzeichen Apfelböck, 65 Jahre ungelöst. Die Lage der Angeklagten ist trostlos.

Am liebsten wollte ich immer ein Zimmer mit weitem Ausblick über Dächer oder Gleisanlagen. Blickmöglichkeiten über Bedachungen mit all dem Bedachten darunter, oder auf Gleise als Abreisemöglichkeiten in sämtliche Richtungen.

Meine Vorstellung von Stadtlandschaft statt Land-Landschaft. Gewöhnliche Gleisanlagen, keine S-Bahngleise, denen man sofort ansieht, daß sie nur bis an den Rand der Vorort-Anhäufungen vorstoßen. Gewöhnliche Stadt-Dächer müßten es sein, keine gewöhnlichen Reihenhausdächer, die sich in nichts von ländlichen Reihenhausdächern unterscheiden. Ein Ausblick, an den ich mich hängen kann, weil er Geschichte hat. Ein Ausblick über ein Gelände als Austragungsort von Geschichten. Viele der Bestandteile einer Großstadt sind nützlich und verstellen den Blick. Manche sind, genau betrachtet, überflüssig und verstellen den Blick trotzdem. Die Einrichtung einer Großstadt stelle ich mir anders vor. Gebäude sind keine Möbelstücke. Was mir fehlt, ist die Möglichkeit des direkten Eingriffs, wie ich sie in meiner Legostadt uneingeschränkt besaß. Drei Reihen Wohnblocks und eine Reihe hoher Gewerbebauten verstellen den ersehnten Blick auf die Gleisanlagen des Hauptbahnhofes. Rangierarbeiten. For every bottle they export, a Bavarian sheds a tear.
Wollte man das Wissen der Staatsgesellschaft im Vergleich zu Kulturtypen wie Horde, Stamm und Häuptlingstum mit Bargatzky in ein paar Worten charakterisieren, so könnte man sagen, im Staat hat sich das politische System theoretisch vom Verwandtschaftssystem emanzipiert, die Gesellschaft ist nun vollständig auf territorialer Basis, nicht mehr auf verwandtschaftlichen Prinzipien organisiert. Dabei darf nicht vergessen werden, einen überaus wichtigen Integrationsfaktor zu erwähnen, nämlich die Existenz von hauptberuflichen Identifikationsspezialisten. So sollen hier nach Bargatzky Leute genannt werden, deren Tätigkeit eine Identifikation mit der bestehenden Ordnung bewirkt. Die Klasse der Identifikationsspezialisten umfaßt zum Beispiel Priester (sie treten schon im Häuptlingstum hervor), die dafür sorgen, daß die Doktrin der göttlichen Abstammung des Herrschers im Ritual öffentlich gutgeheißen und bestätigt wird. In München gewannen diese Spezialisten besonders große Bedeutung aufgrund des hohen Standards der dortigen Kommunikationstechnologie (Schrift, Medien); zu den Priestern treten dort Theologen, Chefideologen und Wissenschaftler. Vor allem verfügt der

Staat in München durch seine Förderung von staatstragender Kunst und Architektur über grandiose Möglichkeiten, seine Bürger zur Identifikation einzuladen (Tempel, Kathedralen, Paläste, Stadien). Außerdem kann die staatliche Administration dank ihrer organisatorischen Möglichkeiten die Masse durch Gewährung kleiner Gnaden (Brot und Spiele, Steuererleichterungen) oder durch prachtvolle, auch der Selbstdarstellung dienende Schauspiele (Krönungen, Regentschaftsjubiläen, Olympiaden, Feiern siegreicher Sportvereine, Beerdigungsfeierlichkeiten, Gartenschauen ...) dazu bewegen, ihren Lebensumständen zuzustimmen. Der Anspruch der modernen Prosa auf Erkenntnis ist nicht geringer als der des philosophischen Diskurses, obwohl sie sich den Bedingungen philosophischer Rede entzieht. Sie formuliert ihren Erkenntnisanspruch als Infragestellung von allem. Die Vorstellung von all dem, was Wirklichkeit sein soll, ist überwältigend. Wenn ich auf eine Insel fahre, von der ich bis dahin nur gehört habe, dann wundere ich mich bei der Ankunft, daß es diese Insel tatsächlich gibt. Bin tatsächlich überrascht, wenn mir irgendeine Charaktermaske aus Politik, Kultur und Wirtschaft, das heißt aus Film, Funk und Fernsehn, plötzlich leibhaftig gegenübersteht. Und tatsächlich nehme ich dieser Medienpersönlichkeit ihre Existenz auch nur für den einen Augenblick ab, da ich mich ihrer tatsächlichen Existenz und Anwesenheit direkt versichern kann. Kaum ist sie fort, schon stirbt sie wieder. Kaum hatte der Kronawitter in einem Anflug wahlkämpferischer Volkstümlichkeit vergeblich versucht, mir am Laimer Bahnhof sein Flugblatt persönlich in die Hand zu drücken, kaum war ich an ihm vorbei, schon war er für mich wieder tot, gestorben, nie real gewesen. Nie als Person real gewesen, nur mehr als Institution real. Jedesmal, wenn sich neben mir jemand auszieht, kann ich mich wieder von neuem wundern, daß er oder sie auch unter den Kleidern demjenigen Geschlecht zuzurechnen ist, dem man sie oder ihn auch in angezogenem Zustand zugerechnet hätte. Hab mich da noch nie getäuscht. Tatsächlich wundere ich mich sogar, wenn ich im Gespräch wieder mal davon höre, daß es meine Großeltern tatsächlich gegeben hat. Aber was beweist mir eigentlich die Richtigkeit dieser

Information? Nichts beweist uns die eigene Kindheit. Vermutlich waren meine Kinderzeichnungen auch nicht schlechter als die Zeichnungen anderer Kinder. Auch die vier Oktoberfestfotos beweisen im Grunde nicht viel. Wie auf dem Schafott kann ich manchmal schaun. Ich Biest hatte es schon damals darauf abgesehen, zwanzig Jahre später bei mir selbst Mitleid zu erwecken. Nur in der Karussell-Feuerwehr bin ich sichtbar in meinem Element. Kinder sind so trickreich, wenn sie wissen, sie werden fotografiert. München war immer das Größtmögliche gewesen. Viermal im Jahr vielleicht sind wir von Starnberg mit dem Zug in die große Stadt gefahren, Dinge zu kaufen, die es in der Kreisstadt nicht gab. Viele Vorortzüge hielten nur in Gauting und in Pasing. An den kleinen Haltepunkten rasten sie großspurig vorbei. Ab Pasing fand ich die endlosen, auf Nebengleisen abgestellten Güterzüge interessant. Zügeweise neue Autos aus der ganzen Welt. Festgezurrte Traktoren, kleine Bagger, ganze Mähdrescher. Kesselwagen, Viehtransporter. Lokomotiven brechen aus Lokschuppen aus, fahren geschäftig hin und her, bis sie einen Zug finden, den sie schieben oder ziehen können. Große, starke Häuser links und rechts. Tengelmänner, Zollgebäude, Postpakete-Halle. Als Starnberger, die wir in Starnberg in den Zug gestiegen waren, stiegen wir in München in einem Starnberger Bahnhof aus dem Zug wieder aus. Vom Flügelbahnhof zu Fuß weiter zwischen großen, aufgeregten Autos bis zum Stachus. Immer zuerst zum Stachus. Riesig klaffte dort die tiefe Wunde der großen Baustelle, welche die beengte Stadt bis tief in die Erde hineintreiben sollte. Wasser wurde raufgepumpt, Stahlpfähle wurden tief hineingerammt, und Strom in dicken Kabeln sollte auch nach unten. Kräne, hoch wie Türme, und dazwischen flitzten Raupen hin und her. Alles lag da aufgerissen, mit eisernem Geflecht begann man alles neu zu flicken. Für die Fußgänger führt ein hölzerner Steg über diese Schlacht, und ich konnte gut hinunterspucken auf vorübergehend in eine schmale Furt gezwängte Autos. Am anderen Ende des Steges wartet freundlich gleich der Haupteingang zum Spielwarenreich. Immer zuerst zum Obletter. Kleinteilig stand dort die große Welt ganz nachgebaut. Markstücke werden gegen

Plastikbausteine eingetauscht. Am Stachus gibt es drei Möglichkeiten. Entweder von dort aus zum Einkaufen ins Zentrum, blöde Hosen, blöde Hemden, ohne Obletter wär ich gar nicht mit. Oder mit der Trambahn zu Polborns ins Lehel. Durch ein riesiges Treppenhaus hinauf in die große Altbauwohnung, der Flur dort allein schon viermal so groß wie mein Kinderzimmer. Tante Herta bietet Plätzchen an und Tee. Mit Ausblick auf die Lukaskirche, die mir nicht so sehr gefiel. Die mir den freien Blick zur nahen Isar vorenthielt. Die Kiste mit den Wiking-Autos wird bereitgestellt, und wirklich jedesmal hat man eins davon geschenkt bekommen. Feuerwehren von den großen Polborn-Kindern. Oder wir sind zu Greiners. Die dritte Möglichkeit war die häufigste Möglichkeit. Mit Greiners aufs Oktoberfest. Wenn sich die Welt dreht, dann dreht sie sich richtig.

Die meisten Lottospieler füllen ihren Tippschein gerade so aus, als würden sie einen Brief schreiben. Nach der höflichen Anrede in der ersten Zeile folgen ein paar Zeilen Haupttext, bei dem zwischen den einzelnen Worten immer hübsch Platz gelassen wird. Links und rechts bleibt natürlich ein Rand, und viele beenden den Lottoschein als Brief mit einer rechtsgesetzten Unterschrift. Wie bei den meisten Briefen bleiben die unteren Zeilen frei. Jedes ordentlich ausgefüllte Los ist ein Namenlos. Wobei die Chance, im Verlauf eines Jahres vom Blitz erschlagen zu werden, mehr als doppelt so hoch ist wie das Risiko, von sechs Richtigen im Lotto erschlagen zu werden. Jetzt frage ich mich, warum ich Zusatzzahl nur einmal gesehen hatte. Jetzt, wo es zu spät ist. Zusatzzahl sind nicht mehr. Solange sie noch existierten, waren sie neben der Freiwilligen Selbstkontrolle Münchens fast einzig bemerkenswertes Strandgut, das die Neue Welle ins Voralpenland gespült hatte. Eine gute Maxi, das heißt vielmehr fast eine LP zum Preis von einer Maxi, im Eigenvertrieb hat es von ihnen gegeben, die auf der rauhen See völlig unterging. Doch auch das einheimische Publikum nahm dieses feine Werk nicht richtig wahr. Ob aus Gram über fehlenden Erfolg und ausgebliebene Anerkennung oder nur weil der Schlagzeuger abdankte – die Band löste sich auf. Ein Andenken aber bleibt uns. Letztes Jahr entstanden in Berlin, in einem dem Checkpoint Charlie benachbarten Studio, die Aufnahmen zur nächsten Maxi. Zur Produktion hatten sich Zusatzzahl hörbar Zeit gelassen, doch schließlich fehlte ihnen das Geld zum Pressen. Zum Essen. So steht uns das Werk jetzt nur als 25minütige Kassette zur Verfügung. Gekonnt naiv verpackt, nennt es sich: Alles egal. Die Texte liegen jenseits aller Peinlichkeit, das heißt, sie sind gut. Des Sängers Stimme liegt jenseits aller Stimmlagen. Egal. Rodi singt besser als gut und am besten, wenn er so viel auf einmal sagen will, daß er sich dabei fast überschlägt. Baß, Schlagzeug und Gitarre schaffen trotz aller Hektik eine reichlich tanzbare Grundlage. Der Konsument wird aufgerufen, sich bei Münchens einschlägigen Musikdealern nach dieser Kassette zu erkundigen, sie wird der Band letztes Lebenszeichen sein. Doch laßt uns nicht allzu traurig sein, Fruchtstäbchen heißt die neue Gruppe, hinter der sich der gesamte Rest von Zusatzzahl verbirgt. Laßt uns frohgemut den Kassettenhit anstimmen, das Trinklied auf Münchens Gemütlichkeit, in dem die Band auch ihr wahres Vorbild, den FCB, verherrlicht.

Heiner Goebbels und Alfred Harth bringen eine Platte heraus: *Zeit wird knapp.*

Auch in seiner Münchner Zeit liest Brecht viel Zeitung.

Eckhard zieht von Hohenschäftlarn in die Ickstattstraße.

Das beste Stück auf *Zeit wird knapp* heißt *Apfelböck oder die Lilie auf dem Felde.*

Zeitungsberichte über einen familiären Mord in Haidhausens Lothringerstraße halten die Stadt in Atem.

An einem Dienstag zieht Eckhard von der Ickstattstraße in die Lothringerstraße 11/Rückgebäude.

Brecht schickt seinem Freund Nehet eine Ballade, die unter dem Titel *Apfelböck oder die Lilie auf dem Felde* in der Zeitschrift Das Bordell erscheint.

Während der November-Revolution arbeitete Joseph Apfelböck in einer Münchner Munitionsfabrik.

Die Apfelböcksche Wohnung befand sich im Vordergebäude Lothringerstraße 11 über dem jetzigen Café Größenwahn.

Es ist nicht überliefert, ob Joseph Apfelböck auf seiten der Revolution stand.
Joseph Apfelböck wird am Rotkreuzplatz verhaftet.
Elisabeth Friesner, Christiane Reuß und Ulrich Fromhold besuchen den Tatort. Roman Mohr führt sie durchs Haus.
Joseph Apfelböck kommt vor den Volksgerichtshof München.
Joseph Apfelböck kommt nach Neudeck.
Die nächste Platte von Goebbels und Harth heißt *Indianer für morgen.*
Laßt uns schnell zum Kiosk hinunterrennen und neue Scheine holen. Sie genau entgegen den Gepflogenheiten eines normalen Briefeschreibers auszufüllen, muß der todsichere Tip sein.

23.

Mit dem Lineal zergliederte Landschaft. Selbst wenn ich die Augen fest zupresse, sehe ich nichts als geometrische Muster. Kanäle links. Alleen rechts. Überschwemmte Abzugsgräben, gerupfte Pappeln. Selbst wenn ich den Mund zupresse, erstikke ich nicht. Als Beifahrer bin ich dafür zuständig, daß der Mindestabstand zum Straßenrand eingehalten wird. Zylinderköpfe stampfen im Bergwerk unter einer Motorhaube. Micha hält den Renault recht schön im Gleichgewicht. Eine Lieblings-Musik schiebt uns ins Dachauer Land hinaus. Auf der Suche sind wir, und wir wollen fündig werden. Wir suchen eine kleine Schokoladenfabrik, die auch Herzen herstellt. Orte ziehen vorüber und bedanken sich.

Hebertshausen. An Abenden führte dort ein Weg hinüber zur Musik, jetzt nicht, an Abenden wurde dort die Vorfreude aus der S-Bahn geladen, nicht jetzt.

Deutenhofen. Unsere blasse Liebe kennt sich nicht.

Ampermoching. Mayo Thompson hat noch immer nichts gemerkt, mit dem Gitarrenverstärker steht er verfroren vor dem Wirtshaussaal.

Lotzbach. An einer Kreuzung kreuzt sich was, und es kommt kein Maultier raus dabei.

Sulzrain. Es gibt da ein letztes Geheimnis, aber es verfault auf dem Grund eines aufgelassenen Misthaufens.

Amperpettenbach. Micha muß jetzt leiser treten, sonst kippt hinterm Ortsrand die Landschaft weg.

Oberndorf. Im Schleiflackbett schläft sich die Großstadtmüdigkeit aus.

Fahrenzhausen. Von hier stammt Robin Hood, ein Gesetzloser, ganz in Grün gekleidet.

Unterbruck. Es ist wieder die Nähe des Wassers, die ganze Brücken verschlingt und für eine rechtzeitige Änderung der Fahrtrichtung sorgt.

Nochmal Fahrenzhausen. Weit und breit kein Robin Hood, nur Gesetzeshüter, ganz in Grün gekleidet.

Bachenhausen. Verliebt, verloren, verlassen, verwirrt, verlobt,

verheiratet, verlaufen, verkauft, noch mal verheiratet und anschließend dort verstorben.
Viehbach. Wo um alles in der Welt wohnen bloß die letzten Eingeborenen, die noch nicht in der Partei sind, die ihre Zugehörigkeit nicht durch entsprechenden Aufkleber kundtun?
Milbertshofen. Nicht zu verwechseln mit dem Münchner Stadtteil gleichen Namens, eher schon zu verwechseln mit zahllosen Orten ganz anderen Namens.
Giebing. Entscheidungen sind ein Klotz am Bein von dem, der sich entscheiden muß, weil ihm nichts egal ist.
Rettenbach. Um Erbarmen flehend soll der blöde Mais ruhig in diesem tranigen Sommer absaufen, der blöde Mais soll ruhig unerhört um Hilfe flehen.
Vierkirchen. Eine zwölfjährige Bravo-Leserin muß sich wegen der zweiten Juli-Ausgabe pro Kirche dreimal bekreuzigen, bei vier Kirchen macht das pro Lebensjahr ein Kreuz.
Ramelsbach. Es gibt heuer einen Überschuß an Weihwasser, es gibt auch Bedenken, daß sich dieser später im Schotter mit dem Grundwasser mischen könnte.
Asbach. Die Andeutungen der geschundenen Landschaft sprechen Bände, die Autofenster halten dicht wie gut verschlossene Marmeladengläser.
Kollbach. Hier hat es auch einmal eine Musik gegeben, da ist man aus der Stadt hinausgefahren und hat das Land für seine Kultur gelobt, die doch nur aus der Stadt kam.
Noch mal Asbach. Die Andeutung dichter Marmeladengläser allein muß noch nicht auf eine geschundene Landschaft schließen lassen.
Ebersbach. An einem beliebigen Punkt in Zentraleuropa steht das Grundwasser hoch an und dringt in schlecht isolierte Kellerräume ein.
Jedenhofen. Der Motor läuft anstandslos, aber wir haben die Farbe gewechselt, sie der Umgebung angepaßt.
Pasenbach. Zwischen den Wiesen stehen Häuser auf dem Kopf und winken mit Antennenfüßen in der Luft.
Häusern. Die Glückseligkeit besteht aus fünf Gebäuden.
Straßbach. Schwertfischposaunen werden gegen Kopien von Forellenmasken getauscht, die einzige Straße am Ort müßte

in buntem Treiben untergehn, dabei ist da niemand weit und breit.
Großinzemoos. Wie klein Größe doch sein kann, alles duckt sich tief ins weite Moos, nur der Kirchturm wächst über die Dächer.
Sigmertshausen. Endlich eine geschlossene Süßwarenfabrik, Wohnhaus, eine kleine Halle, alles um einen Hof angeordnet.
Niederroth. Endlich eingelegte Suppe, endlich Endlichkeit, mit jedem Löffel ein heißer Schluck davon, der Micha hat eine Wurst bestellt, wir haben noch mal Glück gehabt! So ein Pech, die Fabrik ist aufgelassen.
Sogar im Auto muß man sich anschnallen, noch bevor der Motor brummt. Sogar wenn ich die Ohren fest zudrücke, ist noch ein Summen da. Als Mensch ist man dafür zuständig, daß die Menschheit nicht ausstirbt, daß das Summen niemals aufhört. Als Mensch muß man immer für Bewegung sorgen. Alle Anstrengung muß dafür aufgebracht werden, auf der richtigen Straßenseite zu bleiben und heil nach München zurückzukommen, wo die Katholischen Kirchentage wüten. Der Himmel über der Landeshauptstadt steht in glühendem Rot. Odeonsplatz gesperrt. Lautsprechertürme links und rechts von einem Riesenkreuz. Kreuzbehangene ziehen singend aus der Theatinerkirche auf den Platz. – Endlich, das Jüngste Gericht! steht als Motto auf einem riesigen Transparent, wird als Motto von tausend Stimmen gerufen. Wenn ich mir die Ohren zuhalte, dann entsteht erst recht ein Summen. Aus der Innenstadt und aus dem Umland strömen sie heran. Ein erschreckendes Bild bietet sich uns Freiwilligen dar, als wir in das Zentrum zurückkommen. Vom Karlstor bis zum Marienplatz wütet ein einziges Flammenmeer. In schneller Fahrt versucht man, mit der Spritze unbeschadet hindurchzurasen. Herabstürzende Balken und Dachziegel hätten der Fahrt schnell ein Ende bereiten können. Zum Glück hat das Fahrzeug Vollgummireifen, denn sonst würde man sicher nie am Ziel ankommen. Glühende Trümmer bringen so manches andere Fahrzeug sofort zum Stehen. Die Zufahrt zum Marienplatz ist unpassierbar, kein Durchkommen, sowohl über

die Weinstraße als auch über die Dienerstraße. Endlich gelangen wir über verschiedene Seitenstraßen zu den in Flammen stehenden Gotteshäusern der Altstadt.

24.

Es klingelt. Der graue Diktator klingelt. Und wenn der einmal klingelt, dann bleibt es nicht bei diesem einen Mal. Der graue Diktator klingelt, bis du dem Klingeln durch Abheben des Hörers ein Ende setzt. Es klingelt schon zum vierten Mal, und ich kann mich nicht aufraffen, dranzugehen. Als ob telefonieren ein Vergnügen wäre, werden über die 30 Millionen Telefone in der Bundesrepublik jährlich 22 Milliarden Gespräche geführt. Als ob es ein Vergnügen wäre, wählt irgendwer irgendwo unsere Nummer, worauf ein elektrischer Impuls bei uns tatsächlich das diktatorische Klingeln auslöst. Würde auf einem kleinen Display der Name des Anrufers angezeigt, so fiele die Entscheidung – drangehen oder nicht – schon leichter. Ohne Display aber bleibt die Entscheidung eine prinzipielle Entscheidung, die nichts mit der Person des Anrufenden zu tun hat. Die Abwägungsinstanzen im Zentralhirn sind so oder so ständig überlastet und schreien förmlich nach Urlaub, Krankschreibung und Frühpensionierung. Fast jede Wahrnehmung löst dort oben ein erneutes Kommen und Gehen aus, das schließlich in eine, wie auch immer geartete, Entscheidung münden soll. Kleine Elektronen huschen hin und her, Meldegänger sind ständig unterwegs und lösen immer wieder neue Kettenreaktionen aus. Sie sind zuständig für das Funktionieren der Verbindung zwischen einzelnen Körperteilen, für die Arbeit der Zirbeldrüse, für die Bewegung der Lebensgeister im Blut, für das Pumpen des Herzens und dafür, daß aus empfundenen Schmerzen die richtigen Schlüsse gezogen werden. Der Ablauf dieser Vorgänge hat größten Einfluß auf den Ausdruck von Leidenschaften und Affekten. Von Descartes lernen wir auch, die Liebe ist gut für die Verdauung. Neid mischt gelbe und schwarze Galle in unser Blut. Soll ich jetzt hingehn oder soll ich jetzt nicht hingehn? Wer wird am anderen Ende sein, nirgends ist ein Name abzulesen. Nicht mal, wenn ich selbst wo anrufe, weiß ich genau, wer schließlich drangeht. Ich mache ein paar läppische Handbewegungen, und bloß deshalb setzt sich irgendwo, von mir aus auch in Übersee, irgend jemand in Bewegung. Du weißt genau, du brauchst bloß diese eine Nummer zu wählen, und schon setzt sich mit einiger Wahrscheinlichkeit an einem bestimmten Ort jemand Bestimmtes wie ferngesteuert in Bewegung. Das ist sehr beeindruckend. Um mir nicht selbst zu widersprechen, sollte ich mich so bald wie möglich dem diktatorischen Befehl in Form des metallischen Schepperns beugen und endlich abheben. Das elektrisch fernausgelöste Geräusch verklingt nicht von selbst. Dabei weiß ich gar nicht, was in den Drähten vor sich geht, wenn ich jetzt abhebe. In welcher Form überwinden meine Worte beliebige Distanzen in so unsäglichem Tempo? Kleine Elektronen huschen hin und her. Und warum kommen ausgerechnet meine Worte beim erwählten Empfänger an und nicht ein unentwirrbarer Brei aus all dem, was gleichzeitig in das Kontinente überspannende Drahtnetz hineingeredet wird? Es wäre interessant zu wissen, was für Gespräche über die gleiche Leitung zur selben Zeit sonst noch geführt werden. Aber die Zufallserfahrung spricht nicht für Gegenstände von Interesse. Manchmal, sehr selten, ist nach dem Abnehmen des Hörers ganz leise ein fremdes Geräusch in der Leitung. Zweimal mühsam mitgehört, denke ich mir inzwischen, daß ich nur Hausfrauengerede versäumt habe, nichts Interessantes. Nicht mal interessantes Hausfrauengerede.

Und endlich hebt man ab. Der Indianer am anderen Ende der Leitung sagt, das Beste, was die Technische Revolution mit sich gebracht habe, sei der Fernsprecher. Er spricht nicht vom Plattenspieler. Das Telefon sei eine gute Erfindung. Als das einzige Erdbeben bebte, das ich je erlebt habe, telefonierte ich gerade mit Andrea. Wir sprachen über unkomplizierte Verdienstmöglichkeiten, als plötzlich die Eßtischlampe unübersehbar zu schwanken anfing. Normalerweise bin ich schnell bereit, derartige Wahrnehmungen auf einen Schaltfehler oder eine Schlamperei der Meldegänger zu schieben, aber auch Andrea fing mit kurzer Verzögerung an, von merkwürdigen Begebenheiten in und um das Haus in Sibichhausen, wo sie wohnte, zu berichten. Von plötzlich gackernden Hühnern war da die Rede, von an Schnüren von der Decke baumelnden Blechteilen, die zu schauklen anfingen, als hätte sich ihre Betrachterin dem Suff hingegeben. Andreas Schilderungen gaben mir das Vertrauen in die eigene Wahrnehmung wieder zurück. Es war nur ein kleines Erdbeben. Für hiesige Verhältnisse war es immerhin ein bemerkenswertes Erdbeben. Wenn es kein Telefon gäbe, hätte ich vielleicht nie erfahren, daß es überhaupt ein Erdbeben war. Wenn es kein Telefon gäbe, niemals hätte ich Micha von einer Raststätte aus irgendwo zwischen Köln und Frankfurt befragen können, ob es wegen irgendeiner Abendveranstaltung lohnt, sich auf der Rückfahrt zu beeilen. Ohne Telefon hätte Tante Hilde nie so schnell erfahren, daß ich das Wiesn-Attentat überlebt habe. Eine Existenz ohne Telefon ist und bleibt ganz und gar undenkbar. Das Telefon ist eine deutsche Erfindung. Das Telefon muß als der größte Segen unserer Zivilisation überhaupt gewürdigt werden.

Tatsächlich: Carline will dem Bastneger irgend etwas über Ampelfreiheit erzählen. Längst schon hat sie das ewige Datteldasein, die penetrante Efeuchtigkeit wie auch den modrigen Fahnengeruch satt. Mit Heidiheidi will sie auf einen netten Kanalbauernhof flüchten und sich dort in einer Art Inseldasein von allem Jasagersiechtum erholen. In Gesellschaft von Limona und Momika könnten ihnen dort weder Nasalteufel noch Querbeter irgend etwas anhaben. Die Politpüromanie der abgefeimten Randhunde erinnere Carline, genauso wie auch Sandine und Ottila, nur an die billigen Uferwitze der ewigen Teebeutelschneider. Gegen die anmaßende Vielhäuserei erheben sie zusammen mit Ypsona und Xaverheißer in gerechtem Zorn die legendäre Zentraltasse und rufen laut und vernehmlich: We shall overcome!

25.

Wo Dagmar auch anruft, wo sie auch hinkommt, ständig tyrannisiert man sie mit dem Pillenknick. Bei jeder Forderung, uns doch gefälligst mehr Platz einzuräumen, wird die Weigerung mit dem Pillenknick begründet, untermauert und schließlich zementiert. Es heißt dann einfach, für uns könne kein Platz geschaffen werden, weil dann bei Eintreffen des Pillenknicks, das heißt, wenn der Pillenknick genauso alt ist, wie wir es jetzt sind, plötzlich zu viel Platz vorhanden wäre. Die Masche läuft jetzt schon seit der Volksschule, wenn nicht seit dem Kindergarten. So bleibt einem nichts, als sich immer wieder zurechtzulegen, man wäre auf den unterschlagenen Platz, auf die vorenthaltenen Lehrer, Dozenten und Bücher sowieso nicht scharf gewesen. Dazu wird die Fantasie noch reichen. Schon im Kindergarten hatten Roman und ich uns geschworen, daß wir uns lieber ins Gras setzen als auf so einen blöden halben Kinderstuhl. Und unser Eid ist kein Meineid. Wir haben nichts anderes gekannt. Zu fressen gab's genug. Aber was der Bauer nicht kennt, das frißt er nicht. Da hat der Bauer aber Glück gehabt, daß er als Kind noch kein Bauer war, sonst hätte er mit dem Essen doch gar nicht erst anfangen können. Mit 65 wird jedem eine Doppelhaushälfte zugeteilt. Jedem, der mit 65 noch übrig ist. Mit siebzig ein halbes Zimmer im Seniorenheim. Alles wurde ausgetragen. Wir verwechselten die Eingänge, und wir verwechselten die zu den Eingängen gehörigen Klingelknöpfe. Und ich verwechselte sogar die Streichhölzer, welche die Klingeln zum Dauerklingeln bringen sollten. Vor Streichhölzern hatte ich lange einen Heidenrespekt gehabt, weil ich im Grunde immer schon ahnte, was sie in meinem späteren Leben einmal für eine gewaltige Rolle spielen würden. Und ein Heiden-Respekt ist weiß Gott ein tieferer Respekt, als sich irgendein Christ nur vorstellen kann. Einen ähnlichen Respekt hatte ich auch vor Schreckschußpistolen, und so hege ich die schlimmsten Befürchtungen, was das nun wieder für meine Zukunft bedeuten mag. Western schau ich mir gerne an, weil dabei manchmal am Lagerfeuer gesungen wird. Bei Schießereien atme ich tief durch und halte unbewußt gleich zu denen, die das Todesvogerl von vornherein auf der rechten Schulter sitzen haben. Mit missionarischem Eifer setzen sich die Guten durch, bauen Hütten und stinken vor sich hin. Und hast du einst dein Schneckenhaus, dann bleib auch drin. Wie es drinnen ausschaut, das siehst du von drinnen am besten, und draußen schaut es anders aus. Plötzlich sind alle 65. Die BRD ist eine Doppelhaushälfte. Ohne, daß du gefragt wirst, bist du zumindest als Dachziegel am Gesamtgebäude beteiligt, als Teppichfliesenklebertropfen. Himmler hatte für die Zeit nach dem Krieg eine Gesetzesinitiative vorgesehen, mit der die Zwei-Frauen-Ehe eingeführt werden sollte, um die demographischen Kriegsverluste möglichst schnell wieder wettzumachen. Die Wohnung verlasse ich nur selten. Dein Jungsein wird dir wenig nützen, sagt Dagmar, wenn jetzt schon der Unterdruck des geschlossenen Raumes zu groß ist, als daß du die Kraft dazu aufbrächtest, ihn zu verlassen. Jede Beschreibung eines Zustands ist eine Verharmlosung. Die Schnecke bleibt in ihrem Haus, dem fünfstöckigen Haus. Das Telefon klingelt, die Schnecke geht nicht mal ans Telefon. Erst werden die Meere gezuckert und dann die Seen gesalzen. Die Schnecken an den Ufern fressen den Blattsalat radikal nieder. Jeder nimmt, was er kriegt. Satt macht es nicht, aber fett wird man trotzdem. Jeder schlägt sich auf seine Weise durch. Das Hobby von Romans und Dagmars Vetter ist es, in einer Kiesgrube am Stadtrand Einzelschüsse aus seiner Maschinenpistole abzufeuern. Aline sucht verzweifelt nach einem Hallenbad ohne Wellenmaschine. Und ihr Freund verdient sein Geld mit gefälschten Etruskerscherben.

Vielleicht sah uns gestern einer aus der S-Bahn an der Nymphenburger Schloßmauer im Gras liegen, lief blau an vor Eifersucht, stieg in Obermenzing aus, rannte den Bahndamm zurück, löschte uns mit zwanzig Messerstichen aus, und unsere jetzige Existenz ist nur mehr eine eingebildete. Kriminalität kommt vor. Immerhin haben wir noch die IGA miterleben dürfen. Der Zeitpunkt der Tat liegt jetzt schon 17 Stunden zurück, und von Opfern und Täter fehlt noch jede Spur.

Jenseits der Alpen wären wir in Sicherheit gewesen. Letztes Jahr besuchten wir einen Ort auf Elba, den Sus von früher kannte. Seitdem erzähle ich oft von Agaven. Auf dem Höhepunkt ihres Daseins wächst ihnen zwischen den Stachelblättern ein baumhoher Stengel. In Elba verlor ich das Gleichgewicht, und ich klammerte mich an einen Agavenstengel. Unten das aufgewühlte Tyrrhenische Meer, zwischen mir und dem Wasser nur noch eine senkrechte Felswand. Oben, in Radicondoli, verfolgten sich ein gutes Dutzend dicker Autos mit Münchner oder Starnberger Kennzeichen durch die engen Gassen. Zwischen den Fronten schmeckte die Luft ganz salzig. Die Agave hielt stand, wir warteten ab, bis den Wagen das Benzin ausging, und noch am selben Abend machten wir uns von dieser Insel wieder davon. So nehmen Reisen ihren Lauf, und über große Umwege fuhren wir zurück in das über die Schulferien halbverlassene München. In der Wohnung erwartete mich die Zeitung mit den Nachrichten über einen Doppelmord an der Nymphenburger Schloßmauer und über das Eintreffen einer blühenden Agave auf dem IGA-Gelände. Da wollt ich hin, die wollt ich sehn. Von Stefan ließ ich mir die Funktionen seines komplizierten Fotoapparates erklären, dem Blatt kündigte ich eine Reportage an, und an einem Kiosk kaufte ich mir den zuständigen Ausstellungsführer. Im Gegensatz zur Elba-Agave, der ich mein Leben verdanke, war der Agave, die ich auf der IGA vorfand, durchaus nicht zu trauen. Trotz zwei in den Boden gerammter Pfosten, die sie stützen sollten, taumelte sie, der ich nichts verdanke, hilflos vor der Untersendlinger Skyline. Offensichtlich war sie an ihrem Herkunftsort bereits blühend ausgegraben worden, inzwischen hingen ihre Blüten schlapp herunter. Das Leben einer Agave, die nur einmal blüht, ist verwirkt, kommt diese letzte große Anstrengung nicht zu ihrem vorgesehenen Abschluß. Ist die Blüte verblüht und sind die Samen ausgereift, stirbt die ganze Pflanze ab, während sich ihre Nachfolger bereits neue Felsritzen suchen. Wenn das Essen am besten schmeckt, soll man ja den Gastgeber hinauswerfen. Wenn die Nachspeise gegessen ist, schmeckt die Suppe am besten. Auch als Europäer sollte man, sobald man seinen Höhepunkt erreicht hat, und das ist statistisch so mit sechzehn, siebzehn, sofort abtreten. Aber wer hat schon mal einen so absoluten Höhepunkt, daß er in dem Moment ganz genau weiß, so, das ist es jetzt, etwas Besseres kommt bestimmt nicht mehr, jetzt wird es Zeit, daß ich abtrete, mich also schleunigst aus dem Staub mache, schleunigst selbst zu Staub werde und meinen halben Stuhl freimache. Statt dessen ein völlig abstruses Hoffen auf eine Besserung irgendwelcher äußeren Umstände. Die Belohnung für diese Geduld ist ihre Endlosigkeit.

Ich spüle ab, ich spüle nicht ab. Ich stehe auf, ich bleibe liegen. Ich geh mit ins Nachtleben, ich sage ab. Lampen brüllen von den Decken. Der Teppich wächst sich in den Raum. Dazwischen pumpe einzig ich. Das Blut, es hält den Kreislauf warm.

Wissen ist Schlacht. Das Kissen als Nacht. 736 Erschossene. Am Tag. Im Schnitt. Im Normalbetrieb. Drei Zeilen. Das Regionaltreffen der CB-Funker ist wichtiger. 27 Zeilen. Alles nur Gewöhnungssache. Wie die Restinformationen verarbeitet werden. Will nichts übersehen. Will, daß mir nichts entgeht. Schnellstmögliches Weiterlesen als Durchhalteregel. Wird leichtgemacht. Kurzmeldungen. Hin. Und. Wieder zurück. Abgepackte Raserei. Scharfe Munition. Nix Platzpatronen. Es gibt vier Möglichkeiten. Eine ist richtig. Energieumwandlungsbeschleunigung. Gegen das Gewitter braut sich was zusammen. Die Schnecke. Verstummt. Und stirbt. Und sinkt. Wird ein Milliardär gleichzeitig bei den Millionären mitgezählt. Wenn bekanntgemacht wird. Wie viele es von den Letzteren gibt in einer Nation. Die Zeitungen werden nicht müde. Die Nicht-Milliardäre zu trösten. Diese wären auch nicht froher. Um so eher. Kann es eine Frage wert sein. Jede Titelseiten-Warnung vor dem drohenden Chaos. Kann nur als ein Witz aufgefaßt werden. Unter einer blankpolierten Oberfläche herrscht längst das rasende Chaos. Das von der tödlichen Sorte. Hier kommt ein Absatz. Landflucht als Zierde. Ein Hauch von Zürich. Das Luftpatent. Ein Gewitter. Die Sonne verschwindet. Nicht so in Amerika. Wenn überhaupt. Das Heute-Journal von heute. Ist der Schnee von gestern vermischt mit dem Regen von morgen. Im Spätprogramm ein

Hupkonzert. Ich putze die Küche. Ich putze sie nicht. Das V.o.l.k. mal wieder als Gesamtkunstwerk: Frieden = Sozialismus. Ein Gewitter zieht auf: I come from a country, where young people feel as you do. Landstraße im bayerischen Oberland: im Jubiläumsjahr 1983 aufgeweicht. Krampfende Hand mit Kinderhand: kindisch. Die Weiblichkeit der Revolution: grammatikalisch. Zeitgenössische Oberländler: ihr Brauch soll böse Geister und Dämonen vertreiben. Die Revolution: an einem Drahtseil hängend und mit Feldsteinen beschwert. Blacky Fuchsberger: Venceremos! Margot findet es sehr griechisch, im Flur den Fernseher unter die Decke über der Tür zu hängen. Die einzig mögliche Lösung, den Fernseher unterzubringen, erinnert Margot und Stefan an griechische Bars, wo sie oft auf ähnliche Weise angebracht zu sehn sind. Aber selbst griechische Bars bieten mehr Platz als unser schmaler und kurzer Gang, der schon nicht mehr passierbar ist, wenn dort nur zwei Stühle stehn. Zum Einschalten des Gerätes mußt du jetzt auf einen Stuhl steigen, dann erst bist du groß genug, den Knopf zu betätigen. Die extrem geneigte Kopfstellung, die das unglückliche Zusammenspiel von Türhöhe und Gangkürze erfordert, macht das Ansehen von längeren als viertelstündigen Sendungen zur Tortur. Tagesschau und die Auflösung von XY sind das Äußerste, Spielfilme fallen flach. Der Nutzen des neuen alten Fernsehers ist stark eingeschränkt. Da haben wir es ja selbst im Maxim noch bequemer. Vier Stunden Stalker.

Am nächsten Morgen regnet es wieder, und als beflissener Völkerkundestudent bin ich auf der Suche nach den Guten Wilden mit dem Bus unterwegs, so naß ist es draußen. Wenn es regnet, schaltet der Busfahrer die Scheibenwischer an. Schon habe ich den Namen des Wettergottes vergessen. Was, frage ich mich, veranlaßt die Tropfen, in die Tiefe zu springen? Haben sie Angst vor dem Überblick? Was ermöglicht, daß einzelne davon den Sturz überleben? Wir zeigen keine Wunde, wir zeigen keine Illusion. Die Reproduktion von Sus' Stimme im Telefon ist nicht Sus' Stimme. Arme Kinder sehen Münzen größer als reiche Kinder, und Rassisten sehen Schwarze schwärzer als Nicht-Rassisten. Urwaldbewohnern fehlt die Größenkonstante. Da sie nie jemanden in der Ferne sehn, ist ihr Gehirn nicht daran gewöhnt, Größenverhältnisse mit der Entfernung zu verrechnen. Auf einer schwer zugänglichen Insel in den unteren Isarauen lebt ein noch unerforschter Stamm, der alle okkupationssüchtigen Blutsauger mit ausgeklügeltem Abwehrzauber immer wieder gut zum Teufel gejagt hat. Als Kind war ich auch eines nicht ganz wirkungslosen Abwehrzaubers fähig. Der zivilisierten Erwachsenenwelt paßt es nicht, wenn du etwas Eigenes erfindest. Am besten einen Luftmotor. Angetrieben wird eine riesige Agavenpresse. Entmündigung ist schnell ausgesprochen. Die Erfindung muß kleingeschlagen werden, so ein starkes Gefühl ist die Eifersucht. Es darf nicht sein, daß ein Volk existiert oder sich gar erhebt, ohne daß es nicht gleich wieder mit dem Putzlumpen stranguliert würde. Rotzfahnen als Stimmungsbarometer. München 1918/19. Ich war schon minus 41 Jahre alt, und trotzdem kann ich mir eine Räterepublik in München weniger vorstellen als den Stachus als einstige Wiese vor der Stadtmauer. Geschichte ist nie weit hergeholt. Selbst vor dieser vergleichsweise harmlosen Revolution haben sich die Sozis mehr in die Hosen gemacht als vor den Schergen des alten Reiches. Lieber mit den Korps als mit den Räten, so läßt sich die lang ersehnte Machtposition besser festigen. Einmischung von außen wird angefordert. Erschießungskommandos räumen auf. Offiziere halten ihre Opfer fotografisch fest als Beutestücke. Die Münchner durften nicht sich selbst überlassen bleiben. Gleich mußte sich wieder jemand als Oberaufseher aufspielen und sich eine schlagkräftige Verstärkung holen, um eine Erfindung zu zerstören, die so nicht von den Sozialdemokraten war. General Epp tritt auf. Toller tritt ab. Daß die Sozis diese Verstärkung gegen die ohnehin zahme Revolution vor kurzem noch als ihre ärgsten Feinde bezeichnet haben, stört sie jetzt nicht mehr. So ein starkes Gefühl ist die Eifersucht. Endlich ist die Monarchie zerstört, aber ihr Apparat steht unbeschädigt da. Der alte Apparat übernimmt vom Freistaat den Namen. Die Weimarer Republik beginnt als Betrug. Dolchstoßlegen-

den fallen über Novemberverbrecher her. Unter einem Deckmäntelchen wird weiter aufgeräumt. Hitlerputsch als Heldenschlacht. Lügen laufen schnell auf kurzen Beinen. Und als die Mehrheits-Münchner 14 Jahre später wieder das tun, was sie für richtig halten, hat man sie gut vorbereitet. 14 Jahre harte Arbeit. Du Totgeburt! sag ich zu jeder Schnecke, die nicht mal bei Regen das Haus verläßt.
Seit Mittag scheint die Sonne, die Stadt leert sich. Heute ist Sonntag, und die Parkplätze sind leergeschossen. Das Ehepaar Mohr will an den Walchensee fahren. Auf der Autobahn Garmisch Stau zwischen der Ausfahrt Neufarn und der Ausfahrt Wolfratshausen in Fahrtrichtung Garmisch wegen eines schweren Verkehrsunfalls. Heute ist Sonntag, und es ist egal, was für ein Wetter ist. Rechtzeitig zur Auseinandersetzung um die 35-Stunden-Woche wurde eine Umfrage veröffentlicht, aus der hervorgeht, einem Großteil der Deutschen sei es in ihrer Freizeit langweilig. Schon schlagen die Arbeitgeberverbände die Einführung der 50-Stunden-Woche ohne Lohnausgleich vor, um die Deutschen von der Bürde der Langeweile zu befreien. Hitler war eigentlich gar nicht so schlecht, hätte er nur nicht so viele Autobahnen gebaut. Rätselecke, Schmunzelseite. 40 Jahre Meinungsvielfalt. Unverbindlichkeiten werden ausgeschwitzt. Politik steht zwischen den Zeilen. Das Zentralrezept dieser Verblödungsmaschinerie ist es, den jeweils zuständigen Zustand als eine Unvermeidlichkeit hinzustellen, als den besten Zustand unter allen im Moment denkbaren Zuständen. Die zur Aufrechterhaltung des herrschenden Zustands eingesetzten Vermittlungsspezialisten fürchten jeden möglichen anderen Zustand mehr als das Fegefeuer. Ein Politiker ist so einer, der sagt, er könne nicht gleich alles ändern, abgesehen davon sei auch nichts grundlegend veränderungsbedürftig. Der Profi versichert, nur ihm könne man das Ruder anvertrauen. Die beste Methode dieser Versicherung ist die, zu versichern, man werde dies und jenes ändern, um dann ein paar Jahre später erneut zu versichern, man habe ja alles versucht, aber es habe sich in der Praxis doch herausgestellt, daß im Prinzip nichts zu verändern sei. So ist alles versichert. Das durch eine Heerschar von

Versicherungsexperten regierte V.o.l.k., an diesen Versicherungsbetrug längst gewöhnt, nimmt neue Teilenthüllungen über neue Polit-Verbrechen einigermaßen gleichgültig zur Kenntnis und macht, in Zeiten, da es dazu aufgerufen wird, schlichte Kreuze in die allerrundesten Kreise einer Liste. So ist der jeweils zuständige Zustand abgesegnet und den erwählten Funktionären das Gefühl gegeben, erwählt zu sein. Das ist mein realistisches Demokratieverständnis. Das ist mein Volksempfinden, mein gesundes. Gebündelt, in die gelbe Tüte gepackt, auf den Gepäckträger geklemmt und über die Lothstraße in die Georgenstraße gebracht.

26.

An warmen Tagen bleibt die Hoftüre länger offen. An warmen Tagen schreitet der Idiot, der jeden Abend unaufgefordert die Hoftüre verschließt, erst später zur Tat. Bald muß ich mir ein neues Fahrrad zulegen, das alte rostet schon am Rahmen durch. Im Ernstfall aber ist der Rost vergessen. Bei so einem Warmluftangriff vergißt der Rost vielmehr sich selbst, verfällt in Lethargie und hört zu rosten auf. Bei solcher sich zwischen den Mauern stauenden Hitze bietet sich die Dachauer Straße als Fluchtweg geradezu an. Solang der Ernstfall am ernstesten ist, wird überhaupt keine Bewegung möglich. Erst am späteren Nachmittag lassen sich Eisenteile wieder ungestraft berühren. Hinter den Gaskesseln rechts ab nach Feldmoching. Auch hier verraten sich die frühen siebziger Jahre durch die Entwicklung vom Baggersee zum Naherholungsgelände. Punkthochhäuser, Komma, Strich. Als Mandeln in den Grund gesteckte Steine erinnern an in den See versenkte nachkeltische Reihengräber. Weiter, weiter, obwohl hier schon Wasser wäre. Das Rad will weiter und dreht sich von selbst. Lauter letzte Häuser am äußersten Stadtrand, teilweise mit übergroßen Nummern versehene Häuschen, auch tagsüber rot beleuchtete Hütten. Taxifahrer-Endstationen. Fette Ami-Schlitten, deren Reifen halb in den Moorboden sinken. Das ist wieder genau der richtige Abstand jenseits des gesperrten Bezirks. Wie auch schon in der Lochhauser Straße, wie auch im Forstenrieder Park und wie erst recht an der Ingoldstädter Straße, wie auch immer: stets der gleiche Abstand von der Stadt. Hinter den letzten Häusern ist es flach, das heißt, hier sieht man erst richtig, wie flach es hier überall ist. Der weite, weiche Kuchen nur vom Würmkanal durchschnitten, von den beiden Pappelreihen an seinen Ufern. Zielstrebige Gemüsebeete, rechteckige Getreidefelder, ausgerichtet auf die geometrische Regattaanlage als ausgestanztes Loch, von Tribünen gesäumt. Hier hat sich die Olympiade gefeiert, und hier ist jetzt die Freizeitgesellschaft nachhaltig mit Freizeitvernichtungseinrichtungen versorgt. Wer nach rechts lenkt, kommt zum Baggersee daneben. Der See hat eine rohe und eine aufpolierte Seite. Wer bleiben will, der sucht sich eine von beiden aus. Erste Kleinfamilien packen schon zusammen, einige türkische Großfamilien bleiben länger. Wer ins Wasser will, darf vor seiner Temperatur nicht zurückschrecken. Außenrum alles Kies, Schotter füllt die Ebene. Die absolute Gelassenheit der Sonne während der letzten Stunden, bevor sie untergeht. Ich beanspruche nichts. Obwohl ich nicht darauf bestanden hätte, scheint sie eindeutig nur für mich. Wohin ich mich auch setze, sie scheint gerade zu mir hin. Wenn Wasser vor mir ist, dann zielt ihr Glitzerstreifen direkt auf mich und nur auf mich und nur dann auch auf jemand anderen, wenn der direkt hinter mir säße. Niemals würde ihre Glitzerbahn auch nur einen Meter neben jene Stelle hinzielen, an der ich mich gerade befinde. Diese Bevorzugung endet erst im Schatten oder wenn die Sonne überhaupt nicht scheint, was aber auch nichts anderes heißt als großräumiger Schatten. Rundum ist alles flach, nur im Westen eine Erhebung mitten im Mischwald. Nichts wie hin, nichts wie hinauf. Für einen umfassenden Rundblick verschenke ich immer gleich alles, das heißt, daß es schon beim zweiten Mal nichts mehr zu verschenken gibt. Dachau im Gegenlicht. Für den ungestörten Genuß der hochsommerlichen Abendsonne gebe ich alles. Aber es ist schon alles verschenkt. Für diesen Anblick habe ich Morde begangen. Sobald nichts mehr zu verschenken ist, ziehen fette, schwarze Wolken auf. Wer tot ist, liegt in Reihengräbern. Jemand, der an zu großer Hitze eingeht, aber gleichzeitig von der Sonne lebt, der ist hilflos diesen paar Zwischenstunden ausgeliefert. Solange ich mir einrede, von so was abhängig zu sein, muß ich mir keine weiterreichenden Gedanken machen. Die Erhebung ist künstlich und stellt lautstark selbst die Frage nach ihrer Entstehung. Ist sie der Aushub des Regattasees? Geht sie auf irgendeine Folteridee für die Dachauer KZ-Insassen zurück? Natürliche Entstehung und Selbstzweck scheiden aus. Der Müllberg noch im Licht, der Westen schon verfinstert. Was einen anderen Lebenden wohl veranlaßt, erst mühsam hier heraufzujoggen und sich dann oben auch nicht eine einzige Sekunde umzusehen, sondern gleich wieder in den Wald unterzutauchen? Was einzelne Büsche wohl veranlaßt, so weit auf eine vollkommen trockene Kieserhebung hinaufzuwachsen? Peißenberg und Müllberg bilden zusammen mit meinem Standort ein spitzes Dreieck. Ein Trio aus Müll, Kohle und Kies. Alte Pläne von Kanälen, die durch die Erfindung der Eisenbahn überflüssig wurden. Der eigentliche Zustand der Welt erscheint immer in einem falschen Licht. Die allermeisten Fotos werden bei Sonnenschein gemacht. Bei Sonnenverfinsterung durch steile Wolkenwände ist die Belichtung zu lang, und die Schärfe würde verwackelt. Am Horizont unter dem bedrohlichen Geschiebe ein dreckiges Gelb. Jetzt, wo sich die Mohrin darennt, zerrannt und totgefahren hat, liegt ihr Mann ewig im Krankenhaus und stirbt nicht. Mit Rucksäcken bepackt, steigen selbst Ameisen bis hinauf auf den Gipfel. Und wo mehrere davon auf einem Haufen sich versammeln, da breite ruhig dein Taschentuch aus, in welches sie mit Sicherheit ihre Säure spritzen werden, welche du später mitsamt dem Gewebe zu Markte tragen und dort teuer verkaufen kannst. Was gegen Rheuma hilft, das wird auch die Schwindsucht vertreiben. Heute kein Sonnenuntergang, deren Hauptdarstellerin nur an heißen Tagen eine Zitronenform bekommt, bevor sie orangenfarben in Häusermeer oder Landschaft versinkt. Heute braut sich was zusammen. Vorhänge werden zugezogen, und erstes Rumpeln trumpft trotzig auf. Wenn ich mich beeile, kann ich mich den größten Teil des Rückwegs im Restlicht orientieren, bei Dynamo-Beleuchtung sind die Reibungsverluste zu groß. Dem Regen auszuweichen wird schwer werden. Wenn eine Straße beim Hinausfahren nach Feldmoching folgerichtig Feldmochinger Straße heißt, so braucht dieselbe Straße auf der Rückfahrt in die Stadt nicht zwangsläufig, was praktischer wäre, Münchner Straße zu heißen. Die Umrisse des Moosacher Gasbehälters weisen den weiteren Weg umsonst. Auf ein Kommando geht es los. Tiefe Nacht ganz kurz gut ausgeleuchtet. Die Kirschenläden sind längst geschlossen. Die Zucchiniläden haben zu, kein Obdach. Und auch die Hackfleischgeschäfte sind bereits verriegelt. Über den Kulissen auf ganzer Breite ein Negativ-

Foto. Rabenschwarze Rübensäcke schlitzen sich an Antennen die Bäuche auf. Am Ende langgezogener Straßenschluchten lauert böses Gelb. Unter den Wolkensäcken wäre ich noch durch. Auf dem schnellen Fahrrad kein Problem. Mit dem bösen Gelb aber ist nicht zu spaßen. Die Wolken eitern. Gleich fällt der Eiter als Eis vom Himmel. An einer Kreuzung fängt es an, an einer Kreuzung hört es auf. An der Kreuzung mit der Dachauer Straße bleibt nur mehr die Flucht in die nächste offene Tür. Das schwere Gelb wird zu Boden geschissen. Ein Imbiß hält die Türe offen, aber wer könnte sich bei solchem Schauspiel auf eine Bockwurst konzentrieren? Trauben stehen in der offenen Tür, von oben gerade noch geschützt. Weiß prasselt es aus einem abgestürzten Himmel, nicht gelb. An einem Sommerabend ist es schon am Abend Nacht. Umnachtete Passanten flitzen mit verschiedenen Gegenständen überm Kopf bei Rot über die Straße. Kreuz und blind und quer. Das Prasseln der Eisgeschosse verschluckt selbst den Donner. Die Luft ist durchgeschnitten und zerhackt. Blitze zünden den Tag wieder an. Kurz, nah, kurz. Autos suchen verzweifelt Schutz unter Bäumen und bleiben schließlich aus. Keine Autos auf der Dachauer Straße! Zweige krachen auf geduckte Autos und mitten auf die breite Straße. Nur die Trambahn kämpft weiter. Niemand steigt aus. Gesichter kleben an beschlagenen Scheiben. Niemand steht an Haltestellen. Die Straße ist weiß, die Dächer sind weiß. Die Sicht reicht nur mehr wenige Dächer weit. Kälte stürzt zu Boden, und warme Luft schießt an mir vorbei hinaus ins Freie. Blut steigt in den staunenden Kopf. Stadtlandschaften werden niedergesalzen zum Zweck der längeren Haltbarkeit. Vom noch tagesheißen Teer steigt der Dampf auf. Draußen hört die Welt auf. Das Gedränge in der offenen Tür wird noch dichter, nichts mehr geht. Adrenalin wird reichlich ausgeschüttet. Niemand denkt jetzt an den Bauch. Auf heißem Teer fängt das Eis in Strömen an zu schwimmen. Langsam kommt weniger von oben. Langsam hört es auf. Wütend zieht der Weltuntergang nach Osten weiter. Langsam tauchen erste Häuser wieder aus dem Inferno. Fenster werden geöffnet zur ersten Schadenstaxierung. Erste Autos wagen sich, mit Laub getarnt, hervor, auf den Straßen

beginnt jetzt eine Nato-Übung. Die Luft ist durchgesiebt und stürzt mit Eiswasser in letzte unverstopfte Gullis. Die meisten Gullis sind verstopft, grüne Blätter und das weiße Eis. Die meisten Gullis weigern sich, ihre Pflicht zu tun.
Die Notgemeinschaft im Hausgang beginnt sich aufzulösen. Draußen reicht jetzt schon der Schirm. Bald reicht womöglich wieder die Haut am eigenen Körper, die verhindern hilft, daß die Eingeweide naß werden. Klatschnasse Radfahrer rasen bei Rot über die Ampeln. Erschlagene Kleintiere liegen tot unter den Sträuchern. Mit der Bockwurst in der Hand komm ich das erste Stück noch gut voran. Hier steht das Wasser nicht so hoch, daß es über die Pedale reichen würde. Kids mit Baseballjacken unterwegs, was die besondere Situation zu bieten hat, das nutzen sie aus. Später hilft auch ein Anlauf nichts. Später muß ich unter Wasser weitertreten, um aus langgezogenen Pfützen wieder rauszukommen. Kids mit Baseballjacken haben längst herausgefunden, wo die tiefsten Stellen sind, wo es am meisten spritzt. Diejenigen, die nicht schnell genug hineinfahren, haben zu wenig Schwung und fallen um. Wasser bremst, als wär es hart. Eiswasser bremst, als wär es Eis. Irgendwann kommt Festland, und ich kann die Beine vorstrecken, kann das Bremswasser aus den schwarzen Schuhen laufen lassen. Bürgervertreter überall am Straßenrand, dem Ausnahmezustand wird mit Rechen und anderen Gerätschaften zu Leibe gerückt. Gullis werden freigeräumt. Braune Strudel stürzen in die freigegebene Tiefe. Räumkommandos unterwegs. Wo kein Wasser steht, liegen Blätter und Äste ausgestreut und warten ab. Stadtverschönerung ganz umsonst. Kurz noch vor ihrer endgültigen Selbstauflösung werden die Hagelkörner von rührigen Bürgervertretern mühevoll aus den Einfahrten gekehrt. Geordnet tritt der Bodendampf den Rückzug an. In Richtung Pasing. Das Würmwasser duckt sich unter einem Strom von Mitgerissenem. Unter den Stadtparkbäumen regnet es wieder. Die Blätter schütteln den Tag ab. Nach Pasing komm ich zu Besuch. Thomas macht die Tür auf. Die Sintflut ist noch nicht vorbei, schon wird im Radio von der Sintflut berichtet. Thomas ruft Sus und dreht das Radio wieder aus. Im Münchner Osten, hört man, war's am schlimmsten.

27.

Zurück im eigenen Zimmer, brüllt mich mein eigenes Zimmer an. Ich bin ein Überlebender der Hagelkatastrophe. Zurück im Zimmer, brüllt mich der Oleander an. Für jedes neue Blatt, das sprießt, fallen ihm drei alte ab. Der Oleander gehört umgetopft. Die abgefallenen Blätter liegen auf der Matratze und strecken sich aus. Heuer keine Blüten. Auf den Wiesen und Feldern zwischen Nymphenburg und der Stadt liegt das Dorf Neuhausen. Dort wohnt Erich, seit er vom See weggezogen ist. Das Dorf vor den Toren der Residenzstadt ist wesentlich älter als die Residenzstadt selbst. Erich lebt auf dem Dorf, aber dennoch in der Nähe der befestigten Stadt, von der es heißt, sie sei ein Zentrum des Geisteslebens. Wenn er die Stadt besucht hat, braucht Erich bloß durch das Neuhauser Tor über die bereits geschleiften Wallanlagen und den Karlsplatz in die Schützenstraße. Die Schützenstraße liegt in einem Neubaugebiet, das in den letzten Jahren vor der Stadtmauer errichtet worden ist. Von dort aus kann er in die Salzstraße einbiegen, an den Königlichen Salzlegen vorbei und dann weiter den Fußpfad über das Marsfeld gehen. Wenn auf dem Marsfeld nicht gerade Truppenaufmärsche oder Übungen stattfinden, ist das mit Abstand der schnellste Weg. Die Matratze liegt jetzt in der Ecke unter dem Fenster. Auf dem glatten Holzboden rutscht sie leicht von der Wand weg in den Raum. Das Holz, die Füße und der Boden. Die große Münchenkarte von 1826 erlaubt mir, ohne Behinderung durch Verkehrsstauungen und Verkehrsampeln, ständig zwischen der Altstadt und Nympenburg hin und her zu fahren. Wenn ich am Zimmerrand einschlafe und in der Mitte des Zimmers wieder aufwache, dann weiß ich, daß ich schlecht geschlafen habe. Bei geschlossener Lade zieht der Ofen schlecht. Die unter dem Fensterbrett in die Wand eingefügte Blechschublade klemmt. Die Mitte des Zimmers. Will ich vermeiden, daß sie mir über den Winter aus der Mauer faulen, muß ich die Fensterstöcke noch heuer von außen streichen. Der Vermieter tut nichts für sein Haus. Was von außen Mauer heißt, ist von innen die Wand. Um den hohen Raum zwischen den Wänden bin ich sehr froh. Die Höhe ist ausreichend. Keine Decke drückt mir auf den Kopf. Der Boden gibt den Füßen Halt. Die Rauhfasertapete des Vormieters ist nicht mehr überall zu entfernen. Das alte Deckenrosa ist ausgemerzt. Dem Kaktus geht es gut, nur an der Seite, die ständig der Wand zugekehrt ist, zieht sich langsam brauner Grind über den Stengel. Die Erde gibt dem Kaktus Halt. Stangenkakteen sind besonders anspruchslos. Ein ganzer Monat kann vergehn, ohne daß Ansprüche an mich gestellt werden. Am Rand des Zimmers. Ich warne hier vor anderen Pflanzen und vor Haustieren aller Art. Von der Decke hängt an einem schwarzen Kabel die rote Lampe. Die Lampe gibt dem Kaktus zusätzliches Licht. Auf daß er es recht südlich hat. Auf daß aus ihm eine Agave werde. Wenig Wasser. Die Birnenfassung hat einen Wackelkontakt, im Moment liegt er ruhig. Äpfel, Orangen und das scharfe Messer liegen ruhig auf einem Teller. Manchmal komme ich mit Landkarten unterm Arm aus der Stadt zurück und frage mich, was ihr Maßstab sein mag. Die Sechzig-Watt-Birne reicht aus, das alles zu beleuchten. Im Licht der Tagespresse betrachtet, bleiben die politischen Zusammenhänge finster. Hin und wieder läuft ein kleines Tier über den Tisch, verschwindet im Obstteller, stürzt für seine Verhältnisse kilometertief in den Abgrund und bricht sich nichts. Nicht alle Tiere im Haus sind auch gleich Haustiere. Große Tiere sind nicht im Zimmer. In der Wüste des Zimmers herrscht Nahrungsmangel. Erzählzeit ist auch gleich erzählte Zeit. Gestohlene Zeit ist Papiergeld und brennt gut. Fünf Finger an einer Hand. Der Blick durch die gespreizte Hand, und das Fenster sagt nichts. Der Blick auf den Tisch sagt alles. Im Osten Neuhausens schießen die Kasernen nur so aus dem Boden. Infanterie, Kavallerie, Artillerie. Alles, was das Herz begehrt. Auf dem Tisch ausgebreitet die kleine Münchenkarte von 1894. Viele der Neuhauser Wiesen sind bereits zugebaut. Die Straße nach Nymphenburg ist von Häusern gesäumt. Die grüne Kiste hat einen neuen Platz. Der Oleander steht jetzt auf der grünen Kiste, und an der Wand dahinter hing der kleine Stadtplan von 1894. Eine Seite der grünen Kiste ist ungestrichen, dort sind die Umrisse einer Katze in das

Holz gebrannt. Erich arbeitet jetzt als Schreibgehilfe und bekommt auch erste Aufträge aus Neuhausen selbst. Möglichst viel Zeit nimmt er sich für die noch junge Wissenschaft der Ethnologie, kommt darüber aber nicht zum Heiraten. Viel Lesen bei schlechtem Licht trübt das Augenlicht. Hatte er schon elektrisches Licht? Wann ist München elektrifiziert worden? Rechts, neben der grünen Kiste, stehen die Musikmaschinen. Erich hängt an der Abspielnadel. Wann ist München synchronisiert worden? Am meisten hänge ich zur Zeit an Johnnie Allans Fassung von *Promised Land*. Die Nadel hängt, sie fühlt sich zur grünen Kiste hingezogen. Der Tonarm des Plattenspielers begibt sich am Plattenende nicht mehr selbsttätig in Ruhestellung. Schläft der Hörer ein, so dreht der Spieler über die ganze Nacht seine Runden. Der Verstärker. Nur ganz selten zerknittert der Kassettenrekorder das Band am Anfang der Kassetten. Den Ohren eine Musik. Wenn und aber. Wenn man unterstellt, Erich sei 1826 gerade erst am Ende seiner Ausbildung zum Schreibgehilfen gestanden, müßte er demnach ungefähr 1810 geboren sein, wäre also etwa hundert Jahre älter als mein Vater, was natürlich Quatsch ist. Über den Musikmaschinen und den Kassetten hängt die große Münchenkarte von 1826. Und Schatten vom Oleander. Die Aussteuerungsanzeiger des Kassettenrekorders sind mit einem ähnlich häßlichen, schwarzen Rahmen eingefaßt wie die Fenster des Treppenhauses vom Haus gegenüber. Die Stehlampe steht. Das Treppenhaus starrt mich an, und schweigend behält es seinen Hohn für sich. Die gelbe Stehlampe. Die Stehlampe mit dem gelben Bastschirm hatte ich schon in Starnberg aus dem Keller in mein Zimmer geholt. Die mag ich gerne. Hat ein gelbes, warmes Licht. Die gelbe Stehlampe. Wenn es kalt ist. Die Stehlampe mit dem gelben Bastschirm beleuchtet hauptsächlich den Oleander. Den grünen Oleander. Mit warmem Licht. Außerdem beleuchtet die Stehlampe die grüne Kiste und die Musikmaschinen. In diesem Zimmer gibt es eine dritte Lampe. Die grüne Lampe. Die dritte Lampe steht auf dem dicken roten Englischlexikon in der Ecke hinter dem Bett. Sie ist keine Stehlampe, das dicke Lexikon dient dazu, sie zu erhöhen. Sie ist eine kleine, verstellbare, vielleicht Nachttischlampe. Die ist gerade recht, wenn ich abends im Bett noch was lesen will. Auf dem Brett steht der Wecker. Noch stehen die wichtigsten Bücher auf dem Brett neben dem Bett, worauf außer dem Wecker auch noch das rote Lexikon und die verstellbare kleine Lampe stehen. Das dicke rote Lexikon. Die kleine Lampe kann auch den Wecker beleuchten, sie kann die Zeilen auf den Buchseiten beleuchten, und sie kann ausgeschaltet werden. Über Brett und Bett klebt eine Fotokopie an der Wand. Gekippte Häuser in Japan in einer Plastikhülle. Die Abbildung wird wöchentlich ausgetauscht. Noch darüber, noch höher, noch schöner hängt riesig und bunt das Tuxedomoon-Plakat. Mit Reißnägeln befestigt. Die ganze Wandbreite rechts vom Fenster einnehmend. Collagierte Farbigkeit färbt den Raum ein. Roger hatte einen ganzen Stoß davon. Mit Prädikat versehen, stehen Lieblingsplatten in den Holzkästen gleich neben den Musikmaschinen. Die Kästen geschreinert in der einen Woche, als es fast so aussah, als wollte ich Schreiner werden. Als auch die Lautsprechergehäuse entstanden. So fleißig war ich nie wieder. In zwei Holzkästen stehen die Platten und drehen dem Betrachter den Rücken zu. Die abonnierten Musikzeitungen liegen flach auf dem Bauch. Die verschiedenen Tapetenschichten von den Wänden herunterzubekommen, war nicht leicht. Drunter kommen alle Farbschichten der Hausgeschichte als Flimmern zum Vorschein. Für die Fensterwand gerade recht. Von dort aus kann das Flimmern den Treppenhausausblick überflimmern. Es hilft, aber es hilft nicht genug. Die anderen Wände sind weiß. Das Lexikon ist rot. Die großen Parkettstücke sind braun. Das Muster, in dem sie angeordnet sind, würde bei einem Anzug Fischgrät heißen. Andere Muster heißen Salz und Pfeffer. Der Ofen steht inmitten der Stadt gleich neben der Tür. Erich hat keine Setzerlehre gemacht. Zur Zeit verdient er sein Geld mit dem Rezensieren neuerschienener Landkarten. Das Ofenrohr führt direkt in das Eck bei der Tür in den Kamin in München. Zwischen Ofen und der Kaminecke steht die Holzkiste, wie gehabt. Die Holzkiste, die Kohlenkiste, die Kiste, in der auch die geliebten Zündelhölzer liegen. Über der Kiste hängt der große Schaukasten, in dem ich meine aktuellen Bekanntmachungen bekannt mache. Ich mache drei Holzschablonen für Schuhsohlen bekannt. Zur Zeit. Ferner mache ich ein Schwarzweißfoto bekannt. Abbildend einen winzigen GI vor Thoraks monströsen, halbfertigen Figuren. Stehend in dessen Atelier bei München. Die Figuren arisch glotzend. Klotzend. Stefans Blaubild auf Grau hängt neben dem Ofen, wo auch die drei Schottlandfotos zwischen zwei großen Glasscherben klemmen. Was aussieht wie Polaroids, sind keine Polaroids. Was aussieht wie Schottland, ist nur die Abbildung von Schottland. Der Kanzler auf dem Bildschirm ist immer nur die Abbildung des Kanzlers. Auf dem Boden der Tatsachen steht das Büromöbel auf dem Boden. Auf dem Boden des Büromöbels stehen alle Ordner. In den Ordnern wird Beweismaterial gesammelt. Was bewiesen wird, das entscheiden allein die Beweise. Dem Büromöbel gegenüber steht der dunkle Schreibtisch-Tisch. Ein einfacher Tisch, seine Beine sind weiß gestrichen, was mir bei einem anderen dunklen Tisch mal so gut gefallen hat. Der Arbeitsplatz muß auf Unschuld fußen. Ausgezogen wurde der Schreib-Tisch zum Eßtisch für Besuch. Danach war auch der Schreibtisch größer. Auf dem Schreibtisch liegen die gesammelten Beobachtungen. Der Platz reicht ewig noch nicht. Papier muß gestapelt werden, teilweise umgeschichtet auf das Küchenmöbel. Monatliche Inventur. Das Küchenmöbel. In den beiden Schubladen des Küchenmöbels befinden sich wichtige Dinge. Unten in der linken Schublade des Küchenmöbels sind die Landkarten. Ich habe vergessen, den Patent-Stadtplan vom Nachkriegsmünchen zu vergessen. Darstellung aller Teil- und Totalzerstörungen. Verzeichnis aller Straßenumbenennungen von 1948. Schlageterstraße zu Bergsonstraße. Hermann-Löns-Straße zu Eduard-Schwartz-Straße. Ganz unten sind die Stadtpläne. Ich habe vergessen, die Karte vom Landesvermessungsamt zu erwähnen. Auf Erkundungsgängen ist sie immer dabei. Auf guten Karten sieht man, wo es sich lohnt hinzugehn. Die ganzen Bilder, die ich zur Zeit nicht an der Wand sehn mag, stehen neben dem Küchenmöbel. Umfallen können sie nicht. Zum Kleiderschrank bleibt nicht viel Luft. Im Schrank ist es voll. Wie es auch auf dem Schrank voll ist. Wie es überhaupt

und überall voll ist hier. Viel zu voll. Das ganze Zimmer ist voll. Das heißt, es ist zu klein, um leer sein zu können. Bin ich denn Gandhi und habe gar nichts, was ich brauche? Viel weniger kann es nicht sein, als es jetzt ist, und es wird immer mehr werden. Hinter dem Kleiderschrank hört das Zimmer auf. Dort kommt die Wand zum Gang. In der Wand ist eine Tür zum Hinausgehn. Aus dem hoffnungslos überfüllten Zimmer führt eine Tür in den Gang.
Die Beobachtungen seit 1982 liegen in ungeordneter Reihenfolge übereinander als Kapitel auf dem Tisch.

1. Land- und Titelrecht in Westsamoa
2. Berlin – Perchting – Nicaragua
3. Das blonde Lächeln aus Oggersheim
4. Das unplakettierte Restvolk
5. Zur Evolution des Evolutionsbegriffs
6. Die saugute Tat
7. Einfacher Ritterkreuzträger von Punk gebissen
8. Abschiedsspaziergang auf der IGA
9. Mein Nachbar ist ein Bolizist
10. Der Adenauer
11. Ist's dir kalt im Herbst, bald sterbst
12. 1983 – Ja und Amen
13. Tod dem groben Irrtum
14. Das christianisierte Huhn
15. Die ökologischen Konsequenzen des Kolonialismus am Beispiel Javas
16. Stairway to heaven
17. Zur nächsten Runde der K.- oder K.-Monarchie
18. Gsund samma
19. Weiberfleisch Teil 4
20. Oh, Aprilschmerz
21. Die Industrialisierung des Bewußtseins
22. Früh jährt sich das Sprießen der Blätter
23. Arapongas
24. Ein gelungener Abend mit Tommy, Joey, Johnny und Dee Dee Ramone
25. Tag der Arbeit

26. Gesunde Zähne toter Tiere
27. Hitlers Drahtzaun wird verkauft
28. Hand aufs Herz
29. So machen wir das
30. Deutsche am Kangchendzönga
31. Schwarzhölzl
32. Zeugung und Schwangerschaft bei den Trobriandern in ihren verschiedenen wissenschaftlichen Auslegungen

28.

Obwohl die Trobriander, laut Malinowski, über praktische Kenntnisse in den Grundzügen der menschlichen Anatomie verfügen, seien ihre physiologischen Theorien lückenhaft. Vor allem fallen ihre Ansichten über die Funktionen der Sexualorgane auf. Nach ihrer Auffassung dienen sie lediglich der Ausscheidung und dem Lustgewinn. Der Sitz der sexuellen Begierde sind ihrer Vorstellung nach die Augen. Diese Begierde wird an die Nieren weitergeleitet und von dort an die Geschlechtsorgane. Weiblicher und männlicher Ausfluß haben bei den Insulanern den gleichen Namen, und auch der männliche diene, so Malinowski, nur der Erhöhung der Schlüpfrigkeit und damit der Luststeigerung. Überhaupt wird eine sehr weitgehende Ähnlichkeit weiblicher und männlicher Sexualität betont. Dem männlichen Hoden wird dabei jede, außer einer ästhetischen, Funktion abgesprochen. Ihre Entsprechung finden diese Ansichten auch in den Vorstellungen über den Lebenszyklus: Wenn ein Mensch stirbt, dann gelangt sein Geist auf die legendäre Insel Tuma, wo paradiesische Zustände herrschen. Es kommt aber auch vor, daß der Geist selbst dieses Lebens überdrüssig wird und er sich deshalb entscheidet, auf die Erde zurückzukehren. Dazu verwandelt er sich in ein Geisterkind. Ein Schutzgeist, der in besonderer Verbindung zur Mutter steht, bringt das Geisterkind in den Leib der Mutter, die unbedingt aus demselben Klan (Totem) und Unterklan (Dala) wie der verjüngte Geist stammen muß. Meist wird das Kind der Mutter auf den Kopf gelegt, und von dort gelangt es in die Gebärmutter. Ernährt wird das noch ungeborene Kind mit dem Menstruationsblut der Mutter, das folglich während der Dauer der Schwangerschaft nicht mehr ausfließt.

Trotz des Abstreitens irgendeiner biologischen Verbindung zwischen Vater und Kind heben die Trobriander gern mit besonderem Stolz hervor, wie ähnlich doch die Kinder ihren Vätern sind. Noch verwunderlicher ist die Umkehrung dieses Phänomens: laut Malinowski gelte schon das bloße Erwähnen einer Ähnlichkeit eines Trobianders mit seiner Mutter, Geschwistern oder Verwandten mütterlicherseits als Beleidigung und werde stets hartnäckig bestritten. Merkwürdig. Der Wolfi soll sich ruhig auf die letzten beiden Gliederungspunkte konzentrieren, das hier ist nämlich schon verfahren genug. Laut Malinowski streiten die Trobriander laut. Anschließend wird auch noch die Ähnlichkeit mit dem Vater erklärt, aber dann kommen wir zur Frage der Erbregelung, und über dem Erdinger Moos wird es schon finster. Am Nachmittag Inspektion der Vorbereitungen für den Flughafenbau. Kurzbesuch bei einer Freundin vom Wolfi. Kurze Erklärung unseres Vorhabens. Vielmehr Spaziergang dann zu dritt. Irgendwas war mit einem ausgerissenen Schaf oder Hund. Wir erinnern uns der Würste, die wir in Attaching für den Abend gekauft haben. Wir erinnern uns der Würste, die jedes Weihnachten mit der Post aus Ansbach kamen. Wir erinnern uns der Starnberger Wurstfabrik, die ihre Patentwurst noch immer in die ganze Welt vertreibt und mit dem Erlös daraus die deutsche Fußball-Nationalmannschaft sponsert. Wir erinnern uns selbst der kleinen Wiener, die wir, alle drei unabhängig voneinander, beim Metzger zugesteckt bekamen, wenn unsere Mütter dort den freitäglichen Wochenendeinkauf hinter sich brachten. Andere Landkreise, gleiche Sitten. Jetzt, weil es auch schon wurst ist, kann ich Ihnen meinen Kummer erzählen, es wird nicht lang werden, es ist eine kurze Geschichte. In einer Münchner Metzgerei hatte ich eine Verkäuferin gesehen, die ich gerne kennenlernen wollte. Ich trau mich aber nie, sie anzusprechen. Seit sie mir vor drei Wochen aufgefallen ist, gehe ich jeden Tag in den Laden. Das geht ganz schön ins Geld, wenn ich nun täglich eine Wurst kaufe oder ein Pfund Fleisch oder einen Senf. Ich weiß nicht recht, ob dieses Mädchen spürt, daß ich nur ihretwegen komme. Ich glaube schon, aber ich bin mir nicht ganz sicher. Das Problem ist, daß ich nichts über die Lippen bringe. Ich könnte ja zum Beispiel mal fragen, ob sie vielleicht mal mit mir fortgehen würde. Vielleicht könnte ich ihr vorschlagen, in eine Disco mit mir zu gehn. Aber wenn ich damit beginne, daß ich nur einfach sage, ich würde gerne mit ihr fortgehen, ist das zu ungenau. Sie

könnte Angst haben, sie weiß nicht genau, was ich vorhabe. Ich könnte ihr auch was Konkretes vorschlagen, aber ich weiß eben nicht, ob sie überhaupt Lust hat, mich kennenzulernen. Vielleicht hat sie einen festen Freund, ist verheiratet oder will von Männern überhaupt nichts wissen. Ich zahle dann immer, wobei ich darauf achte, daß sie mich abkassiert und nicht ihr Chef, und dann gehe ich wieder hinaus und heim, und nichts ist passiert. Nach einer derartigen Enttäuschung ging ich letzten Dienstag wieder heim und wollte dort gleich ein Brett im Badezimmer anbringen. Dabei stieß ich an eine Spraydose, die in die Toilettenschüssel fiel. Da gleichzeitig der Klositz herunterklappte, wurde die Spraydose beschädigt, und Treibgas trat folglich aus. Der junge Mann ließ daraufhin Wasser über die Dose laufen, erwischte aber den Warmwasserhahn, woraufhin der Gasboiler ansprang. Die Flamme zündete das entwichene Treibgas. Die dadurch entstandene Explosion ließ das Badezimmerfenster zerspringen, und der Duschvorhang fing Feuer. Die von Nachbarn alarmierte Feuerwehr brauchte aber nicht mehr einzugreifen. Der Student hatte inzwischen doch noch zu einem angemessenen Mittel gegriffen und das Feuer mit dem Duschschlauch gelöscht. Dann kam Margot zurück, und Erich zeigte ihr die ganze Bescherung, aber das war ja noch Glück im Unglück, weil das Haus noch stand.
Soweit erzählte ich alles dem Wolfi und seiner Freundin mit dem komischen Namen, damit ich es los war. Wenn man sein Herz ausschüttet, dann tut das immer gut, der erwünschte Blutverlust tritt dabei noch viel schneller ein, als wenn man sich in der Wanne die Pulsadern aufschneidet. Als ich dem Brandfahnder den Hergang des Vorkommnisses erzählte, nannte der mich den Schnellspanner von der Firma Langsam. Ich aber nenne die Feuerwehrmänner Pyromanen mit zu wenig Mut zum Zündeln. Polizisten sind Verbrecher mit zu wenig Phantasie zur kriminellen Handlung. Sanitäter nenne ich Sadisten mit zu wenig Konsequenz, selbst ein Blutbad anzurichten. In den Ländern, in denen die Eltern nichts dagegen haben, daß unverheiratete Paare ohne Begleitung zusammen sind oder miteinander ausgehen, bezeugen sich solche Paare ihre Zuneigung oft dadurch, daß sie sich die Hände hal-

ten, sich küssen und sich sogar umarmen. Allerdings verurteilt die Bibel entschieden die Hurerei unter Unverheirateten, auch unter Verlobten, und sie warnt auch vor Unmoral und Unreinheit, die vor der Ehe eine Gefahr bilden (Galater 5:19, 21). Ein Paar, das diese Warnungen beachtet, erspart sich viel Kummer und läuft nicht Gefahr, später durch Erinnerungen an einen ungebührlichen Lebenswandel beunruhigt zu werden. Händchenhalten kann bei einem Paar, das vorhat zu heiraten, ein reiner Ausdruck der Zuneigung sein. Es stimmt zwar, daß davon ein bestimmter Reiz ausgeht, doch das ist natürlich und nicht notwendigerweise etwas Schlechtes. Was aber ist, frage ich mich, wenn ich mich mit der Verkäuferin getäuscht habe? Was folgt auf die Täuschung? Auf die Täuschung folgt die Enttäuschung. Die Enttäuschung muß also immer auch eine Erlösung sein. Wolfgang Habermeyer und ich arbeiten gerade an einer Seminararbeit bei Herrn Helbig. Viele junge Menschen im heiratsfähigen Alter suchen nach Orientierungshilfe. Wo ist Attaching? Und wer leiht uns ein Fahrzeug, damit wir nach Freising zurückkommen? Morgen steht wieder Gronsdorf auf dem Plan. Auf der Westseite hat das Hagelunwetter fast alle Ziegel zerdeppert, und das Dach muß so schnell wie möglich neu eingedeckt werden. Im Osten der Stadt sieht es schlimm aus.
Der Rückweg von Freising ist eine Gelegenheit, Oberschleißheim zu erforschen und zu kartieren. Das Marstallgebäude als trigonometrischer Punkt. Hinter den Wirtschaftsgebäuden das Gelände des aufgelassenen Flughafens. Der Würmkanal als Kilometerstab. Alles ist geheimnisvoll und feuert Hoffnung an. Das Ruinengelände verspricht eine Chance auf die Herzfabrik. Über den riesigen Hallentoren steht groß: Salpetersäurefabrik. Die anderen Beschriftungen sind Englisch. Amerikanisch. Beschlagnahmtes Militärgelände, aber fruchtbar für Pflanzen. Schablonen, mit der Dose drübergesprüht, die ganzen Wände irgendwelche Anweisungen, Verbote, Warnungen. Die große Halle zur Hälfte eingestürzt. Geborstene Stahlbetonträger sind eine Augenweide. Die Augen haften an den Eingeweiden, die starr in den Brustkasten ragen, eine Rippe angebrochen, andere ganz in sich zusammengesackt.

Doch wo ist das Herz? Wo ist das Original, dem die Schokoladenherzen nachgebildet wurden? Aus der Lunge ist die Luft entwichen. Nirgends pumpt es und kein Klopfen. Wo schon Doppeldecker standen, landen Fliegen in offenen Wunden. Legen ihre Eier ab. Ein Strohballenlager. Ein totes Schaf löst sich auf in Aasgeruch. Eine leerstehende Kaserne. Luftiges Leerstehen steht Kasernen gut. Kaninchen auf dem Rollfeld. Nichts ist mehr zu retten, weil nichts mehr gerettet werden muß. Ländliche Gepflogenheiten, was soll ich sagen, ein Gut. Dann kommt die Allee, und ich wundere mich über vereinzelte PKWs mit einzelnen Männern drin. Mitten im freien Gelände. Am Waldrand lange Reihen Wohnmobile. Womit ich nicht gerechnet habe. Doch noch nicht hier! Dann hinein in den Wald. Und die ganzen Wege voll davon. Ein Wagen am andern. Wartende Freier fahren an und wieder Warten. Neue Mobile rollen heran. Mal wackelt ein Fahrzeug. Mal kracht ein Fichtenzweig ganz laut auf Blech. Dann weiter. Ein Wald hört auf. Und dann richtig die Ingolstädter Straße. Hier mit auf und ab, wo sie teilweise draußen stehen. Fleischbeschau. Fruchtbarkeitsriten. Nabelschau und Beckenspiel. Die rege Bautätigkeit in der Innenstadt scheint dem Verkehr nicht förderlich zu sein. Am Stadtrand wohnt die Stadt und lebt. Furchtbarkeitsriten. Verkehrsinseltum. Neben der Panzerwiese reihen sich die Mobile als Perlen an einer Kette auf. In Verlängerung der Kette ziehen wir einen Strich bis in die Innenstadt. In der Innenstadt wohnt niemand. Saunas prügeln sich mit Sperrbezirksaposteln. Abgefackelt werden Sex-Bars in der Schillerstraße. Was halten Zuhälter eigentlich zu? Ausgebranntes Liverpool. Der Zigeunerheinz und sein jugoslawisches Rollkommando sind in polizeilichen Gewahrsam geraten. Ein Kleinkrieg ist in die Schlagzeilen geraten. Die rege Bautätigkeit in der Innenstadt verringert Wolfi, Nikolaus und Eckhard die abendlichen Einkünfte als Taxifahrer. Puffsticheleien. Nachdem der Zuhälter seine Hände aufgehalten hatte und in diese die vereinbarte Summe geblättert wurde, drückte er Manuela die Beine breit und ließ den Kunden an die Arbeit. Irgendwoher muß der Name doch kommen. Der Zuhälter ist eine Art Türsteher, der gegen entsprechende Bezahlung den Eintritt erlaubt. Professionalität ist im Gewerbe unumgänglich. – Diese Typen waren so brutal, daß wir um unser Leben gezittert haben, wir sind froh, daß sie aus dem Verkehr gezogen sind, das sagte gestern eine Dirne vom Autostrich.

München hat der schönen Mädchen wegen den Vorzug vor vielen andern Städten; die jüngeren Bürgerinnen, vorzüglich aus der zweiten und dritten Klasse, blühen wie die Rosen, und ihr bürgerlicher, etwas leichterer Anzug erhöht die Reize dieser schönen Kinder um vieles. Das weibliche Geschlecht hat im Umgange etwas Gefälliges; verständig und witzig würzen sie jeden gesellschaftlichen Zirkel, so daß kein Fremder ihn ohne Zufriedenheit verläßt. Heftig und leidenschaftlich lieben sie das rasende Deutschtanzen, und die Kleiderpracht, die sie jedoch mit viel Geschmack zu paaren wissen. Ist das Gefühl der Liebe einmal in ihnen entwickelt, so wird ebenso entschieden, zärtlich und heftig gehandelt, und es fehlt daher nie an mancherlei Stoff zu Romanen. Die Bewohner der Stadt teilen sich in drei verschiedene Klassen, nämlich in den alten Adel, in den gelehrten Stand und in die Bürgerklasse. Für die Landwirtschaft ist hier der Raum zu klein, und man findet bloß Wiesen (Anger genannt) und Gärten um die Stadt herum. Die Münchner verfügen über eine ganze Gruppe von Ausdrücken, mittels derer sie ihre Verwandten benennen. Jene Ausdrükke, samt den Gesetzmäßigkeiten ihrer Anwendung, bezeichnen wir mit Bargatzky als das Gefüge der Verwandtschaftsterminologie der Bewohner dieser Stadt. Die vorgefundenen Abstammungsbeziehungen fußen auf dem Prinzip Elternschaft. Allerdings braucht der biologische Begriff Elternschaft durchaus nicht mit dem identisch zu sein, was man in München darunter versteht. Oft wird erst durch Heirat der Begriff Elternschaft auf Kinder bezogen, die im biologischen Sinn mit dem Mann, den diese Kultur als ihren Vater definiert, nicht im mindesten verwandt sind. Strenggenommen müßten wir daher in unserem Fall zwischen einem kulturell definierten Vater und jenem, als Genitor zu bezeichnenden Mann unterscheiden, der ein Kind in Wahrheit gezeugt hat.

Tatsächlich können Genitor und Vater identisch sein, müssen es aber nicht. Auch wenn der ethnographische Befund die These vom ausschließlichen Vorkommen der biologischen Kernfamilie in München nicht bestätigen kann, so spielt die kulturell definierte Kernfamilie dort doch eine große Rolle. Die typische Münchner Familie ist eine Haushaltsgruppe, bei der ein Mann und eine Frau zusammen mit deren vermeintlichen Kindern den Kern bilden. Auffällig ist die Trennungslinie zwischen dem häuslichen Bereich und dem des politisch-öffentlichen Lebens. Im ersten Bereich sind die Frauen und im zweiten die Männer vorherrschend. Dabei ist die Rolle, welche die Männer im häuslichen Bereich spielen, weitgehend unabhängig von der, die sie im extern-öffentlichen Bereich innehaben. Die Männer profitieren von den Dienstleistungen der Frauen, werden dadurch aber freigestellt für außerhäusliche Arbeit.

Bei dem in München vorherrschenden Verwandtschaftssystem, dem sogenannten Eskimo-System, halten sich Generationsprinzip und Abstammungsprinzip die Waage. An diesem System fällt zweierlei auf: Erstens, keiner der Begriffe, die auf Kernverwandte eines Egos angewendet werden, findet sich außerhalb der Kernfamilie; zweitens, zwischen Kreuz- und Parallelvettern/-kusinen wird nicht unterschieden, auch nicht zwischen Kreuz- bzw. Parallel-Onkeln und -Tanten. In München werden Faktoren wirksam, die die relative Isolierung der Kernfamilien vom umfassenden Netz der Verwandtschaftsbeziehungen fördern. Was bei Jägern und Sammlern durch geringe Bevölkerungsdichte und saisonales Variieren der verfügbaren Nahrungsressourcen bedingt ist, die territoriale Gebundenheit nicht zulassen und statt dessen flexible Lokalgruppen erfordern, das folgt bei so komplexen Gesellschaften wie jener, die wir in München vorfinden, aus den spezifischen Arbeitsbedingungen: die geographisch mobile Kernfamilie. Oder sollen wir nicht besser sagen, aus der bürgerlichen Kernfamilie folgen die idiotischen Arbeitsbedingungen? Aus ethnologischer Sicht sind Verwandtschaftssysteme als ein Instrument zur Bildung handlungsfähiger sozialer Gruppen anzusehen. Aus

der Vogelperspektive ist die bürgerliche Kernfamilie eine Bohrinsel.
Mitten im Atlantik hat die Erdkruste einen Riß. Er wird notdürftig durch ein submarines Gebirge verklebt.
This one is for Samanta, Linda, Sabine Rieger, Nuyen, Cleopatra, Almée, Uschi, Cora, Tina Loren, Danuta, Selina, Angela, Pia, Amanda, Mona Lisa, Sonja, Marlen Farell, Romy, Dana, Susan, Theodora von Hart, Piri, Sabrina, Jacky Stein, Micky, Mona, Pamela Lux, Manuela, Sabrina von Grünwald, Denise, Biggy, Vroni, Elke, Trixi, Lilo, Beate, Valerie, Traudl, Babsi Björndal. Meine Mitarbeiterinnen und ich freuen sich auf ihre Bekanntschaft. Wir besuchen sie auch gern in privater Atmosphäre. Wir dreschen das Korn, und sind wir dann fertig, beginnt es von vorn. Mein inzwischen verstorbener Wohltäter vertrat mit Nachdruck die Gruber-These, nach der die Keuschheit der Frau als höchstes völkisches Gut zu schätzen und zu pflegen sei, denn in der Keuschheit der Frau ist die einzig sichere Bürgschaft dafür gegeben, daß wir auch wirklich die Väter unserer Kinder sind und sein werden, daß wir für unser eigenes Blut schaffen; darin und nicht in selbstsüchtiger Willkür des Mannes sei es begründet, daß Gesetz und Sitte strengere Anforderungen an die Frau bezüglich Keuschheit vor der Ehe und Treue in der Ehe stellen als an den Mann, bei der Ungebundenheit der Frau steht viel mehr auf dem Spiel als bei der des Mannes. Die Deutschen haben die Sexualhygiene erfunden. Aus der Vogelperspektive betrachtet, ist die bürgerliche Gesellschaft ein mittelständisches Familienunternehmen.

29.

US-Forces
Facilities Munich
follow
Salzburg Autobahn Signs.
Welcome to the
Little Octoberfest!
Nichts wie hinein in das Taco-Tent. Wir befinden uns in den Südstaaten. Wenn schon kein Mexiko, dann sollen es die Südstaaten sein. Wo ist New Mexico? Wenn Sus jetzt schon nicht nach Mexiko kann, dann will sie dem Land ihrer Kindheit doch wenigstens so nah wie möglich sein. Die Tacos können nicht bar bezahlt werden. Für alles, was man auf dem amerikanischen Teil des Little Octoberfest erstehen kann, muß man vorher Marken eintauschen. Die Tacos sind viel zu matschig. Sus' Tacos sind mexikanischer, aber wir sind ja nicht in Mexiko. Mit dem Budweiser verbindet uns dessen Brauerei Anheuser-Busch, die größte Brauerei der Welt. Frau Busch war so eine Bernrieder Metzgerstocher, die den amerikanischen Brauer Anheuser geheiratet hat, oder es war eine Frau Anheuser, der eine amerikanische Brauerei gehörte und die auf Europabesuch den Bernrieder Metzger Busch kennenlernte und ihn später heiratete, so genau weiß ich das auch nicht mehr, sicher weiß ich nur, daß eine Millionen Dollar schwere Frau Anheuser-Busch später das Höhenrieder Schloß kaufte und es testamentarisch mitsamt dem am Starnberger See gelegenen Bernrieder Park an das Land Bayern verschenkte. Das war immerhin eine nette Geste, ich mag den Park sehr, und auch der Raoul findet gut, daß der Park jetzt öffentlich ist, und jetzt trinken wir einen auf die Frau Anheuser-Busch, auf die jeder Bernrieder stolz sein kann. Die größte Brauerei der Welt! Die Amis haben Flaschen importiert, nicht Dosen. Die leeren Budweiser-Flaschen werden einer für den Ethnologen aufschlußreichen Verwendung zugeführt. Solange jedes Land der Welt an jedem Ort der Welt seine traditionelle Volksfeste abhält, hat es der Ethnologe leicht. Zur Feldforschung muß er nicht

um die ganze Welt reisen. Bottle-lifting ist ein Geschicklichkeitsspiel, bei dem man mit an Angeln befestigten Ringen liegende Flaschen aufstellen muß. Gar nicht so leicht! Leider ist Bottle-lifting das einzige Spiel auf dem amerikanischen Teil des Little Octoberfest. Im Bavaria Lodge gibt es nur Donuts, was Ina nicht sehr bairisch fand. Nichts gegen Donuts! Wertmarken raus, Budweiser gibt's auch hier. Die Fischer müssen was zu fischen haben. Der zügige Wiederaufbau der Landeshauptstadt wäre ohne den Marshallplan undenkbar gewesen. Mit dem Einzug der amerikanischen Truppen nach dem Krieg wurden die Bewohner der Stadt erstmals mit Schwarzen konfrontiert, die jetzt in einem großen Zelt Spareribs verkaufen. Hier ist irgendein gemeinnütziger Zweck im Spiel, ich glaube, es geht um einen Sportverein. Das ist das Rap-Zelt. Prompt ein fetter Ghetto-Blaster. Wertmarken raus, hier gibt es zu essen und zu trinken! Die Verpflegung der Angehörigen der US-Armee soll nicht schlecht sein, hier versorgt sie der Grandmaster. The Little Octoberfest is so small that it can take place in the month of June. The original Octoberfest is so huge, that it has to begin in September. Was bleibt, ist das Hamburger Zelt. Die deutsch-amerikanische Freundschaft manifestiert sich in dem Namen Isar-Jump für eine Attraktion, die auf der Theresienwiese Wildwasser heißt. Wer nicht Isar-Jump fahren, aber trotzdem alles von oben sehen will, der muß Riesenrad fahren. Wer Riesenrad fahren will, der muß den amerikanischen Teil des Little Octoberfest verlassen. Der nicht-amerikanische Teil des Little Octoberfest ist ein normales Volksfest mit deutschen Schaustellern. Wer die Kerker von Stadelheim von oben sehen will, wie die Sus, der muß Riesenrad fahren. Auch die Ami-Siedlung ist eine Betrachtung aus der Vogelperspektive wert. Details sehen merkwürdig aus und könnten einem amerikanisch vorkommen. Sus sieht Stadelheim von oben, zählt die Dächer und schätzt die Mauermeter, die auf einen Gefangenen kommen. Die Freude auf dem Riesenrad verdirbt nicht.

Nach Frau Anheuser-Busch und den Insassen von Stadelheim gedenken wir an der Stelle, wo die Gondel ihren höchsten Punkt erreicht, Männern wie Ed Worms, Clemens Bielefeld und Alois Uphoff. In Minnesotas Stearns County, das vorwiegend von Katholiken aus Bayern, Westfalen und dem Rheinland unter den Pflug genommen wurde, galt jeder zweite Kolonist als Deutscher. Sie siedelten in geschlossenen Bereichen rund um ihre Kirchen. Eine dieser Siedlungen, eine Ansammlung fensterloser Blockhütten, an jener Stelle gelegen, wo der Red-River-Trail auf den Saukfluß traf, hatten sie 1858 Neu Muenchen getauft. Denn zuvor schon war der nur eine Meile von dieser Stelle entfernte See von dem bairischen Landvermesser Sebastian Wimmer als Starnberger See in seine Landkarte eingezeichnet worden. Männer wie Alois Uphoff, Ed Worms und Clemens Bielefeld wohnen in New Munich, weil Neu Muenchen, ein Außenposten des deutschen Katholizismus, Anfang des Jahrhunderts offiziell in New Munich umgetauft wurde. Der 302 Einwohner zählende Ort New Munich hat ein nach dem Vorbild der Münchner Marienkirche gebautes Gotteshaus. Es fehlen die Zwiebeltürme. Um den Farmern von allen Seiten den Blick auf die am höheren Turm angebrachten Uhren zu ermöglichen, ist der eine Turm höher als der andere. Ed Worms und Clemens Bielefeld, der erst nach dem Krieg zuzog, sind diejenigen, die in New Munich am besten Deutsch sprechen. Der Kirchenchor tritt auch im Hofbraeuhaus auf. Im New Munich Ballroom singt der Kirchenchor *In München steht ein Hofbräuhaus*. Alle Einwohner von New Munich können auf Deutsch bis zwei zählen. Nach der zwei kommt das gsuffa. Vor den Deutschen waren Winnebagos am Saukfluß. Die Winnebagos sollten von einem Benediktinerpriester missioniert werden. Vier Jahre nach der Ortsgründung der blutige Sioux-Aufstand. 1896 Stadternennung. Während der Prohibition mußte die lokale Brauerei geschlossen werden. Männer wie Clemens Bielefeld, Alois Uphoff und Ed Worms haben die Prohibition überlebt. Auch Anheuser-Busch hat die Prohibition überlebt. Nicht viele Sioux haben den Sioux-Aufstand überlebt, aber Minnesota hat die Prohibition überlebt. Männer wie Ed Worms, Alois Uphoff und Clemens Bielefeld treffen sich so oft wie möglich im Hofbraeuhaus. Der Kasten Schmidt-Beer kostet dort acht Dollar, ein Becher mit Hofbraeu-Aufschrift einen Dollar. In Nord-Dakota gibt es noch ein New Munich. Wer mit Männern aus dem Stearns County reden will, der geht mit uns ins Minnesota Tent.

30.

Jeder Bewohner der Stadt hat Salz im Blut. Hätte er kein Salz im Blut, litte er an Salzmangel. Der Körper braucht Salz. Im menschlichen Organismus ist Salz allgemein verbreitet und findet sich in den verschiedenen Körperflüssigkeiten konzentrierter als alle anderen mineralischen Stoffe. Seine Menge im Blut ist vom Kochsalzgehalt der Nahrung abhängig. Verhältnismäßig groß ist sein Anteil in der Blutflüssigkeit, gering dagegen in den Blutkörperchen. Besonders reich an Salz sind auch Speichel, Magensaft, Schleim, Eiter und entzündliche Exsudate. Alles Salz des Körpers stammt aus der Nahrung und verläßt den Körper mit den Exkrementen, Mund- und Nasenschleim, Tränen, Schweiß und vor allem dem Harn (etwa 10 Gramm täglich). Viehzüchterstämme, wie etwa die Nilotenstämme am Weißen Nil, die selten Fleisch zu sich nehmen und über kein salzhaltiges Trinkwasser verfügen, sind auf eine andersgeartete Salzzufuhr angewiesen, etwa den Genuß von Rinderblut und Rinderharn. Stämme wie die Dinka und die Bari, welche riesige Rinderherden besitzen, schlachten davon kein einziges Tier, weil sie dies für grausam halten. Ungefähr alle fünf bis sechs Tage nehmen sie einen Aderlaß vor. Teilweise wird sogar mit Blut Handel betrieben. Für nilotische und hamatische Stämme ist Blutgenuß charakteristisch. Harn als Surrogat findet fast nur bei den Niloten Verwendung. Bei den Bornu am Tschadsee setzt man der Butter, um sie länger haltbar zu machen, Harn zu. Andernorts wird auch die Milch damit vermischt. Etliche sibirische Stämme nehmen als Salzersatz gerne besonders blutiges Fleisch zu sich. Eine günstige Lage als Umschlagplatz und Flußübergang an einer Salzstraße war die Ursache für die Entstehung vieler Städte. München wurde an einer der vom Reichenhaller Bezirk fächerförmig ausstrahlenden Salzstraßen errichtet. Zeitweise übernahm das Salz eine Geldfunktion. Viele Wirtschaftshistoriker sehen den Salzhandel sogar als eine der wichtigsten Ursachen für die Entwicklung des internationalen Handels, vergleichbar dem heutigen Handel mit Blutkon-

serven, an dem vor allem auch das Rote Kreuz sehr gut verdient. Siehe Rotkreuzkrankenhaus am Rotkreuzplatz, wo Josef Apfelböck verhaftet wurde.
Heute lernen wir Salzwörter. Die allerlustigsten Salzwörter sind: Salzbarkeit, Salzbeschwörung, Salzblust, Salzbunge, Salzbrodem, Salzbube, Salzfütterung, Salzgast, Salzgenosse, Salzgraf, Salzkammergut, Salzmorast, Salzmutter, Salzprobekunst, Salzregal, Salzstange, Salztonebene.

Lustigerweise heißt der Münchner Oberbürgermeister Kiesl, denn München ist auf Kies gebaut. Im geologischen Sinn. Genausogut könnte er auch Sälzl heißen. Denn im historischen Sinn ist München auf Salz gebaut. Aber Herr Kiesl denkt nicht historisch. Allerdings denkt er auch nicht geologisch. Jemand, der historisch oder geologisch denkt, der wird sich zwangsläufig fragen: denkt Herr Kiesl überhaupt irgendwie? Eines Tages packte uns die Neugier, mündiger Bürgersinn machte sich unversehens breit, und wir sind hin zu einer Stadtratssitzung. Dort im neugotischen Gemäuer saß er drin, der Oberkiesel mitsamt den ganzen andern Kieseln. Nach kurzer Leibesvisitation erfolgte die Aushändigung der Einlaßkarte für die Galerie des Großen Sitzungssaales zum Besuch der Stadtvollversammlung am 20. April. Da saßen sie alle. Eine Schulklasse würde geschlossen einen Direktoratsverweis kassieren, wenn sie auch nur einmal so drinsäße und sich so benähme. Ab einem bestimmten Mindestgehalt darf man drinsitzen, wie man gerade will, soviel ist klar. Aus den vielen leeren Bänken ist zu schließen, daß viele Kiesel einfach schwänzen, die Vollversammlung ist alles andere als voll. Ab einem bestimmten Mindestgehalt darf man auch schwänzen. Am vollsten ist die Pressebank. Es geht um die Sperrzeit für die Kultur, soviel ist klar. Der Oberkiesel sagt, er sei zwar grundsätzlich für die Kultur, aber die Kultur bräuchte natürlich eine Sperrzeit, und zwar eine möglichst frühe, womit er nichts gegen die Kultur an sich gesagt haben will. Viel eher noch würde der Umweltschutzreferent etwas gegen die Kultur sagen wollen. Von Lärmschutz ist die Rede, vom Schutz der Bürger vor dem Lärm. Der Umweltschutzreferent erklärt, warum die Kultur der Umwelt schadet: die Kultur ist zu laut. Womit er nichts gegen die Kultur an sich gesagt haben will. Und Kultur ist nicht Kultur. Nur die Kultur, die einer Genehmigung bedarf, ist zu laut. Soviel steht fest. Für die Kultur, bei der zweifelsfrei feststeht, daß sie überhaupt eine Kultur ist, stehen bekanntlich dickgemauerte Säle in ausreichender Anzahl zur Verfügung. Die Ruhe ist ein Allgemeinwohl, soviel steht fest. Die Mittagsruhe ist ein Allgemeinwohl, und die Feierabendruhe ist ein Gemeinwohl und die Ruhe in der Nähe großer und kleiner Krankenhäuser sowieso. Auch Kultur ist dem Allgemeinwohl verpflichtet. Ein Kaufhaus anstelle des möglicherweise zu lauten Pa-Li wäre zweifellos ein solches Allgemeinwohl. Genauso wie ein Kaufhaus vermag auch die Kultur unter bestimmten Voraussetzungen dem Allgemeinwohl zu dienen, ganz abgesehen davon, daß natürlich auch das Kaufhaus ein Teil der Kultur ist. Allerdings vermag nur diejenige Kultur dem Allgemeinwohl zu dienen, die auch für ein allgemeines Wohl sorgt. Ein Kaufhaus an der gleichen Stelle ist umweltpolitisch unbedenklicher, und niemand wird bestreiten, daß eine bessere Versorgung im Interesse aller liegt. Das ist das Allgemeinwohl, und nichts anderes hat der Stadtrat zu vertreten. Mit der wichtigste Bestandteil des Allgemeinwohls ist die allgemeine Sicherheit. Sicherheitsbelange werden vor allem vom Kreisverwaltungsreferat vertreten, und dieses wiederum vertritt der Kreisverwaltungsreferent. Indem sie für Ruhe, Sauberkeit und öffentliche Sicherheit sorgen, sind Umweltschutzreferent und Kreisverwaltungsreferent die wichtigsten Repräsentanten des Allgemeinwohls. Aus Sicherheitsgründen ist der Kreisverwaltungsreferent für Zehn-Uhr-Schluß, und damit Schluß. Die Christenfraktion steht geschlossen hinter ihrem Referenten. Auch ein ausreichend großer Teil der Liberalen-Fraktion schließt sich dem anti-liberalen Standpunkt an, und damit Schluß. Der Oberkiesel wünscht aber kein offenes Nein des Stadtrats vor der Presse, er sagt, der Stadtrat müßte heute gar nicht beschließen. Der Oberkiesel kündigt ein klärendes Wort an. Nachdem sich einzelne Stadträte in den letzten Wochen in einer Reihe von Debatten in den Fachausschüssen mit dem Thema befaßt hatten, kündigt Kiesl ein klärendes Wort an. Der Oberkiesel klärt die anderen Kiesel auf, die Betriebserlaubnis und die Polizeistundenregelung seien eindeutig Sache der sogenannten laufenden Verwaltung. Die bisherigen Diskussionsergebnisse in den Fachausschüssen zu diesem Thema wertet er als gutachtliche und somit unverbindliche Äußerungen. Die Fachausschüsse kamen nicht zu dem erwünschten Ergebnis. Kiesl schiebt das Problem auf die Verwaltung ab, und damit Schluß. Die Behörden arbeiten zuverlässig, und dort sind die Pressebänke nicht so voll. Dann geht es weiter im Text. Indem er mit dem Ersten Unterkiesel schwätzt und sich laufend Dokumente zur Unterschrift reichen läßt, nimmt der Oberkiesel die Gegenreden zur Kenntnis. Aber hier wird folgerichtig nicht zum momentanen politischen Gegner gesprochen, hier wird nur zur Presse gesprochen. In seiner aufmerksamsten Minute glotzt der Oberkiesel angewidert fingertippend an die Decke, gerade so, als würde sich von dort eine Spinne auf seine Halbglatze abseilen. Noch vor der Halbzeit läßt sich der Kiesl entschuldigen, er verläßt den Sitzungssaal und läßt die Unterkiesel nach bewährtem Muster weiterkieseln. Die dringende Angelegenheit, wegen der er sich entschuldigen läßt, kann man sich lebhaft vorstellen. Etwas Geringeres als ein Richtfest wird es schon nicht sein. So ein Festbüffet will auch gegessen sein, und irgendwer muß es ja tun. Der Stadtrat kommt auch ohne ihn zu den gleichen Schlüssen. Die Klasse kommt auch ohne den Lehrer zurecht. Eine Kultur, die um zehn Uhr zumachen muß, die braucht gar nicht erst aufzumachen, das weiß die Stadtratsmehrheit auch ohne den Kiesl. Und das paßt der Stadtratsmehrheit gerade recht ins Konzept. Niemand sollte ihr Konzeptlosigkeit vorwerfen. Der heiße Brei ist totgeredet. Niemand hat sich die Zunge verbrannt. Und weil man sich gerade so schön in eine Höchstform hineingeredet hat, beschließt man kurz darauf auch noch, daß der Isartalbahnhof jetzt endgültig kein Jugendzentrum wird. Den Bahnhof soll die Johanniter Unfallhilfe bekommen. Diese Lösung ist sehr sozial, da sie doch besonders den sorglos Moped fahrenden Jugendlichen zugute kommen wird. Wenn so ein Jugendlicher vor lauter Langeweile unter einen Lastwagen fährt, dann hilft ihm ein Jugendzentrum auch nichts mehr. Da hilft ihm, wenn ihm überhaupt noch etwas hilft, nur mehr eine reibungslose Unfallnothilfe.

Die zweitlustigsten Salzwörter lauten: Salzamt, Salzbaum, Salzbauer, Salzfliege, Salzhunger, Salzlicht, Salzkukumer, Salzmarsch, Salzmestlein, Salzpaß, Salzpfütze, Salzschmant, Salzschwaden, Salzziegerlein.

Der Geognost, dem, wenn es an Urkunden fehlt, kein anderes Hilfsmittel, auf die älteren physischen Ortslagen zu schließen, zu Gebot steht als die Durchwühlung der Erdarten, findet am Rand der Stadt überall dieselben Spuren, welche ausgetrocknete Flußbetten hinter sich zu lassen pflegen, lockeren Flußsand und losen, gröberen und kleinkörnigen Kies, die sogenannten Rollgeschiebe, welche in manchen Gegenden um München kaum einen oder zwei Fuß tief mit fruchtbarer Erde bedeckt sind, in einigen sogar an der Oberfläche anstehen und vor allem im Süden und im Südwesten der Stadt langgezogene Moränenketten bilden. Das lustigste Zeltlager war gleich nach dem Krieg in Heimathausen bei Percha entstanden. Die Armeeangehörigen betrieben dort einen regen Handel mit Kaffee, Zigaretten und Schnaps. Aus der ganzen Umgebung und vor allem auch aus München zogen zahllose Mädchen mit leeren Rucksäcken zu diesem Camp hin, mit vollen kehrten sie zurück. Die anfangs noch hilflose Militärpolizei der Amerikaner unternahm bald den Versuch, den Umgang mit den Fräuleins einzudämmen, indem sie die über die Moränenhügel verstreuten Heustadel niederbrennen ließ. Erst später, in den letzten Monaten vor der Republikgründung, unterlag die Überwachung der Einhaltung des Fraternisierungsverbotes kommissarisch dem Liegenschaftsamt. Die Geburtenkontrolle aber blieb bis zuletzt Sache des alliierten Kontrollrates. Die deutschen Nachkriegsdichter sollen auffällig viel übers Essen geschrieben haben. Jetzt, in der Bundesrepublik, ist der oberste Polizeiminister auch für die Kulturpolitik zuständig. Gezielte Kulturförderung zählt genauso zu seinen beruflichen Steckenpferden wie die Perfektionierung der paramilitärischen Ausrüstung von Polizei und Bun-

desgrenzschutz. Tierliebe und Pflanzenschutz gehören zu seinen schönsten Obliegenheiten. Am Tag des Anschlags auf den MAN-Manager Zimmermann standen plötzlich ein BMW mit Wiesbadener und ein Mercedes mit Karlsruher Kennzeichen vor dem LKA. In Situationen des staatlichen Notstandes übernehmen Bundeskriminalamt und Bundesanwaltschaft Regierungsgeschäfte und Nachrichtensteuerung, um auf diese Weise von einem zentralen Ort aus eine effektivere Schadensabwendung zu ermöglichen.
Zu den lustigsten Periodika zählt der jährlich erscheinende Verfassungsschutzbericht, der auch heuer wieder unter dem Motto steht: Staatsschutz ist das Salz jeder Staatssuppe. In der aktuellen Ausgabe sind der DKP 46 Seiten gewidmet (Vorjahr 31). Heraufbeschworen wird ihr wachsender Einfluß auf die Friedensbewegung. Mitgliederzahl leicht gestiegen, ideologischer Kurs bis auf die Tendenz zur Bündnispolitik unverändert. Steuerungstheorie durch die SED wird aufrechterhalten. 18 Seiten über die Maoisten (Vorjahr 15), darunter zwei über die MG. Die undogmatische Linke wird unter der neuerlangten Erkenntnis, sie verfolge als Endziel die Beseitigung der bestehenden Staats- und Gesellschaftsordnung, zusammengefaßt. Das Kollektiv Rote Hilfe entwickelt keine Aktivitäten mehr. Zum zweiten Mal dabei die Münchner Freizeit 81; großer Fahndungserfolg, nach der Verurteilung von 21 Angeklagten gingen die Aktivitäten schlagartig zurück. Verkürzte Zitate aus Erklärungen der Freizeit sollen eine Verbindung zur Guerilla Diffusa und Revolutionären Zellen beweisen. Neu dabei im Katalog sind die Autonomen Gruppen, die hauptsächlich aus Jugendlichen bestünden, welche die Konzepte von RAF und RZ nachzuahmen versuchen. Regelmäßige Treffen in München und Nürnberg. Verhaftungen sowie Anschläge werden präzise beschrieben und aufgelistet. Die Beschreibungsversuche der Strukturen der einzelnen Gruppen wirken unbeholfen. In Zusammenhang mit der RAF die gleiche Taktik wie im Vorjahr: Die Fahndungserfolge werden unterstrichen, die große Bedrohung wird aber weiterhin herausgestellt. Trotz der Festnahme der Führungsspitze, welche die RAF personell empfindlich traf, sei die von ihr aus-

gehende Gefahr noch lange nicht gebannt. Als derzeit gefährlichste terroristische Vereinigung in der BRD gelten dem diesjährigen Verfassungsschutzbericht die Revolutionären Zellen. Im Berichtsjahr liegen 38 Sprengstoffanschläge. Die wenigen angeführten Erkenntnisse können nicht über die große Ratlosigkeit des Verfassungsschutzes den RZ gegenüber hinwegtäuschen. Sechs Brandanschläge werden dezentral agierenden Gruppen aus München zugeschrieben. Die Rubrik über Verlage, Schriften und illegale Sender führt neben der Radikal, die als Zentralorgan der autonomen Szene vorgestellt wird, auch das Blatt auf. Ebenfalls der Verbreitung von Aufrufen extremer Gruppen habe sich die bundesweit vertriebene taz schuldig gemacht. Aufgeführt werden schließlich vier Piratensender in Erlangen, Passau, München und Regensburg, von denen man zwei hat ausheben können. Die Bedrohung des Rechtsstaates von Rechts ist unter Kontrolle, die Ermittlungen wegen des Oktoberfest-Attentats wurden eingestellt.
Die drei langweiligsten Salzwörter lauten: Salzsäule, Salzwasser, Salzstreuer. Alte Niederlage und Salzstädl gegen Süd: Von der mittlern oder Graf-Portia-Prangers-Gasse heraus und dem Anfang der vordern oder Salzstädl-Prangers-Gasse gegen Nord gegenüber fängt von der linken Hand an: 1. das schiefe Eck mit der südlichen Seite der Warenniederlage, nebst der nachher angelegten Mauthstube; nach diesem rechts fort 2. der vormalige Salzstadl, bis zwischen dem Lerchenfeld und gegenüber dem Kaltenecker Brau-Haus hinauf. Ebenso in der Mitte der obern Prangers- oder Salzstädl-Gasse zwischen dem Kaltenecker und dem Lerchenfeld-Haus gegenüber rechts hin fängt sich an 3. das Eck des Salzstadl, nach diesem 4. das Gegeneck und nördliche Seite der Warenniederlage bis gegen das Finger-Gäßl hinab. Links von der Knötl-Gasse hinaus gegen die vordere oder Salzstädl-Prangers-Gasse rechts hinauf gegen das Kaltenecker Gäßl 5. das Eckhaus des Hufschmieds nebst Beschlaghütte, 6. das Brandweiner Maus-Haus oder »Bei der Maus« genannt, meines Taufpathen, nebst einem Schöpfbrunnen mit eisernen Stangen vor dem Hause, der mir als noch gar Kleinem auffiel.

Was man im nachhinein als Salzhunger bezeichnen muß, trat entwicklungsgeschichtlich erst bei regelmäßiger pflanzlicher Nahrung auf, die ihrerseits an den Übergang zur Seßhaftigkeit und zum Ackerbau gebunden war.

31.

In der Zentnerstraße stehen Pfahlfiguren. In einem öffentlich zugänglichen Raum stehen zentnerweise Pfahlfiguren. Eine Wohngemeinschaft ist eine Gemeinschaft, von der zwei Mitglieder in der Zentnerstraße eine Gemeinschaftsausstellung machen. Margot arbeitet mit Stefan zusammen in der Nymphenburger Straße. Der Schwerpunkt der ausgestellten Figuren ist so gewählt, daß sie nicht umkippen. Der Schwerpunkt der Ausstellung von Margot Luf und Stefan Becker liegt auf den in Gemeinschaftsarbeit entstandenen Pfahlfiguren. Die in einer öffentlichen Ausstellung präsentierten Figuren sprechen von Verletzung und Verletzen. Pfahlfiguren sprechen nicht. Sie reden von Erstarrung, und sie reden von Ausbruch. Pfahlfiguren reden nicht. Sie erzählen von Stillstand und Bewegung. Mal als starre Wächter, mal als bunte Male. Am gleichen Weg zeigen sie in zwei verschiedene Richtungen. Stefans und Margots Figuren sind gute Erzähler. Sie erzählen von der Stadt, in der sie entstanden sind. Starre Wächter stecken Spekulationsgrundstücke ab. Zu dritt fanden wir Stellen, an denen etwas zu finden war. Lustig sind vor allem Orte, die keine Funktion mehr erfüllen. Bunte Male auf verlassenen Grundstücken, aufgelassene Gleisanlagen, Abbruchgelände. Was rumliegt, wird aufgestellt. Was nicht angenietet ist, kommt in den Leiterwagen, was nicht angenagelt ist, wird oben draufgelegt. Stefan und Margot brauchen Material. Sie brauchen Schalbretter, Dachbleche, Holzbalken, Lehmziegel, Mörtel, Sand. In der Nymphenburger Straße wachsen Pfähle als Figuren in den Raum. Farbe färbt Figuren bunter. Die Bemalung der Objekte bedingt mal eine Steigerung, mal eine Auflösung der ursprünglichen Form. Margot kam über die Bildhauerei wieder zum Malen, Stefan geht den umgekehrten Weg. Wo sich beide treffen, wachsen Pfahlfiguren in den Raum. In der ehemaligen Kolbenringfabrik an der Nymphenburger Straße entstehen nicht nur Gemeinschaftsarbeiten. In der Zentnerstraße sind beide auch mit Arbeiten vertreten, die sie allein gemacht haben.

Die finsteren Pfahlfiguren nannte ich Drohbriander und die freundlichen einfach Frohbriander. In der Rupprechtstraße wird nicht nur gewohnt, sondern auch gearbeitet. Während meine beiden Mitbewohner zwei Straßen weiter gute Kunst machten, hockte ich in der Rupprechtstraße und studierte eine gute Wissenschaft, indem ich mich mit Büchern befaßte von Leuten, die sich mit Büchern beschäftigen, die wieder andere Leute über die Kultur Vierter geschrieben haben; indem ich ein Buch las, worin ein Herr Spiro von der Feststellung eines Herrn Leach berichtet, es sei nicht möglich, den Zusammenhang zwischen Zeugung und Schwangerschaft bei Tieren ganz klar zu durchschauen und ihn gleichzeitig bei den Menschen überhaupt nicht zu sehen. Da nur Idioten dem Geisterkindglauben anhängen könnten, sehe ihn Leach als eine Art kulturelles Dogma, als eine religiöse Fiktion, an die niemand wirklich glaubt. Wenn die magische Geburt von Helden oder Göttern in Religionen und Mythen, zum Beispiel auch des christlichen Kulturkreises, keine Unwissenheit über physiologische Vaterschaft bedeutet, warum sollte man dann, außer um die abendländische Überzeugung von der Dummheit der Eingeborenen zu nähren, einen derartigen Schluß aus den magischen Vorstellungen anderer Völker ziehen?
Um sich unter den verschiedenen Völkern zurechtzufinden, muß man versuchen, die einzelnen Völker samt deren Vorstellungen gründlich zu beschreiben. Eine andere Möglichkeit wäre es, für jedes einzelne Volk mindestens eine Pfahlfigur aufzurichten. Wer sich in Neuhausen nicht auskennt, der wird sich des Stadtplans bedienen. Um sich in der Weltgeschichte orientieren zu können, muß man sich auch mit der Geschichte der einzelnen Länder befassen. Besonders ereignisreich ist zum Beispiel die deutsche Geschichte. Auf die Bevölkerungszahl der Deutschen umgerechnet, ist nicht nur die der Trobriander viel weniger blutig. Außer der Deutschen Frage beschäftigt viele die Ausländerfrage. Was aber ist eine Ausländerfrage? Welche Frage ist für einen Ausländer typisch? Manche Fragen bleiben offen. Neben der Sinnfrage gibt es auch noch die Nah-Ost-Frage sowie die Judenfrage. Wenn das Haus schräg gegenüber, wie Frau Weilnböck

behauptet, deshalb Judenhaus heißt, weil dort nach dem Krieg Juden einquartiert waren, so heißt das doch, daß einige Juden den Krieg überlebt haben müssen. Und wenn nicht alle Juden umgekommen sind, so hieße das, die Deutschen hätten ihre Pläne nicht zu Ende geführt. Das kann nicht sein, die Endlösung als deutsche Erfindung wäre in Frage gestellt. Entweder die Deutschen machen etwas fertig, führen es zu einer endgültigen Lösung, oder sie fangen gar nicht erst damit an. Nur der Totale Krieg ist der perfekte Krieg. Zu Recht gilt der Krieg als die Mutter der Erfindung. Die beiden Weltkriege waren die innovativsten Kriege aller Zeiten. Die Deutschen haben den Weltkrieg erfunden. Bis heute halten sie das Monopol auf diese Erfindung. Für den Zweiten Weltkrieg haben sie ihre Erfindung verfeinert. Die deutsche Geschichte ist eine besonders blutige Geschichte. Die blutigsten Wörter im Münchner Blutwörterverzeichnis lauten wie folgt:

Blutzwang
Blutaberglaube
Blutauge
Blutbann
Blutrunst
Blutabgang
Blutgier
Blutabgabe
Blutsauger
Blutacker
Blutgurgel
Blutschande
Bluthandel
Blutaltar
Bluthaus
Blutheller
Blutbaum
Blutschnee
Blutarbeit
Bluthochzeit
Blutbekenntnis

Blutbewegung
Blutbefehl
Bluthunger
Blutbegier
Bluthurerei
Blutbrechen
Blutjauche
Blutsbrüderschaft
Blutspur
Blutkaste
Blutstag
Blutkerl
Blutblick
Blutstein
Blutleben
Blutstropfen
Blutbraut
Blutbrief
Blutregen
Blutrat
Blutrache

Bluthund
Blutversprechen
Blutheil
Blutharn
Blutgift
Blutgeräusch
Blutgeld
Blutfleck
Blutsturz
Blutbuch
Blutliebe
Blutlohn
Bluttaufe
Blutbühne
Blutbürgschaft
Blutmal
Blutdolch
Blutmeer
Blutmensch
Blutdurst
Bluteiter

Blutauswurf
Blutsee
Blutbad
Bluträcher
Blutrecht
Blutfarbe
Blutrot
Blutrichter
Blutfechter
Blutfeind
Blutzeuge
Blutfest
Blutruf
Blutgewitter
Blutfieber
Blutruhr
Blutschwindel
Blutfluß
Blutsbewegung
Blutfreund
Blutschaden
Blutgang
Blutschänder
Blutschandhure
Blutgedanke
Blutschaum
Blutgefilde

Blutlinie
Blutkuchen
Blutindianer
Blutscheiß
Blutgeiz
Blutschlag
Blutschöffe
Blutgemetzel
Blutschrei
Blutgericht
Blutzeichen
Blutgeschäft
Blutschuld
Blutschlüssel
Blutschweiß
Blutgewand
Blutschuldner
Blutgeschrei
Blutgeselle
Blutgesetz
Blutwolf
Blutverbrechen
Blutsgenosse
Blutvolk
Blutsippe
Blutvergießen
Blutspritze

Blutnapf
Blutpfahl
Blutrausch
Bluturteil
Blutstrafe
Blutstelle
Blutstimme
Bluttrieb
Blutstrahl
Blutstriemen
Blutstrom
Blutsucht
Blutstuhl
Bluttausch
Blutswein
Bluttat
Blutwacht
Blutnacht
Blutwucher
Blutseich
Blutsgewalt
Blutverkäufer
Blutspeise
Blutspiel
Blutsünde
Blutfahne
Blutwahn

Dem Gegensatz zwischen Drinnen und Draußen entspricht der Gegensatz von Stillstand und Bewegung. Die mit Freunden bewohnte Dreizimmerwohnung bildet den einen, die Stadt und ihr näherer Einzugsbereich bilden den anderen Rahmen. Von geschichtsträchtigen Orten ausgelöste Assoziationen versetzen die Protagonisten immer wieder in die mit der Stadt verbundene deutsche Vergangenheit. Gleichzeitig mit dem Umzug nach München tritt Nachleger dort auch das Studium der Völkerkunde an. Was mit einer Art von Indianer-Romantik begann, wird mit der Zeit zwangsläufig ernster. Nachmittags dominieren die Banalitäten des Alltäglichen, und abends schweift der Ich-Erzähler ab in reale Fiktionen der Popkultur. Der Versuch einer enthnographisch-distanzierten Betrachtung der Stadt aber muß scheitern. Nachleger erklärt sich die unterschiedlichen Theorien über Zeugung und Entstehung der Stadt folgendermaßen: während sich Malinowskis Aussagen auf man's talk bezogen, die in Zusammenarbeit mit Landbesitz wichtig sind, beruhen seine eigenen Ergebnisse auf Gesprächen, die zwischen Frauen geführt werden. Erst wenn er zwei Stunden lang mit drei Frauen an einem Tisch gesessen ist, beginnt er sich langsam zu fragen, was sie wohl geredet hätten, wäre er nicht dabeigewesen. Zurück bleibt die fragwürdige Erkenntnis, daß nach traditionellen Vorstellungen der Wegfall der Zugehörigkeit zum Großdeutschen Reich für München den Verlust eines Hauptunterscheidungsmerkmals zu ausländischen Städten bedeuten und nicht nur die Rolle der letzten Speisetabus in Frage stellen, sondern der Stadt, genauso wie den Stadtteilen, langfristig die Existenzgrundlage entziehen würde. Der zeitliche Rahmen schließt sich nach drei Jahren mit dem Auszug aus der Wohnung.

Brauchte bloß das Fenster aufzureißen, und schon strömte Blutluft ins offene Zimmer.
Wäre ich zur Bundesbahn gegangen und in das Haidhauser Dachzimmer gezogen, ich wäre der erste Starnberger am anderen Ufer gewesen. Rechts der Isar, Schotterebene Ost. Von Neuhausen, Rupprechtstraße 8, zweiter Stock rechts, nach Neuhausen, Rupprechtstraße 8, zweiter Stock links, umzuziehen, hätte keine Adressenänderung im engeren Sinn bedeutet. Immerhin habe ich mich von Anfang an viel strenger als Stefan an die Losung gehalten, nie in ein Haus mit mehr als einstelliger Hausnummer zu ziehen. Zweimal in Starnberg, einmal in Lochhausen, einmal kurz in Pasing, beinahe zweimal in Neuhausen. Und auch in Haidhausen hätte ich einen Achter gehabt, wie überhaupt der Achter mit Abstand am häufigsten vertreten ist. Die Sechzehn war lange meine Glückszahl gewesen, und die Acht wäre demnach das halbe Glück, die Hälfte davon. Zu spät habe ich erfahren, auf was für wackligen Bei-

nen meine vermeintliche Glückszahl stand. Bei einem Kinderwettbewerb des Bayerischen Staatsfunks hatte ich auf die Zahl sechzehn, meinen Geburtstag, getippt. Endlich, nachdem ich meine Mutter tagelang mit der Frage traktiert hatte, wann endlich die Post den längst fälligen Gewinn bringt, lag ein Paket im Briefkasten, zwei Blechautos darin eingepackt. Das war ein Jauchzen, und es war eine Freude! Erst Jahre später erfuhr ich, daß meine Mutter die Autos selbst im Briefkasten hinterlegt hatte. Seit der Enthüllung dieser unsauberen Geschichte bin ich ganz ohne Glückszahl, eine neue ist mir noch nicht eingefallen, so oft ich mir auch den Kopf darüber zerbrach. Es geht um eine respektable, optisch wie klanglich ansprechende Glückszahl, die nicht nur einen zuverlässigen Grundstock für Lottotips abgeben kann. Zweierpotenzen mißtraue ich. Groß ist die Auswahl. Sicher ist die Acht genausowenig das halbe Glück, wie die Vier nur das geviertelte Glück ist. Von etwas, das es als Ganzes nicht gibt, kann es auch keine Viertel und Hälften geben. Es gibt kein Glück. Es gibt nur Ungerechtigkeiten. Von einem Kuchen, der nie gebacken wurde, kann man weder Achtel- noch Sechzehntelstücke herunterschneiden. So ist das, das ist so! Natürlich ist es reiner Aberglaube, finsterstes Mittelalter, leibhaftigstes New Age, wenn ich mich die Abreißecken in meinem Taschenkalender nicht abzureißen traue, bevor nicht sämtliche, den Ecken zuzuordnenden Tage auch wirklich vergangen sind. So sieht es aus, heute, halb acht Uhr abends, da ich Skrupel habe, diejenige Abreißecke, welche vorne dem Fünften, hinten aber dem noch nicht einmal zwanzig Stunden alten Sechsten zuzuordnen ist, ganz einfach abzureißen und achtlos in den Papierkorb zu werfen. Was glauben Sie eigentlich? Jeder Aberglaube ist ein Glaube, glauben heißt nicht wissen, und jeder Glaube ist ein Aberglaube. Einen komplexeren Glauben nennt man Religion. Der große Regisseur Friedrich Wilhelm Murnau, der eigentlich Plumpe hieß, hat sich seinen neuen Namen angeblich nach einem Liebesabenteuer in der oberbayerischen Stadt Murnau zugelegt. Die alte Luft ist abgestanden und gemein.

Brauchte bloß das Fenster aufzureißen, und schon strömte starker Malzgeruch ins Zimmer. Bei Windstille und Ostwind ist das ganze Viertel erfüllt davon. Löwenmalz. Spatenmalz. Hacker-Pschorr-Malz. Postlastwagen schwärmen von der Pakethalle gelb in alle Richtungen aus. Stefan entdeckte das unscheinbare Schubgefängnis in der Leonrodstraße. Die Rupprechtstraße ist gepflastert. Breitgewalzte Pferdeäpfel auf dem Pflaster der Rupprechtstraße. Um die Ecke strömen täglich um fünf die Ordnungshüter als Legion aus dem Landeskriminalamt. An der Maillingerstraße laufen Drähte zusammen. Antennen bewehren ein Dach, verbreiten Antennengeruch. Ostwind kommt aus dem Osten. Im Hinterhof hat Stefan seinen Laden. Im Hinterhof werden Pigmente verkauft. Durchsichtige Tüten, bunt gefüllt. Die Finanzämter. Steuern werden zentral eingetrieben. Gegenüber wird das Verbrechen zentral bekämpft. Das Law-and-Order-Viertel. CSU-Parteizentrale in der Nymphenburger Straße. Lazarett- und Kasernenviertel. Die Parteizentrale wirft einen Blick auf den ehemaligen Königsweg. Von der Residenzstadt hinaus nach Nymphenburg. Löwe und Raute: das Parteilokal. Malz wird gerecht verteilt. Für die beiden Oktoberfestwochen hält sich die Spatenbrauerei Braurösser. Sie müssen das ganze Jahr über fit gehalten werden. Ein von den beiden Spatenrössern gezogenes Fuhrwerk beliefert täglich zwei oder drei Gastwirtschaften. Die CSU hat im Viertel einen schweren Stand. Das pferdegezogene Bierfuhrwerk fährt jeden Morgen durch die Rupprechtstraße. Nostalgiegeruch. Pferdeäpfel markieren den täglichen Weg des Bierfuhrwerks von Spatenbräu. Apfelbutzen markieren den täglichen Weg der LKA-Angestellten zur U-Bahn.

Nur Spezialisten können die Malzgerüche der einzelnen Brauereien voneinander unterscheiden. Spezialisten finden sich im Berufsverkehr über Nebenstraßen zurecht. Die Bäkkerei direkt gegenüber, die ist eine gute Bäckerei. Wer mit der S-Bahn kommt, steigt an der Donnersberger Brücke aus. Wer mit der S-Bahn an den See fährt, der steigt Donnersberger Brücke ein. Kein Kebab. Wer sich fragt, was er am Wochenende anfangen soll, der schaut in die Abendzeitung. Wer mit der neueröffneten U-Bahn kommt, der steigt Maillingerstraße aus. Morgens steigen Hunderte von Ordnungshütern an der neuen U-Bahn-Haltestelle aus. In der Bäckerei direkt gegenüber hat der sozialdemokratische Bürgermeister-Kandidat seine Lehre gemacht, jetzt macht er mit seiner sozialen Herkunft Reklame. Unter Frau Weilnböcks Wohnung der Zeitungskiosk, der auch Bier verkauft. Lotterieannahme. Augustiner und Spaten. Zigaretten und Schokoladenriegel. Eine Wohngemeinschaft ist eine Gemeinschaft, die gemeinsam keine Tageszeitung abonniert hatte. Der Bezug einer Tageszeitung ist blanker Terror. An den interessanteren Tagen braucht man bloß runter in den Kiosk. Streik bei der Bundesbahn! Wir sind bedingungslos solidarisch mit den Tarifforderungen der Rangierarbeiter. Wir bewundern den Schornstein der Bundesbahnwerkstätte. In der gleichen Richtung dreht sich ein Mercedesstern am Himmel, den Stefan schon von Stuttgart kannte. Wir grüßen die Rangierloks in ihren Lokschuppen. In der gleichen Richtung reihen sich die Speditionsgebäude aneinander. Wir grüßen die große Trauerweide, die rechts neben dem Containerbahnhof trauert. Wir grüßen die langen Reihen osteuropäischer Lastwagen, die zwischen dem Containerbahnhof und den Mercedeshallen auf ihre Abfertigung warten. Seit dem Gautinger Attentat auf den MAN-Zimmermann wird das Landeskriminalamt von zusätzlichen, maschinengewehrbewaffneten Patrouillen bewacht. Mit vorgehängten Stoffen werden die Führerhäuser der wartenden Lastwagen in Schlafzimmer umgewandelt. Wir grüßen die dieselbetriebenen Rangierloks in ihren Schuppen an der Donnersberger Brücke. Das einmal täglich vorbeifahrende museale Bierfuhrwerk ist Verkehrsteilnehmer im Sinne der Straßenverkehrsordnung. Auch bulgarische Lastwagenfahrer müssen schlafen. Die meisten Angestellten im Landeskriminalamt sind genauso verbeamtet wie alle höheren Angestellten im Paketpostamt. Nach der Erschießung eines Schülers durch einen Gautinger Polizisten ist kein Schutz der Bevölkerung vor der Bedrohung durch das LKA angeordnet worden. Der Hirschgarten wurde 1786 von Joseph Georg Wintter radiert, ein Bauernhof an der Winthirstraße um 1700 von Wening gestochen. Spätbarockes Ölgemälde in der Winthirkirche den heiligen Winthir als Salzsäumer abbildend. Die neue U-Bahn macht an der Oberfläche eine bessere Stadtgestaltung möglich. Das Brot in der Bäckerei direkt gegenüber hat städtische Namen. Der Milchladen gleich um die Ecke. In der städtischen Unterkunftsanlage Arnulfstraße 102 kommen Kakerlaken durch die Lüftungsschächte. Hackerbrücke und Bahnpostamt. Eine Wohngemeinschaft ist eine Gemeinschaft, die genau an der Grenze zweier Stadtteile wohnt. Der Umbau der 90jährigen Hackerbrücke wird heuer beendet. Die Bürgervertreter vor dem Bezirksausschuß machen sich Sorgen wegen der Städtischen Unterkunftsanlage an der Arnulfstraße. In letzter Zeit seien dort immer mehr sozial auffällige Personen, psychisch Kranke, Strafentlassene und Alkoholiker eingewiesen worden. Brände in der Umgebung: eine Wohnung in der Elvirastraße, ein Motorrad auf dem Gehsteig der Marsstraße, die Müllcontainer im Keller der Städtischen Unterkunftsanlage, eine Baracke in der Olgastraße. Alle neuen U-Bahnhöfe sind mit Aufzügen voll behindertengerecht ausgestattet. Wir grüßen die Metzgerei Ecke Blutenburgstraße. Im Interesse der Bewohner der Städtischen Unterkunftsanlage an der Arnulfstraße sähen es die Bürgervertreter im Bezirksausschuß gerne, wenn die Anlage allmählich aufgelöst würde. Am Rotkreuzplatz wird ein neuer Brunnen eröffnet. Genossenschaftsbauten von Post und Bahn. Pappeln.

32.

Und der Westenrieder war gekommen, und wir sind hinüber auf die Sigl-Wiese, vor unserem Schaukelbaum sind wir gestanden, der uns auch als Zeitmaschine diente. Da sagten wir zueinander: Wenn wir einmal größer sind, dann ziehen wir nach München, in die Stadt. Wir lachten, schalteten die Zeitmaschine an und waren überzeugt davon, daß es wahr werden würde.

Endlich, in seiner letzten Ausgabe wird das Blatt seinem Namen voll gerecht: es besteht nur mehr aus einem einzigen Blatt. Das letzte Blatt ist eine Notausgabe. Die Leser sollen über dessen Abgang informiert werden, die schon vorausbezahlten Kleinanzeigen müssen in der versprochenen Auflage abgedruckt werden. Das Zentralorgan von Werkstattkino und Franz Gans ist tot. Veranstaltungshinweise sind künftig kostenlos dem IN zu entnehmen. Für Kleinanzeigen empfiehlt sich fortan Arno Heß' Stadtzeitung, die den wahren Interessen Münchens auch sonst viel besser gerecht wird, als wir je zu unterstellen gewagt hätten. Auf der Suche nach möglichst scharfen Kontakt-Anzeigen hat der Kenner schon immer die St.-Pauli-Nachrichten dem Blatt vorgezogen. Wer also sollte in Zukunft etwas vermissen? Eine Zeitung, die in den Erwartungen ihrer Lesermehrheit auf den Service-Teil reduziert wird, den andere möglicherweise besser machen, sollte ihr Erscheinen unverzüglich einstellen, sollte sich mit einer knappen Notausgabe verabschieden. Eine Zeitung, die jahrelang, als sie es sich noch leisten konnte, Anzeigen abenteuerlicher Zigarettenfirmen, jugendbewegter Großbanken und umweltbewußter Chemiekonzerne ablehnte und auch deshalb von skrupelloserer Konkurrenz erdrückt wurde, sollte aus den Folgen ihrer stolzen Haltung die Konsequenzen ziehen. Über eine letzte, unbezahlte Rechnung wurde der Konkurs offenbar. Ein scharfsinniger Beobachter hätte die auf das Blatt zukommende Pleite spätestens beim letzten Betriebsauflug voraussagen können: auf dem Bierfest standen für Belegschaft und die treuesten Straßenverkäufer gerade zwei Biermarken zur Verfügung. Ältere Mitarbeiter wissen von Zeiten zu berichten, als es in der Redaktion jeden Mittag ein üppiges Frühstück gab. In den letzten Monaten waren die Mitarbeiter froh, wenn es wenigstens am Layout-Sonntag warme Küche gab. Nun ist eine Zeitung freilich keine Kantine, aber über den Magen läßt sich doch manches erklären, was dem Kopf anders nicht so leicht einleuchtet. Es wird auch wichtigere Gründe des Untergangs gegeben haben als die Verpflegungssituation, aber zuletzt waren Ursache und Symptom nicht mehr auseinanderzuhalten. Das Nichterscheinen der letzten regulären Nummer war somit keine Folge des Druckerstreiks! Die Chance, in München einmal für eine Woche einem Meinungsmonopol in unserem Sinne näherzukommen, wurde gründlich vertan. Das Nichterscheinen der letzten regulären Nummer war keine Folge einer erneuten Beschlagnahmung des Blatts. Das laufende Verfahren wegen Verstoßes gegen den Paragraphen 129a geht nicht auf den Inhalt dieser nicht mehr ausgelieferten Nummer zurück, es bezieht sich vielmehr auf die Nummern 264 und 265. Das laufende Verfahren wegen Werbung für eine terroristische Vereinigung gegen die Redakteure dieser Nummern wird durch die Einstellung des Erscheinens der betreffenden Zeitung nicht beeinflußt. Vor elf Jahren war das Blatt die erste Stadtzeitung in Deutschland, sie hätte nicht auch noch die letzte werden dürfen. Eine geklaute Idee aus Swinging London, auf die Verhältnisse in München übertragen, traf dort auf einen völlig neuen Markt. Elf Jahre später kam es, wie es nicht unbedingt hätte kommen müssen, es kam, wie es alle Klugscheißer schon längst hatten kommen sehen. Irgendwann war der Markt weg. 1984, das Jahr, als hintereinander Augustin Souchy, Peter Schult und Marvin Gaye starben. 1984, das Jahr, als Michael Graeter von der Abendzeitung zu Bild überwechselte. Werner Eckl, der Sizilien-Korrespondent, wird aufgefordert, die Sizilianer vom Stand der Dinge zu unterrichten. Ingrid Scherf, zur Zeit auf Karibikrecherche, wird gebeten, Fidel auszurichten, er könne den angekündigten Millionenkredit getrost über das vereinbarte nicaraguanische Nummernkonto wieder nach Kuba zurücktransferieren. Mit der Einlösung seines alten Versprechens hat er ein paar Tage zu lange gezögert. In der Georgenstraße sei der Publikumsverkehr bereits eingestellt. Nur ein paar Leichenfledderer begehrten beharrlich Einlaß. Die Fesenmaierin, der Bosna-Imbiß und die Bodega-Bar müssen mit Umsatzeinbußen rechnen. Der Auftrag ist erfüllt, alles andere wurde hingeschmissen. Das über die wahren Zusammenhänge zwischen Zeugung und Schwangerschaft aufgeklärte München wird fortan das post-aufgeklärte München genannt werden. Das Blatt, an dieser Aufklärungsarbeit maßgeblich beteiligt, stellt nach getaner Arbeit sein Erscheinen ein.

§ 1. Jetzt, im post-aufgeklärten München, urteilt kein Bogenhauser über Giesing.
§ 2. Niemand hält mehr Smog für Rosendünste, und niemand sagt von dem, der Auto fährt, daß er auf Stelzen geht.
§ 3. Arme und Bedürftige sind darum, weil sie arm und bedürftig sind, Sozialhilfeempfänger.
§ 4. Wer nicht selbst fliegen kann, kauft sich seinen Flug und fliegt erst recht.
§ 5. Man fragt jetzt, wenn man jemanden mit auf sein Zimmer nimmt, nicht mehr bloß, ob er geschlechtskrank ist, sondern vorzüglich auch nach der Höhe seines letzten Gehalts.
§ 6. Jetzt, im post-aufgeklärten München, schält man die Orange, ehe man sie ißt.
§ 7. Man verkauft jetzt sein eigenes Blut, ehe man es in selbstzerstörerischer Absicht vergeudet, lieber an das Rote Kreuz.
§ 8. Man kann jetzt mit acht wohlgewählten und gründlich geprüften Arbeitskräften ein stattliches Haus bauen, was man einst oft kaum mit dreißig Arbeitskräften aufzurichten verstand.
§ 9. Man wäscht jetzt sein Auto, bevor man damit an den Starnberger See hinaus fährt.
§ 10. Jetzt, im post-aufgeklärten München, schält man die Rinde nicht vom Baum, bevor man sich überzeugt hat, daß man sich im Botanischen Garten befindet und es sich um eine Korkeiche handelt.
§ 11. Man steckt jetzt den Herd ein, ehe man kocht.

§ 12. Man spielt jetzt nicht mehr Lotto, ehe man sich nicht gegen einen Fehl-Tipp ausreichend versichert hat.
§ 13. Man bildet sich jetzt nicht mehr ein, man sei zum Löwenbändiger geboren, bloß weil man einmal am Olympiasee einen Schwan gefüttert hat.
§ 14. Man weiß jetzt, daß, wenn ein Haus brennt, die Feuerwehr hilfsbereit zur Verfügung steht.
§ 15. Niemand erwartet mehr, nach dem eingestuft zu werden, wieviel er ißt, und man nennt keinen Vielfraß einen Hungerkünstler, bloß weil man keine Waage zur Hand hat.
§ 16. Niemand glaubt mehr, daß Augen deshalb schielen, weil die meisten Straßen der Stadt nicht eine, sondern zwei Fahrbahnen haben.
§ 17. Niemand, der eigentlich ins Fantasy gehen will, geht statt dessen ins Cosy.
§ 18. Man glaubt jetzt nicht mehr, daß die Nachrichtensprecherin persönlich mit einem spricht, bloß weil sie einem beim Reden direkt in die Augen sieht.
§ 19. Man dichtet jetzt einem selbstgekauften Schokoladenherzen keine übernatürlichen Kräfte an, bloß weil man es eigenhändig erstanden hat.
§ 20. Niemand glaubt mehr, München sei die größte Stadt der Welt, bloß weil er keine andere kennt.
Die dritte Möglichkeit war die häufigste Möglichkeit. Mit der 25er hinaus nach Harlaching. Zu Greiners ins Südtirolviertel, das Kleinhäusler-Harlaching, das den sichtbaren Übergang bildet vom Arbeiterviertel Giesing zum südlichen Harlaching der Villen. Haltestelle an der Grödnerstraße. Oder aber mit dem Auto über die Landstraße, später Autobahn. Zur Patentante. München war für mich immer das Größtmögliche gewesen. Das nördliche Harlaching ist der Stadtteil der Sportplätze. An der Säbenerstraße trainieren die Bayern, der Klub, nicht das Volk. Gleich daneben die Amerikaner, die Soldaten, nicht das Volk. Dick gepolstert stellen sie sich dort in Reihen auf. American Football. Wo der Ball den Boden berührt, kommt es zur Rauferei, deshalb die Helme, deshalb die Polster. Neben der Orthopädischen trainieren die Sechzger. Wenn sie sich etwas brechen, brauchen sie

bloß über den Zaun zu klettern. Gleich vor dem Greinerhaus der Hypoplatz. Dort haben die Bankangestellten ihren Auslauf. Wenn ich behauptet habe, ich kenne mich in München rechts der Isar nicht aus, so gilt das nicht für das Gebiet zwischen Hellabrunn und Giesing. Immer wenn meine Eltern in Urlaub gefahren sind, wurde ich dort abgestellt. Anfangs im Wäschekorb. Hinunter zum Tierpark ist es ein Katzensprung. Zu den Giraffen, dem Nashorn und dem Zitteraal. Nüsse für die Affen, Eis für Evi und mich. Zur Marienklause ist es ein Tigersprung, zur Floßlände. Zum Deutschen Museum ist es ein Zyklopensprung, mindestens jedes Jahr einmal. Erstaunlich die Bergbauabteilung ganz unten, genauso wie das Planetarium ganz oben. Die elektrotechnische Abteilung samt Erzeugung echter Blitze. Ein mutiger Mann, ganz Versuchstier, im Faradayschen Käfig. Erstaunlich die Brückenbauabteilung, wo ein Modell der neuen Mangfallbrücke steht. Alles war hier nachgebildet. Flüsse, Häfen, Stauanlagen. Alles wie im Spielwarenladen, nur gewaltiger, feierlicher, ernst. In Harlaching stellte sich Evi vors Fenster, starrte hinaus in die finstere Nacht, und auf meine Frage, was sie da macht, hat sie geantwortet, sie würde versuchen, sich einen Apfel vorzustellen, sie müsse jetzt lernen, sich zu konzentrieren, weil man das für die Oberschule braucht. Im Garten die Zinkbadewanne. Seit ich mich erinnern kann, hatten Greiners einen Fernseher.

§ 21. Man stellt jetzt im post-aufgeklärten München einen wiederentdeckten Salzkäufler nicht einfach deshalb bei lebendigem Leib ins Deutsche Museum, weil er vor 400 Jahren die Stadt noch als blühendes Salzhandelszentrum erlebt hat.

§ 22. Man schreibt jetzt, im post-aufgeklärten München, bei Unterschriften seinen Namen so, daß allein schon das Schriftbild einen seriösen Eindruck macht.

§ 23. Jetzt können junge Männer wieder mit Backenbart und Schlangenlederstiefeln durch die nächtlichen Gassen gehn.

§ 24. In München wird jetzt jeder jeden nach seinem Aussehen beurteilen.

§ 25. Man versteht jetzt bittere Pillen zu essen, ohne daß diese bitter schmecken müssen.

§ 26. Man heizt jetzt ein, um unverhofften Wetterumstürzen zuvorzukommen, ganz egal, wie kalt es draußen ist.
§ 27. Man weiß jetzt ganz genau, daß arbeiten und arbeiten lassen zwei ganz verschiedene Sachen sind.
§ 28. Man kauft jetzt einen Neuwagen nicht im November, wenn der Winter naht, sondern im Mai, wenn der Sommer kommt.
§ 29. Man hält jetzt in München nicht wesentlich mehr Giraffen, Nashörner und Zitteraale, als man in einer Großstadt nötig hat.
§ 30. Man sagt jetzt nicht mehr, daß ein Stricher ein Freudenmädchen, und erst recht nicht, daß ein jeder Freier ein perfekter Liebhaber sei.
§ 31. Frauen glauben jetzt nicht mehr, daß sie allein darum schön und liebenswürdig sind, weil sie Indianerfedern oder südostasiatische Folklorekleider tragen.
§ 32. Man glaubt jetzt nicht mehr wirklich, daß durch städtische Schwimmfeste und öffentliche Marathonläufe die Volksgesundheit befördert werden könnte, sondern man würde ganz im Gegenteil höchst verwundert sein, wenn die Listen derer, die nach derartigen Veranstaltungen gesund wieder nach Hause gehen können, länger wären als die Listen von jenen, die später in die verschiedenen Krankenhäuser eingeliefert werden.
§ 33. Man packt jetzt sein Zeug zusammen, ehe man ins Grüne fährt, und stellt sich lebhaft vor, wie der Nachmittag beschaffen sein soll, wenn man sich der freien Natur ausgesetzt haben wird.
§ 34. Man glaubt jetzt, im post-aufgeklärten München, daß es jenseits unseres Planeten auch Leute gebe, mit denen sich ein gescheites Wort sprechen läßt.
§ 35. Man glaubt jetzt wieder allgemein und mit dem lebendigsten Gefühl an die Horoskope in der Bunten Illustrierten und in der Abendzeitung.

Man soll *nie* nie sagen. Man soll aber auch nicht *vielleicht* sagen, und man sollte erst recht nicht *sicher* sagen. Überhaupt nichts sollte man sagen. Dann würde man nie was Falsches sagen. Aber nicht einmal das sollte man sagen. Jahrelang habe ich anachronistisch mit antagonistisch verwechselt und lebte nicht mal schlecht damit. Es muß nicht immer Spucke sein, hab ich mir gesagt, es kann auch mal was andres sein. Auf jeden Fall muß es etwas Gescheites sein, es kann nicht immer nichts sein. Ich darf doch meine Herkunft nicht verleugnen, hab ich mir gesagt. Überhaupt nichts darf man verleugnen. Wer alles zugibt, gibt nichts zu. Zu allem sollte man stehen, und wenn es nichts gibt, wozu man stehen könnte, so sollte man dazu stehen. So leicht ist das Schwere. Meine Generation, hab ich mir gesagt, ist gar keine. Vielmehr ist sie nur eine Generationserscheinung. Höchstwahrscheinlich sind gefälschte Geburtsstatistiken für diese Wahrnehmungstäuschung verantwortlich zu machen. Die Verherrlichung landschaftlicher Schönheit steht auch uns gut zu Gesicht. Zwischen vermeintlichem Tatendrang und tatsächlicher Bewegungsunfähigkeit ist nur ein dünner Trennungsstrich gezogen. Ich ziehe einen Strich von hier bis zu den städtischen Quellfassungen im Loisachtal. An seinem unteren Ende herrscht Sauerstoffmangel, an seinem oberen Ende Sauerstoffüberfluß. Das ergibt ein Konzentrationsgefälle. Ich kann mich nicht konzentrieren. Am Schnittpunkt dieser Linie mit dem 48. Breitengrad ist den Denkmälern ein Denkmal errichtet. Gerade noch. Gerade noch fünfziger Jahre. Gerade noch 20. Jahrhundert. Gerade noch 2. Jahrtausend. Das einzige, worauf ich mich konzentrieren kann, ist das Wort Konzentrationslager. Das einzige, woran ich mich erinnern kann, ist, daß diejenigen, die sich nicht richtig konzentrieren konnten, folgerichtig ins Konzentrationslager geschickt wurden. Linkshänder kamen in die Rechtspflegerschule, und Herzkranke wurden immer auch auf die Nieren untersucht. So leicht ist das Schwere. Dabei ist die Beschreibung landschaftlicher Schönheit nie eine Pflichtübung, sondern resultiert immer aus einer freien Willensentscheidung. Denn was könnte es Schöneres geben als die Beschreibung von Schönheit, sage ich mir immer. Auch weibliche Schönheit will beschrieben sein. Auch männliche Schönheit, kindische Schönheit. Die Schönheit des Alters, wie auch die Schönheit winterlich verhüllter Denkmä-

ler. Nur selten habe ich jemanden gesehen, der zum Lachen tatsächlich in den Keller ging, aber oft genug jemanden, dessen Lachen ganz tief aus dem Keller kam. Nicht alles ist zum Lachen, was nicht heißt, daß man nicht über alles auch lachen könnte. In Dachau wurde, wer sich auf das Lachen nicht konzentrieren konnte, immer wieder an den Tagesbefehl erinnert. Es gibt nichts mehr zu lachen. Alles ist lächerlich.
Es kann nicht immer nichts sein. Von Roman stammt dieser Ausspruch. Wenn einen das Seitenstechen sticht, dann heißt das noch lange nicht, daß einen das Herzstechen nicht noch viel mehr sticht. Letztlich sticht das Hinschaun auch nicht mehr als das Wegschaun. Wenn ich noch keinen Aasgeruch absondere, hab ich mir gesagt, so heißt das noch lange nicht, daß ich nicht tot wäre. Nur der Nicht-Tote ist juristisch am Leben. Gelegentlich versuche ich, durch Klopfzeichen mit der Außenwelt Kontakt aufzunehmen. Es kann doch nicht immer nichts sein im Welttheater. Die Menschheit lebt im Konjunktiv. Wir führen ein Dasein in der Möglichkeitsform. Wie gut, daß es keine Generationen mehr gibt, dann gibt es auch keine Generationsprobleme mehr. Das Wir-Gefühl ist abgeschafft. Das Wir kann sich zur Ruhe setzen. Jede vollzogene Pensionierung ist ein freudiges Ereignis. Die theoretische Möglichkeit, zum Menschen zu werden, ist nicht unbedingt eine erfreuliche Verheißung. Die Chance, ein Tier zu bleiben, hat einiges für sich. Bei der Ermordung des Etagennachbarn sich selbst als potentielles Opfer zu bemitleiden ist menschlich. Es gibt nichts Menschlicheres als die Unmenschlichkeit, wenn du zur Peitsche gehst, so vergiß den Wein nicht. Wasser zu Wein und Wein zu Bier, so steht es deutlich im Alten Testament. Im Neuen Testament steht, ein Mensch, der Bier trinkt, ist bei schwerer Handarbeit und bei allen mühsamen Unternehmungen viel geschickter als ein Wassertrinker. Jetzt hab ich glatt den Autor vergessen. Hab ein Gedächtnis wie ein Sieb, denn ich kann mir auch nicht alles merken. Manchmal fällt was durch. Gescheites Denken ist reine Konzentrationssache.
Nennen Sie mir eine Südfrucht mit Z und Sie gewinnen eine Reise nach Mittelamerika. Wenn ich einen Hubschrauber

sehe, dann denke ich an einen Hubschrauber, und wenn ich eine Strafvollzugsanstalt sehe, dann denke ich an das Schubgefängnis in der Leonrodstraße. Wenn ich hungrig bin, dann denke ich an eine Salzburger Bosna. Wenn ich einen Eingang sehe, so denke ich sofort ans Hineingehn, und wenn ich drinnen dann den Ausgang sehe, denke ich sofort ans Hinausgehn. Bei jeder Südfrucht, die sie sieht, denkt meine Freundin an Mexiko. Meine Freundin stammt aus Mexiko. Sie ist in Mexiko aufgewachsen. Meine Freundin ist keine Mexikanerin, sie ist nur dort aufgewachsen. Sie ist zwar in Bayern geboren, aber nie mehr richtig dorthin zurückgekehrt. Nach acht Kinderjahren in Mexiko will sie noch immer kein Bier trinken. Richtig froh wird sie nur am Meer, möglichst an einem Ozean. Meine Freundin hat es schwer mit mir. Das sage ich heute. Ich dagegen habe es mit meiner Freundin sehr leicht, brauche ich doch nur mit ihr an ein Meer zu fahren, und schon habe ich die zufriedenste Freundin der Welt. In der Stadt wird sie nicht richtig froh, und auf dem Land wird sie nicht richtig froh. Salzwasser und Brandung braucht sie um sich. Der Starnberger See ist ihr der einzige erträgliche Kompromiß. Hier treffen wir uns. Längst bin ich selbst ein Bade-Münchner. Sus ist über den Abschied von Mexiko nie richtig hinweggekommen. In München scheint sie nie richtig angekommen zu sein. Sie stellt sich Urwaldpflanzen in ihr Zimmer und sehnt sich sogar nach der Angst vor gefährlichen Spinnen. In öffentlichen Bibliotheken entleiht sich meine Freundin jedes Buch über Mexiko, das sie nur bekommen kann. Überdimensionale Hängematten sind ihre Welt.

Die Stadt steht auf drei Beinen. Neuhausen, Pasing und Harlaching. Die Stadt ist ein Tisch, durchquert von einem Fluß. Ein Tisch, habe ich mir gesagt, der auf drei Beinen steht, wackelt nicht. Lochhausen wäre das vierte Bein gewesen, aber damit unsere Stadt nicht wackelt, zähle ich Lochhausen nicht mit. So gilt die Landeshauptstadt als ausreichend erdbebensicher. Beim Telefonieren mit meiner Freundin dient mir die freischwebende Deckenlampe als zuverlässige Richterskala. Weniger praxisnah ist mein Studium. Die Untersuchungsgebiete sind so sehr weit entfernt. Es gibt auch andere interessante Fächer. Im Prinzip ist vieles interessant, im Grunde ist alles interessant. Eigentlich könnte alles interessant sein. Trotz manchmal knochentrockner Lehrinhalte und Prüfungsstoffe hört man häufig von Studenten, die in ihren Büchern ertrinken. Trotz allem bleibt zumindest manches interessant. Bei all dem Flüssigkeitsmangel kann es niemanden wundern, wenn er hört, daß es viele sehr lieben, an Feiertagen sich für ein paar aufgesparte Kreuzer einen möglichst großen Rausch anzutrinken. Was soll ich mich nach Übersee versetzen, wenn ich noch nicht mal meine eigene Umgebung kenne? Ohne nicht mindestens drei Jahre in einem der betreffenden Länder gewesen zu sein, macht es wenig Sinn, Völkerkunde zu studieren. Zwischendurch blättere ich in Büchern, die mich um so mehr faszinieren, je vertrauter mir ihre lokale Herkunft ist. Das war die Lethe des Lebens im Bachhauser Filz. Schmutz, Elend und Jammer forderten die ephemere Seligkeit des Schnapses heraus. Am Ende bin ich gar nicht der Richtige für ein derart exotisches Studium, wie es die Völkerkunde nun einmal ist. Ethnologie schwebt mir vor, als übergreifende Kulturwissenschaft, die nicht allein auf außereuropäische Kulturen beschränkt ist. Grenzenlosigkeit schwebt mir vor, nicht nur was die Kontinente, sondern erst recht auch, was die Stadtteile betrifft. Grenzenlose Neugier muß sich nicht immer nur des Fernrohrs, sie kann sich auch mal des Vergrößerungsglases bedienen. Der Nymphenburger Schloßpark ist um einiges größer als die gesamte Münchner Altstadt. Alines linke Brust ist etwas größer als ihre rechte, und einer der beiden Frauentürme ist geringfügig höher als der andere. Alles muß mit allem verglichen werden, und zuletzt sind aus dem Ergebnis die richtigen Schlüsse zu ziehen. In München sind die Reichen reicher als die Armen, und die Dummen sind dümmer als die, die klüger sind. Der Klügere gibt nach, auf daß die Dummen ewig das Sagen haben. Um den Geschäftsverkehr nicht ungebührlich zu behindern, wird innerhalb des Sperrbezirks jegliche geschlechtliche Betätigung unterbunden. Für jedes neue Büro werden zehn Wohnungen beschlagnahmt. So unvermeidlich ist das Unvermeidbare. Die Entdeckung des Isar-Zettels an der Isar und die Entgegennahme des Kangchendzönga-Zettels in Pasing, das waren die beiden großen, merkwürdigen Vorfälle meiner letzten Neuhauser Wochen. Und schon gingen die Kohlenvorräte zur Neige. Und schon hatte sich der Stromableser wieder angemeldet. Schon wäre eine erneute Überweisung an die Hausverwaltung fällig geworden. Und Margot schlägt die Haustür zu. München an den Starnberger See zu verlegen – was für ein Blödsinn, dann hätten Stefan und ich ja gleich da draußen wohnen bleiben können.

Wir haben die U-Bahn genommen: Euhausen – Uhausen – Hausen – Ausen – Usen – Sen – En – N. Wir haben die S-Bahn genommen, und wir haben den Bus genommen. Wir haben das Flugzeug genommen, und wir haben den Bus genommen. Wir haben in A zwei Zimmer genommen, haben am nächsten Morgen wieder einen Bus genommen, haben die Fähre genommen und noch mal einen Bus und sind in Kea angekommen. Rote Blumen als Inseln im Gras. Kein Strauß roter Anemonen. Von heuer ist das Grün frisch. Nach dreizehn Tagen sind wir mit dem Bus zurück zur Fähre und haben einen Bus nach A genommen. In A haben wir zwei Zimmer genommen und am nächsten Morgen wieder einen Bus. Wir haben ein Flugzeug genommen und haben Albanien und die Ostalpen von oben bestaunt. Wir saßen im Flugzeug, und für wenige Augenblicke haben wir die blutende Salzstadt von oben gesehen.

Andreas Neumeister im Suhrkamp Verlag

Äpfel vom Baum im Kies. Roman.
261 Seiten. Gebunden und Englische Broschur

Angela Davis löscht ihre Website. Listen, Refrains, Abbildungen.
es 2310. 126 Seiten

Ausdeutschen. Roman. 132 Seiten. Gebunden

Gut laut. Roman. 181 Seiten. Gebunden

Gut laut. Version 2.0. Roman. st 3282. 190 Seiten

Könnte Köln sein. Städte. Baustellen. Roman. 276 Seiten. Gebunden

Weitere Bände in der
Süddeutsche Zeitung Bibliothek

ISBN 978-3-86615-627-2
272 Seiten

ISBN 978-3-86615-628-9
752 Seiten

ISBN 978-3-86615-644-9
192 Seiten

ISBN 978-3-86615-629-6
160 Seiten